Christoph W. Rosenthal
Vom Wunder und Abenteuer des Lebens

AF211598

Christoph W. Rosenthal (Jg. 1957) lebt seit 1981 als freier Kulturschaffender mit Forschungen, Kulturarbeit, Kunst und Jobs. Nach langjährigen Forschungsarbeiten begann er 2018 mit etlichen Veröffentlichungen zu Humanevolution, Geschichte und Sprache (s. → S. 367). Weitere Veröffentlichungen sind in Vorbereitung.

www.christoph-w-rosenthal.de

Christoph W. Rosenthal

Vom Wunder und
Abenteuer des Lebens

Die ursprünglichen Märchen
und Mythen des Menschen

Ein archäologisches Erzählexperiment der eiszeitlichen
Mythologie im Licht der Rekonstruktion der eiszeitlichen
Sprache des Homo sapiens

Cûl Tura Band 5

Edition Neue Kultur

Bibliografische Information der Deutschen Nationalbibliothek:
Die Deutsche Nationalbibliothek verzeichnet diese Publikation
in der Deutschen Nationalbibliografie; detaillierte bibliografische Daten sind im Internet über http://dnb.dnb.de abrufbar.

Verlag: BoD – Book on Demand GmbH, In den Tarpen 42,
22848 Norderstedt
Druck: Libri Plureos GmbH, Friedensallee 273, 22763 Hamburg

ISBN: 978-3-7597-9526-7

Aufriss

„Ganz am Anfang gab es ein ganz, ganz kleines Ei (*KuKu - **Kugel**). *Auf einmal platzte der* **Kokon** *(*KuKu), und daraus schlüpfte ein wundersames* **Küken** *(*KuKu). Dieses wundersame Küken war das Ur-Huhn (*KuKu – cock -* **Gockel**). *Als es aus dem Ei schlüpfte,* **gackerte** *es >Ku-Ku, Ku-Ku<, denn alle sollten nach ihm* **kucken** *(*KuKu) .... "*

In diesem Buch sollen die ursprünglichen Bilder und mythologischen Geschichten des Menschen experimentell als Erzählung veranschaulicht werden. Insofern enthält es eine Reihe von Märchen in ihrer eigenen Poesie, die insgesamt >vom Wunder und Abenteuer des Lebens< erzählen.

Gleichzeitig werden diese Erzählungen auch für eine höchst bedeutsame Forschung erschlossen. Es zeigte sich ganz in der Art des obigen Beispiels, dass *unmittelbare* Zusammenhänge zwischen den Symbolen, den Wortbildungen und der humanevolutionär entwickelten Neurologie, Mythologie, Sprache und Kultur des Homo sapiens (HS) bestanden.

Von der etymologischen Analyse *unter anderem* des „gesamten" deutschen Vokabulars (s.u.) sowie etlicher Wörterbücher anderer Sprachen der Welt wurde deutlich, dass die eiszeitliche Sprache des Homo sapiens auf den etwa sechs grundlegenden Lalllauten der Säuglinge aufbaute (s.u.). Aus ihnen wurden über Sprachspiele wie *ei-tei-tei* und solchen Geschichten wie vom >Ur-Ei< und dem >Ur-Huhn< in Entsprechung der kindlichen Bewusstseins-Entwicklung das weitere Vokabular gebildet. Hierbei zeigte sich bei den etymologischen Zusammenhängen, dass die Wortbildungen *bis auf die Lalllaut-Wörter* wie *Mama, Dada, Baby* usw. von den Geschichten ausgingen – nicht umgekehrt. Tatsächlich hat dies auch in den mit Sprache verbundenen neurologischen Strukturen bei uns Homo sapiens seine Entsprechung (s.u.).

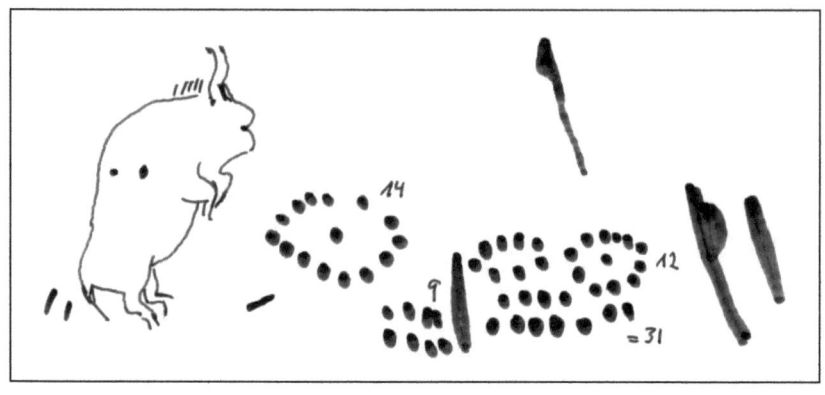

Beispiel der paläolithischen Kultur- und Sprach-Code-Symbolik aus der Höhle von Niaux (F). Nachzeichnung aus: Emmanuel Anati: Höhlenmalerei, S. 400. Der Zusatz der Zahlen stammt von mir (CR)

Durch die erkennbar gewordenen Zusammenhänge zwischen den Symbolen und Mythen einerseits und den ursprünglichen Wortbildungen andererseits boten sich von den eiszeitlichen Plastiken und Höhlenmalereien an bis zu den ägyptischen Hieroglyphen und den ethnologischen Befunden in der Sprach- und Kulturgeschichte unerwartet viele Anhalte, dass dies im Grundlegenden die >Entzifferung< und Rekonstruktion der eiszeitlichen Sprache HS ermöglichte. Dies führe ich in Hinsicht auf unser Vokabular in meinem Sprachwerk *Cûl Tura* in den Bänden 2 a/b ganz im Einzelnen aus.

Hier geht es um die mit diesen Wörtern und Symbolen verbundenen Geschichten. Die zentralen Geschichten und Symbole der eiszeitlichen Sprache HS sind tatsächlich immer noch bekannt – kein Wunder, da diese die Grundlagen des Vokabulars der Sprache/n stellten.

Dabei zeigt sich ein enormes didaktisches, psychologisches und kulturelles Verstehen. Was die aufgeführten Märchen, Mythen und Symbole zudem in neuer Form interessant wie auch von Bedeutung macht, ist, sie von der humanevolutionären Entwicklung als die **neuropsychogrammatische** Grundlage unserer neurologischen Sprach- und Kultur-Anlage (unserer Art Homo sapiens) zu begreifen. Dies ist auch immer noch für die Bewusstseins-Bildung (nicht nur der Kinder) wie auch therapeutisch von Relevanz.

Von hier aus ergeben sich auch völlig neuartige Zugänge zu den vor- und frühgeschichtlichen Kultur-Beständen wie im interkulturellen Dialog (und übrigens auch in der sprachgeschichtlichen Forschung).

Die eiszeitliche Kultur HS war als Produkt der humanevolutionären Entwicklung in menschlich-sozialer Hinsicht alles andere als primitiv. Sie war mit Aufklärung und einem emanzipierten Geschlechter-Verhältnis verbunden, und ihre Sprach-Technik war so genial wie unser Dezimalsystem und unsere Buchstaben-Schrift. Man erforschte die Höhlen, wie es erst mit modernster Technik in jüngerer Zeit wieder gelungen ist.

Neben den schier unglaublichen Befunden in den eiszeitlichen Höhlen erhalten wir über ihre hier neu erzählten Geschichten einen Einblick in eine Zeit, die nach der Eiszeit als Verlust des >Paradieses< betrauert wurde.

„So führten die wenigen Menschen, die nomadisierend das Land durchzogen, wahrscheinlich ein fröhliches Jägerleben, unbeschwert und glücklich, allen guten Dingen dieser Erde zugetan. Daher auch die Vermutung, dass sich in der Paradieslegende die Erinnerung an diese letzte Epoche der Eiszeit erhalten habe." [1]

---

[1] Rudolf Pörtner: Bevor die Römer kamen, S. 101 f.

„Ein Beispiel für die Syntax der [...] Jäger in Altamira. Die Gravierungen zeigen eine Assoziation von Bilderschriftzeichen und Psychogrammen aus dem Aurignacien [*vor über 30.000 Jahren*].“ [2]

„Seit Jahrtausenden hat der Geist des Menschen auf Zehntausenden von Felsoberflächen [*und in Höhlen*] aller Kontinente seine Spuren hinterlassen. Sie sind der sichtbare Ausdruck einer alles mitreißenden Explosion künstlerischer Kreativität. [...] Abgesehen von einigen wenigen bekannten heiligen Orten in gut zugänglichen Gebieten ist dieses Erbe weitgehend unbekannt. [...] Doch die Wiederentdeckung hat bereits begonnen. Schon jetzt können die Archive über zwanzig Millionen Darstellungen dokumentieren. [...].“ [3]

---

[2] Zitat + Vorlage der Nachzeichnung nach: E. Anati, Höhlenmalerei, S. 28
[3] Emmanuel Anati: Höhlenmalerei, S. 9 f.

Inhaltsverzeichnis

Teil 2: Die Märchen und Geschichten der eiszeitlichen Sprache des Homo sapiens

Stufe 2 159

Stufe 3 209

Hinweis

Im Unterschied zu den **runden Klammerzeichen** (.) sind die **eckigen** Klammerzeichen […] *in Zitaten* Ausdruck meiner Bearbeitung [= CR]. Dies schließt auch mitunter eine Bemerkung [*kursiv abgesetzt*] ein. Dies wird an den Stellen nicht jeweils vermerkt.

Vorwort

Als ich 2003 bei meinen frühgeschichtlichen Forschungen speziell die STier-, Kuh-, Hörner- und Drachen-Symbolik aufnahm, die mir in den eiszeitlichen Höhlenmalereien, in frühgeschichtlichen Plastiken wie in den Mythologien der Welt besonders auffällig geworden war, wurde dies nicht nur in historischer, sondern auch in sprachlicher wie in kultureller Hinsicht in einem unerwarteten Ausmaß von Aufschluss.

Es deutete sich dabei schon früh an, dass sich mit diesen vor-, früh- und geschichtlichen Symboliken, den Mythologien und den damit verbundenen Wortformen und Namen ursprünglich eine erkennbare systematische Konzeption verbunden hatte, und zwar in Entsprechung zur kindlichen Sprach- und Bewusstseins-Entwicklung.

Nach einer weiteren Beschäftigung mit der eiszeitlichen und der frühgeschichtlichen Kultur und Symbolik kam ich 2009 zu dem ersten Entwurf des hier nun vorliegenden Buchs. In dem damaligen Vorwort schrieb ich:

„Nachdem ich meiner Meinung nach grundlegende Einsichten in die ursprüngliche Mythologie des Menschen gewonnen hatte [...], empfand ich es als die große Herausforderung, den Versuch zu unternehmen, die abstrakten Einsichten wieder [*durch Erzählen*] zu der ursprünglichen Plastizität und Lebendigkeit zu entwickeln. Ich denke, dass ein solches Experiment sehr spannend und durchaus von einigem Interesse ist, sowohl in der archäologisch-kulturgeschichtlichen Forschung als auch für die heutigen Ansätze der Wiederentwicklung von Kultur [...]."

Auf jeden Fall sollte dieses Experiment für mich selbst neue Einblicke und Einsichten bedeuten.

In dieser Folge begann ich 2010, mich umfassend mit Etymologie und der evolutionären und historischen Entwicklung von Sprache zu befassen, um die bislang gewonnenen Einsichten zu erweitern. Was ich 2003 bereits erstmalig an einzelnen Punkten feststellen musste, nämlich dass die gängige Etymologie mit ihren Grundlagen aus den 19. Jahrhundert auf historisch falschen Annahmen und Voraussetzungen basierte, sollte sich tatsächlich als durchgängige Problematik erweisen.

Bei diesen altertümlichen Grundlagen, die zu dieser Zeit kaum hinter das Griechentum zurückdenken konnten, ging man selbstredend von der modernen Sprachauffassung aus - die jedoch überhaupt erst in der griechischen Antike aufgekommen war. Von der Sprachsymbolik, wie sie bis dahin bestand und bei den heutigen Forschungen im Alten Orient auch sehr gut fassbar wird, ist in dem herkömmlichen etymologischen Horizont fast gar nichts festzustellen. In den gängigen etymologischen Wörterbüchern steht *Stier* entsprechend der modernen Auffassung praktisch für nichts als >Stier<. Dabei bedeutet etwa altägyptisch *k'* (~ *ka*) >Stier< [vgl. engl. *cow*!] auch >Persönlichkeit, Lebenskraft, Lebensgeist(er)<,[4] und von hierher erklärt sich auch, warum >Götter< und >Göttinnen< im Alten Orient als *STier* bzw. *Kuh* dargestellt werden konnten (s. z.B. S. 220).

Es war von daher faszinierend, mit einem neuartigen etymologischen Ansatz die alte Sprachsymbolik mit vielfältigen Zugängen zu der eiszeitlichen Sprache und Mythologie des Homo sapiens (**HS**) zu erschließen. Dies motivierte mich dann auch Jahre für diese Forschung, die hier mit den Tausenden Wörtern, Sprachen und Mythologien nahezu unendlich ist. Erst 2021 gelang mir erstmalig ein Stand, den ich zu veröffentlichen wagte (unter dem Titel *Cûl Tura*). Jetzt wird auch das eigentliche >(ursprachlich und frühgeschichtlich orientierte) Herkunftswörterbuch des Deutschen< herauskommen.

Entsprechend hat es auch gedauert, das hier vorliegende Buch zur Veröffentlichung zu bringen. Dafür hat die jetzige Anlage den großen Vorteil, dass ihr nun ein grundlegender Überblick

---

[4] Rainer Hannig: Großes Handwörterbuch Ägyptisch-Deutsch, S. 872

über die eiszeitliche Sprache, Symbolik und Mythologie HS zugrunde liegt. Immerhin basiert dieses Werk u.a. auf der etymologischen Analyse der Wörter der **gesamten** Liste der Wortartikel des >Etymologischen Wörterbuchs des Deutschen<. In Teil 1 und im Anhang dieses Buches erfolgen dazu noch einige Hinweise. Für eine weitergehende Auseinandersetzung muss ich jedoch auf die anderen Bände von *Cûl Tura* verweisen.

Da die eiszeitliche Sprache HS verschiedene Systematiken erkennen ließ (s.u.), war sie in ihrer tragenden Struktur mit diesem Überblick mit guter Sicherheit in ihrer Symbolik zu entziffern und insgesamt zu rekonstruieren. Von Bedeutung war hierbei, dass ersichtlich wurde, dass ihr Vokabular auf den Lalllauten der Säuglinge und der Erstbedeutung >Mutter< aufbaute und die weitere Ausprägung ihres Vokabulars insgesamt von bestimmten Geschichten und Symbolen ausging – nicht etwa umgekehrt, wie es von unserer historischen Sprach-Anlage und -Auffassung anzunehmen wäre.

Allein wegen dieser Konzeption war die Rekonstruktion der eiszeitlichen Sprache HS möglich. Das erzählerische Prinzip erlaubte wie bei unserem Dezimalsystem, mit wenigen tragenden Grundlagen zu arbeiten und diese nach Belieben auszuweiten.

Die entscheidenden eiszeitlichen Symbole und Mythen HS finden sich in weiter Verbreitung. Sie sind in unserer Tradition immer noch bekannt sind und geraten erst seit jüngerer Zeit in der Öffentlichkeit in Vergessenheit. Diese Bekanntheit ist schon von daher nicht erstaunlich, da die grundlegenden Symbole, Mythen und Wortbildungen HS ja auch die Grundlage der ursprünglichen Sprache (HS) trugen, was bei allen Umbildungen am Ende der Eiszeit immer noch in Teilen wirksam blieb. Entsprechend reflektiert lässt sich auch einiges von der historischen Mythologie und Symbolik wie in den Illustrationen aufnehmen.

Allerdings gibt es am Ende der Eiszeit einen entscheidenden Punkt, der in den unterschiedlichsten Hinsichten von Konsequenz war. Es kam hier zu einer Spaltung zwischen Mythologie und Sprache. Ursprünglich HS war die Mythologie in ihren Geschichten für die kindliche Sprach- und Bewusstseins-Entwicklung die Grundlage der eiszeitlichen Sprache HS. Dieser Zusammenhang zwischen Sprache und Mythologie geriet aus dem Blick und wurde dann auch aus weiteren Gründen absichtlich aufgegeben. Es kam zu einer Sprachkonzeption aus einem nun selbständig bestehenden Vokabular, wie wir dies noch immer kennen. Damit wurden auch die mythologischen Geschichten selbständig, und sie erhielten von den neuen historischen Entwicklungen im Wesentlichen eine völlig neue Funktion. Dies lässt sich in vielem bei dem heutigen Überblick über die historische Entwicklung und über die verschiedenen Mythologien recht gut nachvollziehen, so etwa bei der Drachen-Mythologie. Ich möchte hierbei anmerken, dass ich mit einem Studium von Theologie, Geschichte und Religionsgeschichte einen Hintergrund bzgl. dieses Stoffs habe.

In Bezug auf die ursprüngliche Mythologie und Sprache HS wurde eindeutig erkennbar, dass es bei ihren mythologischen Geschichten ebenso wenig wie bei der Geschichte vom >Osterhasen< um Religion noch um eine Weltanschauung ging, sondern um didaktische Geschichten für die kindliche Sprach- und Bewusstseins-Entwicklung.

Hier sind sowohl in der historischen Entwicklung als auch in der Forschung einige Missverständnisse und Verwirrungen aufgekommen. In der früheren Forschung war man noch nicht in der Lage, den fundamentalen und entscheidenden Unterschied zwischen >Animismus< und >Magizismus< zu erfassen, zumal dies bereits in etlichen älteren Kulturen durcheinander geht.

Von dort her besteht nicht nur in Linguistik und Etymologie eine Forschungsproblematik, sondern auch im Bereich von Mythologie, Ethnologie und Religionsgeschichte. Hier werden Sprache (auch Sprach*bilder*), Mythologie und Religion in oft falscher Weise gleichgesetzt und von daher Etliches falsch gedeutet. Schon vom Stil her wird bei den mythologischen Geschichten oft vermittelt, als handle es sich (wie etwa bei dem >Osterhasen<) um eine weltanschauliche Auffassung und nicht um >Geschichten< für die Kinder. Diese >Erzählungen< schließen wohl einen tieferen Sinn nicht aus, aber vieles ist als >Bild< oder >Gleichnis< gedacht und wie etwa beim >Osterhasen< nicht als wortwörtliche Auffassung. Warum sich gerade die existenzial entscheidenden Gegebenheiten überhaupt nur über Bilder und Geschichten verstehen und kommunizieren lassen, ist in der neueren Forschung in Psychologie und Neurologie deutlich geworden. Dies wird noch in Teil 1 näher erläutert.

Die mythologischen Geschichten sind ursprünglich auf die kindliche Sprach- und Bewusstseins-Entwicklung ausgerichtet. Sie sind in den Motiven und in ihren Reaktionen ursprünglich gar eine Erfindung der Kleinkinder. Schon *ältere* Kinder interessiert die Geschichte vom >Osterhasen< nicht mehr (sofern damit wie bei >Drache< nichts Weitergehendes verbunden wird). Die Erwachsenen haben diese Ideen und Motive der Kinder „nur" gesammelt, systematisiert und dann gezielt didaktisch eingebracht. Es sind die Kinder in der humanevolutionären Entwicklung selbst gewesen, die die entscheidenden Motive der mythologischen Geschichten erfunden haben und die in ihren Fragen und Reaktionen zu den mythologischen Geschichten geführt haben. Die Geschichten mussten den Kindern auf eine ihnen gemäße Weise das >Leben< erklären. Durch die Geschichten, die die Kinder aufnahmen, anregten, befriedigten und erfreuten, lernten die Erwachsenen im Verlauf der humanevolutionären Entwicklung von Kultur selbst, das Leben als >Wunder und Abenteuer< zu begreifen.

In dem hier vorliegenden Buch geht es vor allem darum, die u.a. in Verbindung mit der eiszeitlichen Sprache HS erkennbar gewordenen mythologischen Geschichten in ihrer ursprünglichen Form und Anlage zu rekonstruieren. Denn die Geschichten und Motive (und die entsprechenden Wortbildungen) liegen nicht einfach nebeneinander. Sie folgen den Stufen der kindlichen Sprach- und Bewusstseins-Entwicklung. Die Reihenfolge der Motive und ihre Anlage als Geschichte ist nicht beliebig, und der Sinn der Motive und auch mitunter der der Wörter (wie etwa >Geist<) kann sich im Verlauf dieser Entwicklung verändern. Hier spielt auch der erzählerische Duktus bei den Motiven eine entscheidende Rolle – man kann hierbei in der Vermittlung effektive „Unfälle" bauen. Es ist von Bedeutung, dass die Geschichten in effektiver Aufnahme des Alters der Kinder, ihrer Person und Stimmung, ihrer Fragen und Reaktionen erzählt wurden. Dies kann natürlich in diesem Buch nur auf einer allgemeinen Ebene angedeutet werden.

Dieses Buch lässt sich vom Teil 2 her durchaus als Kinder- und Märchenbuch mit mythologischen Geschichten begreifen, lesen und aufnehmen. Ich halte diese ursprüngliche Konzeption immer noch von Bedeutung, da sie in dem humanevolutionären Kontext als Entsprechung der menschlichen Anlage entwickelt wurde. Es wäre insofern interessant für mich, wenn man diese Konzeption praktisch in Kindergarten und (Grund-) Schule erproben würde, wobei das freilich von den heutigen sozialen Kontexten her eigene weitere Reflexionen erforderte.

Doch ist dieses Buch von den weiteren Hintergründen nicht als ein unmittelbares Kinderbuch gemeint und angelegt. Ich halte die Einsichten in gar etlichen Hinsichten von Bedeutung. Dabei geht es nicht bloß um Einblicke in die eiszeitliche Kultur des Homo sapiens, nicht nur um Sprache und nicht nur für einen Ausgangspunkt für das Verständnis der historisch überlieferten Mythologie und einen interkulturellen Dialog.

Nach dem, was sich mir hier in Bezug auf die eiszeitliche Sprache und Mythologie HS darstellt, kann ich dies nur als das Produkt der langen humanevolutionären Entwicklung hin zu unserer Art Homo sapiens sehen. Unsere neurologische und kulturale Anlage und die Sprache mit ihren Wörtern, Bildern und Geschichten erklären sich (allein) aus einer wechselseitigen Entwicklung. Dass bestimmte Märchen und Mythen heute therapeutisch genutzt und als >seelisch belebend< erfahren werden, ist nicht als Zufall zu sehen. Mit dem richtigen Zugang kann hier noch weit mehr als bislang erschlossen werden.

Christoph W. Rosenthal

„Alle Mythen sind, so kann man sagen, ungeachtet ihrer Unterschiedlichkeit darin gleich, dass sie sich auf verblüffende Weise an nahezu identische Muster halten." [5]

„Dass zahlreiche jüngere Jägerkulturen mit wesentlichen Zügen auf eine gemeinsame alte Wurzelkultur zurückgehen, darf jedenfalls als ausreichend wahrscheinlich gelten, mag im Einzelfall der Nachweis oft schwierig oder noch nicht möglich sein." [6]

„Die Kunst der Anfänge [...] zeigt auf der ganzen Welt ähnliche Merkmale. Man hat angenommen, dass unser direkter Vorfahr nicht nur die Gewohnheit, Kunst zu produzieren, mit sich brachte, sondern auch eine bestimmte Art von Logik. Denn überall ist die Kunst nicht nur in ihrem Stil ähnlich, sondern auch in der Thematik und in der konstanten Assoziation von Ideogrammen und Bilderschriftzeichen, von Symbolen und Figuren, die eine Syntax bilden. Die einzelnen Figuren und Symbole sind die Grammatik, aber eine Sprache ohne Syntax kann man nicht entziffern. Deshalb war es eine visuelle Sprache, die auf der ganzen Welt ähnlich war. Wir finden bebilderte Wände mit den gleichen Bildern und den gleichen Assoziationen in allen Kontinenten. Im späten Pleistozän, das heißt vor 12.000 bis 15.000 Jahren [d.h. seit dem Ende des Pleistozäns] gibt es die ersten großen Unterschiede [...]." [7]

„Dennoch gibt es erstaunliche Ähnlichkeiten schamanischer Ideen und Praktiken zwischen so weit voneinander entfernten Gegenden wie der Arktis, dem Amazonas und Borneo." [8]

---

[5] Michael Jordan: Die Mythen der Welt, S. 9
[6] Karl J. Narr: Ursprung und Frühkulturen, in: Saeculum Weltgeschichte, Band 1, S. 76
[7] Emmanuel Anati: Höhlenmalerei, S. 401 f.
[8] Piers Vitebsky: Schamanismus, S. 11

„Venus" von Laussel (F), Relief
Alter ca. 25.000 Jahre

S. dazu mehr in: Wikipedia: *Venus von Laussel*

Teil 1
Einführung

Unsere Sprache und unser Denken entstammt den humanevolutionär entwickelten Geschichten, die unsere neurologischen Strukturen und Aktivitäten auf eine evolutionär neuartige Weise organisierten und ausrichteten.

Zu meinen, das menschliche Bewusstsein und Handeln ergäbe sich aus der Ebene (des Gebrauchs) von Vokabular und Grammatik, geht an wesentlichen Gegebenheiten der neurologischen Struktur des Menschen vorbei.

Die Ebene von Vokabular und Grammatik ist bei uns Homo sapiens insgesamt vielmehr sekundär: lediglich die Form, wie wir Sprache *handhaben* und durch die wir die Geschichten erzählen. Doch ist der − nämlich neuropsychogrammatische - Inhalt der Geschichten das Eigentliche. Jeder erzählt/e sie in seinen eigenen Worten und (ggf.) jede Kultur in ihrer eigenen Situation und >Sprache<.

Das Primäre von Sprache liegt in dem menschlichen >Bewusstsein<. Dieses Bewusstsein bildet sich in der menschlichen Sozialisationsentwicklung in Verbindung mit entsprechenden neuropsychogrammatischen Geschichten aus.

Insgesamt ist es vom Evolutionären her *die Struktur* der *Sammlung* bestimmter neuropsychogrammatischen Geschichten, die in unserer neuropsychologischen Anlage die Grundlagen unseres Bewusstseins in Informationsspeicherung, Gehirnorganisation, Sprache, Wahrnehmung, Denken, Verstehen, Handeln, Lebensform und Zielrichtung stellt.

Dies ist der Hintergrund der ursprünglichen humanevolutionär entwickelten mythologischen Geschichten des Homo sapiens bis zum Ende der Eiszeit. Es ging bei der Mythologie um die Grundlage von Sprache und Kultur in didaktischer Entsprechung der kindlichen Sprach- und Bewusstseins-Entwicklung.

Dieser Hintergrund geriet in den Notstandsproblemen in den gigantischen Naturkatastrophen am Ende der Eiszeit vor rund 13.000 Jahren mit weitreichenden Konsequenzen aus dem Blick und dem Verstehen. Daraus folgte auch eine völlig neue Sprach-Anlage. Ein Teil der ursprünglichen Mythologie verfiel, ein anderer Teil wurde missverstanden, dann aber auch mit Absicht entsprechend den neuen sozialen Ausrichtungen umgedeutet.

Um die Bedeutung der ursprünglichen neuropsychogrammatischen >mythologischen< Geschichten, die in Teil 2 erzählt werden, und ihre Funktionen besser und richtig zu verstehen, ist es von Vorteil (aber nicht zwingend), zumindest einen kurzen Überblick über die Evolution von Sprache in den jeweiligen neurologischen Zusammenhängen ihrer Wirkmechanismen aufzunehmen (für ausführliche Darstellungen s. meine weitere Literatur zu Humanevolution und Sprache).

Denn weder Sprache noch ihre Steuerungsfunktion können lediglich durch Vokabular und Grammatik begriffen werden. Viele menschlichen Probleme in Gesellschaft und Kommunikation erklären sich aus diesem substanziell verkürzten Verstehen, das auch noch immer bis in die Wissenschaften hinein anzutreffen ist.

22

1 Zur Evolution von Sprache

„Die Sprache ist in engster Weise mit den allgemeinen kognitiven Fähigkeiten des Menschen verbunden, und die Entstehungsgeschichte der Sprache ist zugleich auch ein Teil der Entstehungsgeschichte des Menschen." [9]

Die humanevolutionäre Entwicklung ging aus der Evolution von Sprache hervor, insbesondere in ihrem letzten Schritt hin zu unserer Art Homo sapiens. Wir sind das evolutionäre Produkt der Befähigung zu Selbststeuerung, Kommunikation und Kultur als einem qualitativ gestalteten Sozial- und Beziehungs-Leben.

Das Verstehen der Evolution von Sprache spielt als Hintergrund der humanevolutionär entwickelten Sprache und Mythologie des Homo sapiens und ihrer Geschichten eine fundamentale Rolle.

Diese Evolution von Sprache steht ihrerseits mit einer bestimmten Entwicklung von Gehirn und neurologischen Strukturen in Verbindung. Diese Zusammenhänge sind komplexer, als sie bis in die Wissenschaften hinein noch immer gedacht werden. Um die Evolution von Sprache richtig einordnen zu können, sollen zunächst einige Gegebenheiten in der Evolution des Gehirns und der neurologischen Strukturen aufgenommen werden.

---

[9] Horst M. Müller: Sprache und Evolution, S. 74

23

1.1 Zu der Struktur des menschlichen Gehirns

Es ist für das Verständnis von Sprache und ihrer neurologischen Effekte von Bedeutung zu sehen, dass sich im Verlauf der weiteren Evolution verschiedene Strukturen im Gehirn ausbildeten. Hierbei gibt es im menschlichen Gehirn nach einer interessanten Theorie drei Grundstrukturen, von denen zwei in Hinsicht auf Sprache eine besondere Rolle spielen.

Zum Großhirn oder Neokortex (grau markiert)

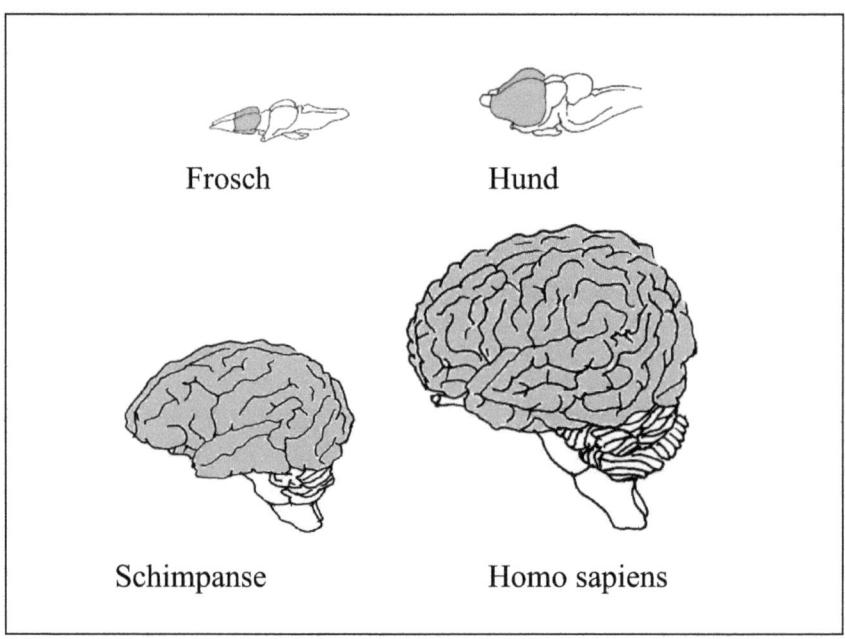

Nachzeichnung nach: Hoimar v. Ditfurth: *Der Geist fiel nicht vom Himmel, 7. Farbblatt nach S. 224. Die Größen sind hier nicht exakt proportioniert.*

Dieses Buch bietet eine gut lesbare ausführliche Abhandlung über „Die Evolution unseres Bewusstseins" (so der Untertitel), wenn es auch nicht mehr in allem aktuell ist.

Nach dieser Theorie sind in dem menschlichen Gehirn drei evolutionäre Hauptetappen repräsentiert:

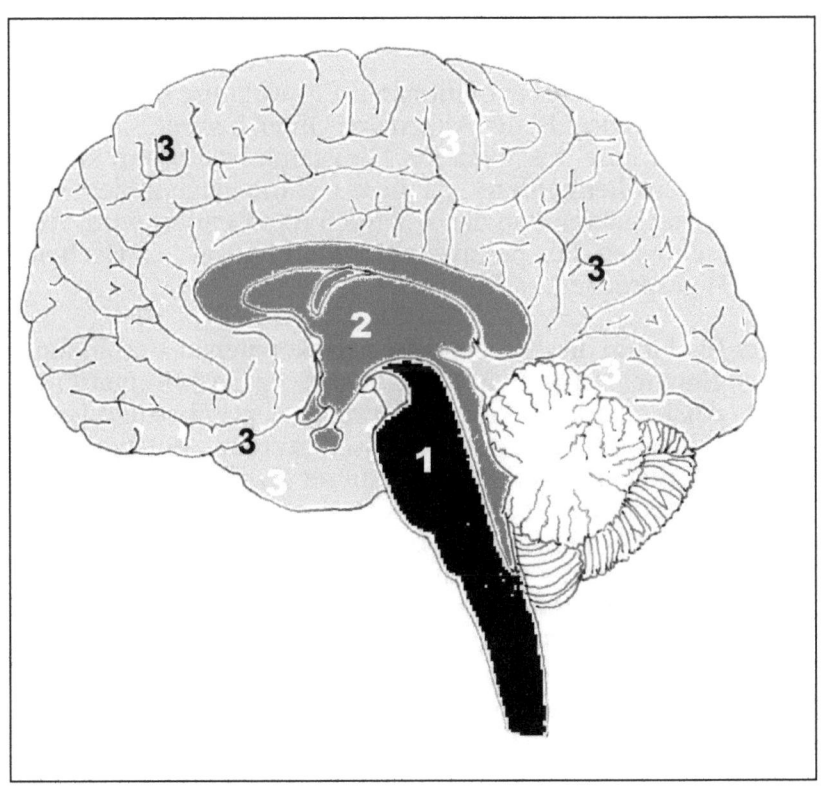

Menschliches Gehirn mit den drei grundlegenden evolutionären Stufen:

1 >**unterer Hirnstamm**< (schwarz),
2 >**Zwischenhirn**< (oder „Reptiliengehirn", dunkelgrau)
3 >**Großhirn**< oder (Neo-) **Kortex** (hellgrau)

Nachzeichnung nach: Hoimar v. Ditfurth: Der Geist, S. 18 f., 84 f., 226 f.

Bei der evolutionären Entwicklung zu komplexeren Nerven-strukturen erwächst zunächst der >**untere Hirnstamm**< (**1**) als Form der Koordination der Nervenstrukturen. Bis zu dieser Ebene kann das Lebewesen allein auf Reize reagieren, die *unmittelbar* den Organismus *berühren* (Haut, Schmecken usw.).

In Verbindung mit der evolutionären Entwicklung der höheren Sinnes-Organe wie z.b. der Augen und Ohren kommt es zu einer Weiterentwicklung des >unteren Hirnstamms< zu dem so genannten >**Reptiliengehirn**<, da diese Gehirnanlage in der Evolution im Besonderen von den Reptilien repräsentiert wird. Aus der menschlichen Perspektive wird hierbei von >**Zwischenhirn**< (**2**) gesprochen.

Mit der Evolution dieses Gehirnbereichs konnten in Verbindung mit der Entwicklung der höheren Sinnesorgane Informationen jenseits des Körperkontaktes wie Gerüche, Optisches und Laute für Verhaltens-Reaktionen erschlossen werden. Entsprechend liegt die Verhaltens-Steuerung auf dieser Zwischenhirn-Ebene. Die **Verhaltens-Steuerung** ist samt der Zwischenhirn-Ebene auf der Tier-Stufe **genetisch angelegt**, d.h. sie ist ebenso Biologie wie der Körper. Es gibt auf dieser Ebene **kein persönliches Ich, das das Verhalten steuern könnte**, wenn auch individuelle Erfahrungen in der neurologischen Anlage wirksam sind.

Die **Großhirn-Ebene = Neokortex** entstand evolutionär als Erweiterung der Zwischenhirn-Ebene. Sie bedeutet aber nicht schon an sich die Fähigkeit, sich selbst (in einem umfassenderen Sinn) steuern zu können. Dieser Schritt erfolgt erst in der humanevolutionären Entwicklung (s.u.). Der Großhirn-Bereich ist bis dahin lediglich eine evolutionäre Erweiterung der Zwischenhirn-Funktionen um den Komplex der kindlichen >Sozialisationsprägung<. Dies bietet den Vorteil, dass die Erfahrungen der Kindheit in die genetische Verhaltensanlage eingehen. So kann ein fähiges Sozialleben das Verhaltens-Potential deutlich optimieren – damit verknüpft sich der evolutionäre Erfolg. Doch kann auch ein ungünstiges Sozialleben neuartige Probleme erbringen, die evolutionär nicht selten im Aussterben mündeten.

1.2 Zur evolutionären Entstehung von Sprache

Anders als bis in die Wissenschaft hinein noch immer vorgestellt, erklärt sich die Evolution von Sprache **nicht eigentlich** in
dem Schritt von >Lauten< zu >Wörtern<. Diese Annahme erfasst die neurologischen Zusammenhänge nicht. Diese verweisen vielmehr darauf, dass die Evolution von Sprache vielmehr
auf der **Umkehrung der kommunikativen Formen** an Hinwei-
sen und Appellen an Andere **zum Hinweis und Appell an sich
selbst** (= **sein Selbst**) entstand, und zwar zwecks Durchführen
von komplexeren Aktivitäten, für die die bisherigen neurologischen Strukturen nicht zureichten. Diese neue Anlage eröffnet
ein solch bedeutsames Potential, dass es zunächst einmal einem
regelrechten Schub an Gehirnwachstum kam (s. Graphik).

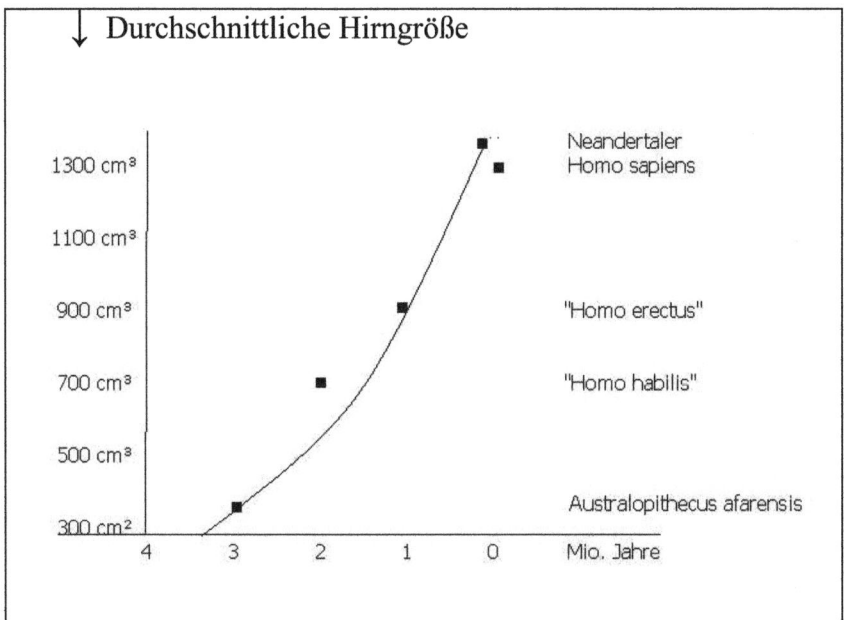

Erst auf der Basis dieser neurologischen Weiterentwicklung kam es dann auch zur Entwicklung einer lautlich entfalteten Sprache zum Zweck von Kommunikation.

Doch zunächst ging es bei dem Schritt von Lauten zu Wörtern um die Entwicklung einer neuen neurologischen Struktur. Man könnte sich hier am Anfang einen solchen inneren >Dialog< etwa bei der Herstellung von Steinwerkzeugen in der Art von >ja, so - ja, gut - nein, Mist, so nicht - ja so< vorstellen. Der Inhalt dieses Vorgangs war wie bei den Tieren als >Erfahrung< oder bei einer Übertragung auf eine neue Situation als >Idee< im Großhirn in irgendeiner Form vorhanden.

Diese neue Form von >innerem Dialog< kommt auf, wo es über das unmittelbare >Nachahmen< hinausgeht, weil die Akte komplexer und komplizierter und damit innerlich aufwendiger sind. Viel an >Sprache< ist damit zunächst noch nicht verbunden. Der erste evolutionäre Schritt ist analog zu der ersten Kleinkind-Stufe von Lautformen bis zu der Grenze von ca. 50 Wörtern zu denken.

Wie bedeutsam jedoch dieser Schritt war, zeigt sich evolutionär an dem Gehirnwachstum. Tatsächlich eröffnete er als solcher – noch ohne viel Vokabular – eine neue Dimension an technischer Intelligenz und an Handfertigkeit, die Befähigung zu planen und eine neue Dimension des Sehens (s. bei Säuglingen das zeigende >da<, was in dieser gezielten Form zur Grundlage des Aufbaus von Wissen [und Vokabular] wird). Auch wenn sich diese Entwicklung im archäologischen Befund von Schädeln nicht definitiv sichern lässt, lässt sich doch vom Neurologischen und dem Befund des Aufkommens der Steinwerkzeuge sagen:

„Die Mehrzahl der Fachleute bringt trotz dieser Unsicherheiten das enorme Wachstum insbesondere des Großhirns im Verlauf unserer Entwicklungsgeschichte mit einem wahrscheinlich schon frühen Auftreten des Evolutionsfaktors Sprache in Zusammenhang. >Wenn die Hominiden nicht die Sprache nutzten und verfeinerten, würde ich gerne wissen, was sie mit ihren selbst beschleunigt wachsenden Gehirnen taten<, bemerkte etwa die amerikanische Anthropologin Dean Falk 1989 in einem Diskussionsbeitrag ironisch, und auch ihr Kollege Terrence Deacon vermutete: >Die Sprache war die Hauptursache, nicht eine Folge des menschlichen Gehirnwachstums.<" [10]

„Dies ist umso wahrscheinlicher, als Werkzeugproduktion und Sprache nach Meinung vieler Fachleute auf miteinander korrespondierenden geistigen Fähigkeiten beruhen und ihre neurologischen Grundlagen sich daher im Verlauf unserer Evolutionsgeschichte Hand in Hand entwickelt haben dürften. >Die Handlungsabläufe bei der Geräteherstellung haben strukturelle Ähnlichkeit mit denen bei der Konstruktion eines Satzes<, urteilt etwa der bereits zitierte Prähistoriker Gowlett, und die Neurologin Kathleen R. Gibson schrieb 1988: >Gerätegebrauch und Sprache teilen eine gemeinsame neurologische Basis und dürften sich deshalb zusammen herausgebildet haben." [11]

M.E. sprechen die Gesamtzusammenhänge dafür, dass der evolutionäre Beginn von Sprache

- mit dem **geologischen Umbruch vor ca. 2,5 Mio. Jahren** =
- mit Beginn der >**Steinzeit**< = Herstellung von Stein-
    Werkzeugen =
- mit dem Beginn der **Hominiden**-Evolution

in Verbindung steht.

---

[10] Martin Kuckenburg: Wer sprach das erste Wort? S. 58
[11] Martin Kuckenburg: Wer sprach das erste Wort? S. 77 f.

 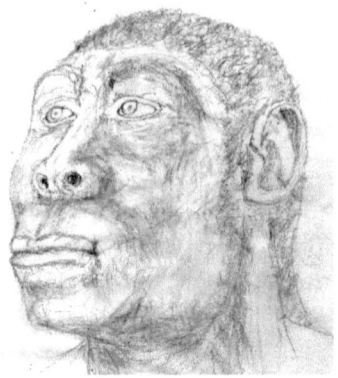

Hominidus habilis   Hominidus erectus

Die beiden hominiden Hauptstufen: Nachzeichnungen nach Modellierungen
in GEO: Die Evolution des Menschen, S. 24 ff.

Modell:

Evolution von Sprache	Evolutionäre Stufe
Von **Lauten** zu **Wörtern**	**Hominiden I** (z. B. „Homo habilis")
Von **Wörtern** zu 2 + 3 **Wort-Sätzen**	**Spätphase Hominiden I** ▶▶▶
Sätze und **Satzfolgen** im Kontext von **Erledigungen** (von einfachen Anfängen bis später **beliebig komplex**)	**Hominiden-Stufe II** (z.B. „Homo erectus")

1.3 Zur humanevolutionären Entwicklung

Wir sind jedoch mit dem angesprochenen Stand noch lange nicht beim Menschen, sondern noch auf der Stufe der Hominiden, die zwischen den Hominoiden (>Menschenaffen<) und der erst eigentlichen Humanevolution lag.

Die humanevolutionäre Entwicklung kann erst nach „Homo erectus" auf vor rund 0,6 – 0,5 Mio. Jahren angesetzt werden. Sie begründete sich aus dringenden evolutionären Gründen in dem Sozialleben der Hominiden und war – von daher – mit einer fundamental neuartigen neurologischen Entwicklung verbunden. Diese verknüpft sich mit der Ablösung von der genetischen Verhaltens-Steuerung der Tier-Stufe hin zur Befähigung zur Selbst-Steuerung, worin auch – allein – der **kategoriale Unterschied** zwischen Tier und Mensch besteht.

Wohl baut die humanevolutionäre Entwicklung auf der Sprache der Hominiden auf. Es ist nicht zu sehen, dass ohne einen bereits entwickelten Bestand an Sprache und einer entsprechenden neurologischen Struktur die humanevolutionäre Entwicklung überhaupt eine Möglichkeit gewesen wäre.

Doch um einen einfachen Schritt handelte es sich auch in der Humanevolution nicht. Es war erst eine ganze Reihe sowohl an biologischen als auch an kulturellen und sprachlichen Entwicklungen in insgesamt drei grundlegenden Stufen notwendig, bis die humanevolutionäre Entwicklung der Selbststeuerung durch Sprache das evolutionär entscheidende Ergebnis einer fähigen Kultur an gemeinschaftlicher Kommunikation erreicht hatte – doch dann: mit was für einem Erfolg!

Graphische Veranschaulichung des Unterschieds in der neurolinguistischen Funktionslogik

Schwarz: die Verhaltenssteuerung im Zwischenhirn
weißer Kreis Großhirn (Neokortex)

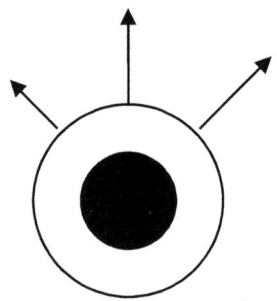   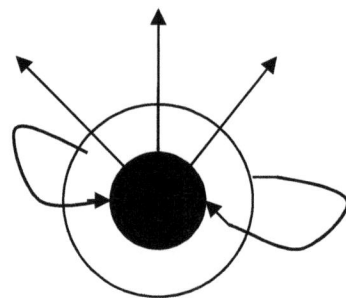

<table>
<tr><td>Hominide</td><td>Homo sapiens</td></tr>
</table>

Hominide	Homo sapiens
bedeutsame Erweiterung des Potentials der genetischen Verhaltenssteuerung	+ zusätzlich Befähigung zur Selbststeuerung
Sehen – Planen – Handfertigkeit **Technik**	+ Befähigung zur Gestaltung d. Sozial- & Beziehungslebens = **Kultur**
Vokabular & Grammatik	+ Bilder & Geschichten (Neuropsychogramme)

1.4 Sprachspiele als Begründung der Evolution von Kultur

Die Hominiden unterlagen ganz noch der genetischen Verhaltenssteuerung. Ihre Art von Sprache und ihre Befähigung zu >Dienstleistung und Produktion< bedeuteten lediglich eine neue Dimension in der Nutzung der genetischen Verhaltensanlage, aber noch keine Befähigung zur Selbststeuerung. Sie konnten damit lediglich äußere Probleme lösen, aber daraus keine Vorteile in Hinsicht auf Lebens-Qualität ziehen.

So entstand die Tragik, dass gerade ihre ganze Intelligenz und ihre Fortschritte nach der Überwindung ihrer evolutionären Krise und nach ihrer weiten Verbreitung über die Welt letztlich nur dazu führten, dass die überschüssigen Energien in die Konkurrenz um Ränge und Geschlechtspartner/innen flossen – und dies bei ihrer Intelligenz nun auch bis zum gegenseitigen Selbstruin.

Von dieser Problematik her entstand die humanevolutionäre Entwicklung daraus, dass man hier die überschüssigen Energien statt in nervige und ruinöse Konkurrenzkämpfe lieber in eine neuartige Zuwendung zu seinen Kindern steckte. Dadurch wurde man fähig, neurologisch unreifer geborene Kinder durchzubringen – woraus auf die Dauer auch die evolutionäre Veränderung entstand, gerade auch in Bezug auf die Ablösung von der genetischen Verhaltensanlage.

Bei diesem Durchbringen der neurologisch unreiferen Säuglinge denn je spielte der Bestand von Sprache eine entscheidende Rolle. Bei der hohen Unbeholfenheit dieser Säuglinge gehörte das Sprachliche zu ihren wenigen ersten Möglichkeiten. Auch verhinderte der Gebrauch von Sprache im Umgang mit den Säuglingen, dass die neurologische Unreife zu einer – evtl. gar tödlichen - Behinderung erwuchs.

Dass aber Sprache bereits in diesem neurologisch so frühen Zustand wirksam wurde, schuf die physiologische Voraussetzung dafür, dass das Sprachliche bereits bei der Ausprägung der neurologischen Reifung wirksam war. Dies wiederum war die Voraussetzung dafür, dass Sprache nicht bloß wie wohl bei den Hominiden lediglich eine Verlängerung der genetischen Verhaltenssteuerung blieb, sondern auch die Möglichkeit zur Selbstbestimmung des Verhaltens erschloss.

Doch diese Form von Sprache, die hier bei diesem neurologisch so frühen Zustand wirksam wurde, steht nicht im Licht einer baldigen Funktion für >Dienstleistungen und Produktion< wie bei den Hominiden. Die kleinkindlichen Laute sind hier im Eigentlichen nicht mehr nur die spielerischen Vorformen, die dann mit etwas Übung auf diese funktionellen Bereiche hinauslaufen.

Vielmehr wurden hier die spielerischen Sprachformen wie *ei-tei-tei* und *du-du-du* in dem langen Zeitraum der kindlichen Entwicklung **auch** zur einer Eigenlogik. Sie werden als Spiel zu der Grundform von Kultur. Damit treten Sprache und Interaktion von der Überlebens-Besorgung unter das **Primat** von Beziehung und Sozialem. Es sind vor allem diese sprachlich fundierten Spiele, wofür die Einsicht von Johann Huizinga >Vom Ursprung der Kultur im Spiel< gilt, wie er es in seinem Werk >Homo ludens< ausführt.

Sprach-Spiele   (Laut-Spiele, Sprüche, Lieder)

Auf einem Baum ein Kuckuck
Simsaladim bamba saladu saladim
Auf einem Baum ein Kuckuck saß

Abra Kadabra
dreimal schwarzer Kater

s. hierzu weiter unter Stufe 0

Die Laut- und Sprachspiele sind das Fundament des Sprach-Er-werbs beim menschlichen Nachwuchs. Es sind diese Laut- und Sprachspiele, in denen das Durchdringen des Sprachlichen im neurologischen System im Gehirn beginnt und mit denen zunächst erst mal das Broca- und das Wernicke-Zentrum zwecks Verstehens der Sprachlaute und der Artikulationsfähigkeit als Basis des Sprachgebrauchs trainiert werden. Dieser Sachverhalt lässt sich im Verhältnis einer sehr anderen Sprache begreifen. Es geht nicht bloß um das Erlernen unbekannter Vokabeln: man muss zunächst die Phoneme des Wortmaterials identifizieren und dann auch artikulieren lernen. Dies kann so schwierig sein, dass man dies als Erwachsener nicht mehr zureichend zu adaptieren vermag.

Aus diesen Zusammenhängen heraus dürfte auch die Entwicklung von Musik und Singen entstammen. Interessant ist hier unser Wort *lallen*. Es entstammt einer der ersten Lautbildungen des Säuglings als etwa *la-la-la*. Die ersten eigenen Lautbildungen des Säuglings wie *la-la-la* wurden aufgenommen und verstärkend zum Spiel wie u.a. dem Singen gebraucht. Auf diese Weise konnte die noch höchst eingeschränkte Artikulationsfähigkeit des Säuglings auf eine andere und einfache Weise differenziert werden (Atmung, Mundöffnung; Tempo, Tonhöhe usw.). Dieses *La-La-La* wurde von den Wortzusammenhängen offenbar auch zum Beruhigen zum Einschlafen verwenden (>einlullen<) [beachte auch die Wortbildungen *Stillen, lullen – Lolly – lutschen* usw.].

Auf dieser physiologischen Grundlage wurden nun diese Sprachspiele wie zuerst in der Art von *ei-tei-tei* und *du-du-du* zum Ausgangspunkt der Evolution von Kultur und der neuen Sprach-Entwicklung im humanevolutionären Prozess. Diese Sprachspiele eröffneten eine neue Dimension von Spiel wie u.a. auch das Singen, Rollen- und Interaktionsspiele (wo man etwa Tiere theaterartig nachspielte) wie das Erzählen von Witzen, Abenteuern, Märchen, Fabeln usw.

1.5 Geschichten als Grundlage von Sprache, Denken und Handeln

„Kleine Kinder lieben Geschichten und wollen immer wieder welche hören. Sie können komplexe Zusammenhänge begreifen, sobald man sie ihnen in Form von Geschichten präsentiert [...]." [12]

„Märchenstunden sind die höchste Form des Unterrichtens." [13]

„Ein guter Lehrer wird Geschichten erzählen. [...] Geschichten *treiben uns um, nicht Fakten."* [14]

„Es sind innere Bilder, die unser Denken, Fühlen und Handeln leiten." [15]

Das Denken geht nicht aus Vokabeln und Sprache hervor. Wohl sind auch Vokabular und Sprache eine eigene bedeutsame Form des >Denkens<, die dieses auch weiterentwickelt. Doch geht das Denken an sich von der neurologischen Aktivität aus.

Dies galt schon für die Hominiden. Die neurologische Aktivität war der Ausgangspunkt (nicht etwa Kommunikation). Die Ausprägung von Vokabular half, den ursprünglichen Appell an Andere im „inneren Dialog" für komplexere Aktivitäten in der Herstellung von Werkzeugen und der sozialen Organisation als zuvor zu nutzen. Nur weil das Vokabular von der neurologischen Aktivität ausgeht – nicht umgekehrt –, war und ist es möglich, dass die Evolution von Sprache und entsprechend dazu die kindliche Sprachentwicklung von „Ein-Wort-Sätzen" funktioniert(e). Mit dem >Wort< tritt der neurologische Prozess an die

---

[12] Oliver Sacks: Der Mann, der seine Frau, S. 242
[13] So der Hirnforscher: Gerald Hüther: Was wir sind, S. 164
[14] Der Neurowissenschaftler: Manfred Spitzer: Lernen, S. 35
[15] Gerald Hüther: Was wir sind, S. 69

auch für Andere wahrnehmbare Oberfläche. Dabei verlagert sich der neurologische Impuls von der Zwischenhirn- auf die Groß-hirn-Ebene, wodurch auch ein Moment an Bewusstheit wie eine gezieltere Information entsteht. Dadurch wurde *in der Folge* auch *eine neue Dimension von* Kommunikation möglich. Die Entstehung eines Wortschatzes war und ist der äußere und arti-kulierte Ausdruck des Aufbaus entsprechender neurologischer Strukturen (die sich evolutionär auch in dem Gehirnwachstum belegen).

Doch bleibt hier zu beachten, dass es soweit lediglich um eine – wenn auch beträchtliche – Erweiterung der Großhirn-Ebene wie um Prozesse **innerhalb** der Vorgabe des Zwischenhirns ging. Eine Selbst-Steuerung der Verhaltensprogramme der Zwischen-hirn-Ebene war damit noch keine Möglichkeit. Die Annahme, dass der bloße Gebrauch von Wörtern schon eine Selbst-Steue-rung ermöglicht und erbringt, gehört zu den großen historischen Problemen, die am Ende der Eiszeit aufkamen (etwa als >magi-zistisches Denken<).

Die Sprache aus Vokabular und Grammatik ist die evolutionäre Stufe der Hominiden, deren Verhalten noch genetisch gesteuert war. Sie ermöglicht >Dienstleistung und Produktion<, sprich Aktivitäten auf der Großhirn-Ebene, aber nur *innerhalb* der ge-netischen Verhaltenssteuerung oder in Nachahmung und auf der Basis von Anweisungen. Auf der Ebene von Vokabular und Grammatik ist die Steuerung der Verhaltensanlage der Zwi-schenhirn-Ebene keine Möglichkeit.

Die Ablösung von der genetischen Verhaltenssteuerung und die Entwicklung der Befähigung zur Selbststeuerung seines Verhal-tens war der Inhalt der eigentlichen Humanevolution, der erst nach den Hominiden entstand. Diese Ablösung von der geneti-schen Verhaltenssteuerung kam in Verbindung mit den neurolo-gisch immer unreifer geborener Säuglinge auf. Doch dass diese Entwicklung einen positiven Effekt erhielt, erklärt sich aus den Sprachspielen wie *ei-tei-tei* und den Spielgeschichten für die Kinder. Diese Entwicklung beginnt schon mit der Humanevolu-tion vor ca. 0,5 Mio. Jahren, doch kann dies in der vollen Form erst mit unserer Art Homo sapiens in Verbindung gebracht werden.

Zwar könnte man sagen, dass die Geschichten via Vokabular und Grammatik erzählt werden. Sicher ist die humanevolutionäre *Entwicklung* auch in dieser Form zu denken. Doch im Kontext der Verhaltenssteuerung (der Zwischenhirn-Ebene) ist das Szenarische der Ausgangspunkt. Die >Geschichten< entstehen hier nicht durch eine Addition von Vokabular.

Vielmehr sucht sich das >situativ-szenische Empfinden< der Zwischenhirn-Ebene das Vokabular, um sein Empfinden auf die Ebene des Verstehens zu bringen und dann auch kommunizieren zu können. Dafür können bei Bedarf auch neue Wörter erfunden werden, von *Wauwau* auf der Kleinkind-Ebene [vgl. >Krähe< S. 130] bis zu den ständig neuen Begriffen in der Technik und Wissenschaft wie z.b. *Kulturologie* [als der Wissenschaft, was >Kultur< vom Biologischen her (an >Software<) ist].

Diese **Verbindung** des >situativ-szenischen Empfindens< mit Sprache ist der entscheidende neurologische Prozess, der in der humanevolutionären Entwicklung die Befähigung zur Selbst-Steuerung der auf der Zwischenhirn-Ebene befindlichen Verhaltensprogramme ermöglichte und erbrachte. Dies ist der Hintergrund der in diesem Buch erzählten Geschichten.

Diese Geschichten und ihre Bilder und Symbole sind **Neuropsychogramme**: eine Verbindung der neurologischen Prozesse der Zwischenhirn-Ebene mit Sprache. Das ständige Erzählen dieser Geschichten liefert die Bausteine, die das Bewusstsein der Kinder strukturiert und es weiter aufbaut, was im Ergebnis die Selbst-Steuerung des Verhaltens ermöglicht. Diese Geschichten müssen also neurologisch hinreichend verinnerlicht werden, um Einfluss auf die Verhaltenssteuerung zu erhalten.

Umgekehrt spielt auch ihre Versprachlichung eine entscheidende Rolle. Das Ausmaß und die Art und Weise der sprachlichen Umsetzung der Verhaltensprogramme der Zwischenhirn-Ebene entscheiden über das Potential der Befähigung zur Selbst-

Steuerung. (Dies betrifft etwa auch die Verarbeitung der Aggressions-Thematik). Ohne die Versprachlichung werden die Verhaltens-Impulse nicht einmal zureichend bewusst – sei es individuell oder auch gesellschaftlich. Wo nicht die Ebene des Mensch-Seins insgesamt verarbeitet wird, bestehen entsprechende Blindflecken im Bewusstsein, wo dann in entsprechenden Situationen – etwa von Bedrohungen – die ungesteuerten biologischen Verhaltens-Impulse durchbrechen.

Doch umgekehrt bedeuten die Wörter ohne eine entsprechende neurologisch verankerte Verbindung zu den Bildern und Geschichten in Bezug auf die Verhaltenssteuerung rein gar nichts.

„Erfahrung und Handeln sind nicht möglich, wenn sie nicht ikonisch organisiert sind. Die >Speicherung im Gehirn< von allem, was lebendig ist, muss ikonisch erfolgen. Es ist dies die endgültige Form der Speicherung [...]." [16]

„Der heutige Mensch misst seiner Fähigkeit zu abstraktem Denken zu viel Bedeutung bei. Zwar verdanken wir dieser Fähigkeit einige nützliche Arbeitsmethoden, doch sind wir für ein wirkliches Verständnis abstrakter Gedanken auf einen reichhaltigen Vorrat von Bildern aus dem realen Leben angewiesen. Könnten wir nicht auf diese Erfahrungen zurückgreifen, blieben die abstrakten Gedanken trockene, leblose Wortaneinanderreihungen, die in uns keine lebendigen Vorstellungen wecken." [17]

„Die geistigen Errungenschaften des Menschen beruhen auf Metaphern." [18]

Ohne den Aufbau dieser neurologischen Verbindung verbleibt Sprache auf der Ebene von Produktion und Dienstleistung (und damit wird auch schon das „Geheimnis" der historischen Entwicklung deutlich).

---

[16] Oliver Sacks: Der Mann, der seine Frau, S. 199
[17] John McCrone: Als der Affe sprechen lernte, S. 152
[18] John McCrone: Als der Affe sprechen lernte, S. 149

Die konzeptionelle Anlage von Geschichten, Symbolen und Bildern ist also in Hinsicht auf die Befähigung zur Selbst-Steuerung wie dann auch zu Kommunikation und Kultur von fundamentaler Bedeutung. Die Bilder, Symbole und Geschichten sind – individuell, sozial und gesellschaftlich - die Voraussetzung für die Fähigkeit, sein Verhalten zu steuern und tatsächlich selbst bestimmte Lebensziele zu erreichen, und ihr Bestand bringt umgekehrt das Maß und ggf. die Richtung dieser Steuerung zum Ausdruck.

Es ist zu beachten, dass es bei den Geschichten, Bildern und Symbolen um die Verarbeitung der neurologischen Struktur geht. Die Wörter wirken nur so weit, wie sie in den Bildern und Geschichten in der Verhaltens-Anlage eingebunden sind. Dabei zählt nicht bloß, was vordergründig >gewollt< und was bewusst ist, sondern auch das Tabuisierte, Verdrängte und Unverarbeitete.

Ganz entsprechend der humanevolutionären Weiterentwicklung von Sprache und Kommunikation formuliert der Psychoanalytiker M. L. Moeller als eine seiner >Fünf goldenen Erkenntnisse<:

„Ich möchte in unserer Beziehung lernen, mich in konkreten Erlebnissen und nicht in Begriffen zu erläutern, weil Bilder und Geschichten erst wirklich tief gehend und umfassend wiedergeben können, wer ich bin – und wer Du bist." [19]

Diese Geschichten und Bilder können durchaus auch vom Urlaub handeln. Entscheidend dabei ist, was diese Bilder und Geschichten an >Leben< und menschlicher Existenz erschließen.

Der eigentliche Gehalt der Bilder und Geschichten wie von Kommunikation steht letztlich mit der Zwischenhirn-Ebene und der Selbst-Steuerung der Persönlichkeit in Verbindung: der Subjekt-Ebene. Dies ist die eigentliche Ebene, um die es bei dem Thema >Geschichten, Bilder, Symbole< geht.

---

[19] Michael Lukas Moeller: Die Liebe ist das Kind der Freiheit, S. 16

Dies ist auch in Bezug auf die Sozialisationsentwicklung von fundamentaler Konsequenz. Bevor die Fakten als Einzelheiten wirklich von Interesse werden können, braucht es erst einmal einen Rahmen in seiner Bewusstseins-Struktur, in den die Einzelheiten eingeordnet und an sein Denken und Verstehen angeschlossen werden können. Von daher ist zu sagen:

> „Kinder brauchen sie [*die Märchen*], um ein elementares Ordnungsgerüst zu erkennen, sie brauchen sie, um ihre noch diffuse Phantasie an Gestalten zu binden und somit ihre Welt dingfest zu machen. Märchen helfen den Kindern, sich in der Welt zu orientieren." [20]

In seinem immer noch wichtigen Buch >Kinder brauchen Märchen< führt *Bruno Bettelheim* dies in vielem näher aus. In dem interessanten Buch >Märchen als Therapie< zeigt die Psychologin Verena Kast in anderer Hinsicht deren Bedeutung.

Von der Sache her sind die menschlich wichtigen und entscheidenden Logiken dieser Geschichten für die Kinder (jenseits ihrer äußerlichen Form) also als **Neuropsychogramme** zu verstehen. Darin liegt der Unterschied zu den Geschichten zur Unterhaltung, die es auch gab.

Diese Neuropsychogramme sind die **Brücke** zwischen **Denken, Sprache** und der **Zwischenhirn-Ebene** der **Verhaltensprogramme**. Diese Neuropsychogrammen stellen die Grundlage der Selbststeuerung. Sie waren in der Wechselwirkung der humanevolutionären Entwicklung gleichermaßen die Folge der Ablösung von der genetischen Verhaltenssteuerung wie umgekehrt die Voraussetzung der Entwicklung der Selbststeuerung und von Kultur.

---

[20] Emma Brunner-Traut: Altägyptische Märchen, S. 9

1.6 Zur Bedeutung von Mythologie im ursprünglichen Sinn

„Sprache ist in Mythen begründet (Mythos heißt in seiner ersten Bedeutung das Wort), und der Mythos umfasst noch beides, den Primär- wie den Sekundärvorgang, die Vergangenheit wie die Zukunft, die Emotionalität und das rationale Erklärungsbedürfnis." [21]

„Weniger fortschrittsgläubige Ethnologen wie Bronislaw Malinowski oder Claude Lévi-Strauss haben beobachtet, dass die >primitiven< Gesellschaften (oder doch mindestens manche von ihnen) mit ihrem mythischen Weltbild in vieler Hinsicht besser >funktionieren< (etwa was die Integration des Gefühlslebens oder die Harmonie mit ihrer Umwelt angeht) und andererseits eine den modernen Zivilisationen durchaus vergleichbare strukturelle Differenzierung erreichen können. Seitdem ist uns der Dünkel einer fortschrittsgläubigen Überlegenheit verloren gegangen, mit der noch James Frazer Riten und Mythen der >Wilden< betrachtete." [22]

In Hinsicht auf Mythologie sind im Kontext der >babylonischen Sprachverwirrung< am Ende der Eiszeit fundamentale Missverständnisse aufgekommen. Als Ursache dafür erscheint, dass man in den gigantischen Naturkatastrophen am Ende der Eiszeit nicht mehr genug Zeit für die ethnologisch so genannte >Jugend-Initiation< fand, um Sprache und Kommunikation zureichend beherrschen zu lernen. Das wird von dem Bezug zur Selbst-Steuerung neurologisch erst mit der Geschlechtsreife möglich.

So kam es, dass man den Unterschied zwischen Sprache und Realität nicht mehr erfasste und etwa die mythologischen Geschichten als Informationen über die äußere Realität begriff. Es

---

[21] Wolfgang Schmidbauer: Wie Gruppen uns verändern, S. 149
[22] Wolfgang Schmidbauer: Mythos und Psychologie, S. 19

versteht sich, dass diese wahrhaft >babylonische Sprachverwir-
rung< in *allen* Hinsichten mit Folgen bis heute von fundamentaler Konsequenz für die weitere historische Entwicklung wurde.
[23]

Tatsächlich aber handelt es sich bei Mythologie im ursprünglichen Sinn ebenso wenig wie bei der Geschichte vom >Osterha-
sen< um Religion noch um eine frühere Form von Wissenschaft.
Es ging dabei vielmehr um didaktische Geschichten für die kindliche Sprach- und Bewusstseins-Entwicklung, woraus sich die
Form der humanevolutionär entwickelten Sprache zum Zweck
der Verhaltenssteuerung und darüber vermittelt zwecks Kommunikation und Kultur bildete.

Damit ist auch definitiv besagt, worum es bei dem Sprachlichen
bei uns Menschen geht: nämlich um neurologische Prozesse, um
Kommunikation und Kultur und nicht etwa um die Erkenntnis
der Wirklichkeit als solcher. Wohl können wir etwa ebenso wie
die Ameisen und die Affen *Momente an* äußerer Wirklichkeit
erkennen, dass sich damit etwa Nahrung beschaffen lässt, und
mit dem Ausmaß an Großhirn und dem Bestand an Sprache entsprechend auch komplexer. Mit Mikros- und Teleskopen usw.
können wir die *Momente unseres* Verstehens noch etwas verlän-
gern.

Doch die Vorstellung, dass wir damit einen Zugang zu >der<
Wirklichkeit hätten, ist ein Mangel an Bewusstsein und Sprach-
Verstehen, was historisch mit der >babylonischen Sprachver-
wirrung< entstand. Demgegenüber ist vielmehr zu sagen:

„Der äußerste Schritt zur Vernunft besteht in der Einsicht,
dass auch wir noch in einer subjektiven Wirklichkeit leben.
[...] Unser Gehirn ist, um es noch einmal zu sagen, ein Organ,
das von der Evolution nicht etwa zum Erkennen der Welt,
sondern zum Überleben entwickelt worden ist." [24]

---

[23] S. dazu näher mein Buch „Was eigentlich Sprache ist – Über die
Evolution von Sprache und die >babylonische Sprachverwirrung<"
[24] Hoimar von Ditfurth: Der Geist fiel nicht vom Himmel, S. 305

Es ist nichts gegen eine naturwissenschaftliche Forschung zu sagen. Auch dies ist eine Form an *Kultur*. Doch verknüpft sich der menschlich spezifische Zugang zur Realität vielmehr mit Sprache, Kommunikation und Kultur. Auch unser Sehen ist kein unmittelbarer Sinneseindruck, sondern ein in Verbindung mit Sprache (zuerst als das kleinkindliche zeigende >da<) erlernter *neurologischer* Vorgang (in *unserem Gehirn*). Dies lässt sich bei neurologischen Schäden erkennen. Das Erlernte wird auch bei der Schrift und fremden Schriften erkennbar. Das sprachlich geprägte Denken wird mit den Mikros- und Teleskopen usw. lediglich verlängert. Doch verlässt dies unsere neurologischen Prämissen nicht.

Wo Sprache, Kommunikation und Kultur nicht so weit beherrscht werden, dass wir erfreuliche Beziehungs- und Sozialverhältnisse haben, kann von einem zureichenden Zugang zur Realität und einem zureichenden Denken und Verstehen nicht die Rede sein. So erstaunlich auch unsere heutigen Computer und das erreichte Wissen bzgl. des >Universums< auch sind, sind damit z.B. die ökonomischen Probleme noch lange nicht gelöst - was nur ein Beispiel dafür ist, wie überaus partiell die genannten Einsichten in Bezug auf die *menschliche Wirklichkeit* tatsächlich liegen. Die Menge an Einzelteilen bedeutet noch nicht das Funktionieren des Ganzen und des eigentlich Entscheidenden, wie man etwa bei einer Auto-Reparatur erfahren kann. In dieser Hinsicht ist tatsächlich nur zu sagen, dass wir es – vor allem mit der >Hochkultur< – erst mal den über 30 Millionen Jahre langen Bestand der Affen und den noch älteren Bestand der Ameisen erreichen müssen, bevor wir uns in Sachen Intelligenz brüsten können.

Was die evolutionäre Entwicklung der Mythologie als der sprachlichen Entsprechung der Anforderungen der Verhaltenssteuerung angeht, so erfolgte sie erst über etliche Schritte in drei grundlegenden evolutionären Stufen. Die Ablösung von der genetischen Verhaltenssteuerung war schon neurologisch nicht in einem Schritt möglich. Doch brauchte man für die Befähigung zur Selbststeuerung und gemeinschaftlich zu Kultur auch erst die dafür notwendigen Geschichten und Begriffe wie z.B. >Gerechtigkeit<. Man musste erst herausfinden, welche Geschichten und Begriffe für welche Zwecke an Selbststeuerung notwendig oder dienlich waren. In sozialer Hinsicht musste man sehen, welche Fall-Geschichten (wie bei uns immer noch im juristischen Bereich) es für die Entwicklung und Klärung eines wünschenswerten Soziallebens brauchte. Mitnichten versteht sich das alles von selbst, wie man schon in einer Liebes-Beziehung und erst recht an den historischen Problematiken sehen kann. Die >Gefühle< allein machen es bei uns Homo sapiens nicht.

Erst eine systematische Integrierung der notwendigen Geschichten befähigte vollgültig zu Selbststeuerung, Kommunikation und Kultur. Das war offenbar erst im Vorfeld vor unserer Art Homo sapiens vor vielleicht ca. 200.000 Jahren erreicht – wir Homo sapiens sind mit unserer kulturalen Anlage auf jeden Fall das evolutionäre Produkt dessen.

Mit einzelnen Geschichten und partiellen Motiven mag man wohl an den entsprechenden Punkten eine Befähigung zur Verhaltenssteuerung und zu guten Sozialmomenten erreicht haben, aber deswegen noch nicht das Eigentliche der vollen Steuerung seiner Persönlichkeit und seiner Sozialverhältnisse. Erst wo man die Persönlichkeits-Entwicklung und sein Sozialleben im Ganzen überblickte, wurde mit einer umfassend integrierten Systematik der neuropsychogrammatischen Motive und sozialen Fall-Geschichten eine vollgültige Selbststeuerung, Sprache und Kultur möglich.

Dies alles ist als Zusammenhang zu sehen. Die Sprache der neuropsychogrammatischen Motive stellte die zur Steuerung von Kultur und Persönlichkeit notwendigen kulturellen Begriffe wie z.B. >Gerechtigkeit<. Der *Begriff* >Gerechtigkeit< ist wohl formal ein *Wort* wie >Stock<, doch von seiner Struktur her etwas fundamental anderes als das *Wort* (für) >Stock<, was vom Sinnlichen her auch ein Hund verstehen kann. Doch Begriffe wie >Gerechtigkeit< sind keine bloße Lautform für eine Gegebenheit der Natur. Sie setzen ein Verstehen von Kultur voraus, wie umgekehrt Kultur erst durch ein hinreichendes Verstehen der für Kultur notwendigen kulturellen Steuerungsbegriffe wie etwa >Gerechtigkeit< oder >Frieden< möglich wird, deren Inhalte in der Sozialisation so erlernt werden, dass sie wie >Stock< einsetzbar werden können.

Diese geistig-sprachliche Systematik in der Entsprechung von Kultur und der Befähigung zur vollen Selbststeuerung ist der ursprüngliche Sachverhalt der >Mythologie< (vor dem Ende der Eiszeit). Sie ist das Eigentliche und Entscheidende der humanevolutionär entwickelten Sprache unserer Art **Homo sapiens** bis zum Ende der Eiszeit.

In der Tat: „Am Anfang war das Wort" = der *logos* = der *Mytho-Logos* (man beachte die Verbindung *Wort* = dän. *ord* = lat. *ordo – Ord*nung!). Die Mythologie als die erzählte Form der sprachlichen Organisation war in der humanevolutionären Entwicklung die didaktisch und als Sprache in Worten und Begriffen aufbereitete *Essenz* der Kultur- und Lebenserfahrung wie der Selbst- und Menschenkenntnis (>erkenne Dich selbst<).

Durch die Mythologie wurde der Mensch diskursiv, bewusst, *Subjekt, Kommunikations-* und *Kulturwesen.* Durch die Mythologie als dialogisches Verhältnis zu den Kindern lernte sich der Mensch in seiner Bewusstseins-Entwicklung, in seinen emotionalen Bedürfnissen, in seinen Lernformen und Wahrnehmungen kennen und begreifen. Durch die Mythologie lernte sich *Homo* als *Mensch* verstehen, und so verstanden war die Mythologie in der Tat die Grundlage für das damalige Hinauskommen des Menschen über die Tierstufe.

Das also, was die humanevolutionär entwickelte Sprache von der hominiden Sprache aus lediglich Vokabular und Grammatik im Entscheidenden unterscheidet, ist >die Mythologie< (um ursprünglichen Sinn).

Dieses war freilich nur mit einer ganz bestimmten Mythologie und nur mit einem aufgeklärten Verhältnis zu ihr als Erwachsener möglich, wie es damals in der so genannten >Jugend-Initiation< geschult und gelernt wurde.

Modell der humanevolutionären *Weiterentwicklung* von Sprache

wie sie sich mir darstellt:

höhere neurologische Unreife der Geburten →
Sprachspiele wie *ei-tei-tei* und *du-du-du* + „Jägerlatein" →
Tier-Geschichten & menschliche Begebenheiten →
Tier-Rollen-Spiele sowie anthropomorphe Fabeln, Märchen &
Role-Models (*Modelle für Rollen*)
→ moralisch-kulturelle Verstehens-Entwicklung = Beginn der
Selbststeuerung

→ Überblick über seine anthropologischen Gegebenheiten und
Möglichkeiten → kulturelle Begriffe → Mythologie → die kulturelle Sprach-Anlage

→ explizit entworfene Kultur-Konzeption
→ Realisation von Kultur → die evolutionäre Ausbildung
        unserer

→ Art *Homo sapiens,*

die alles dies an kulturellen Gegebenheiten in ihrer kulturalen
Anlage **voraussetzt** (wie ein Computer eine *bestimmte* Software)

1.7 Zur ursprünglichen Schulung von Sprache und Kultur

Von den neurologischen Zusammenhängen kann die eigentliche Selbststeuerung und Beherrschung von Sprache und Kommunikation erst mit dem Aufkommen der Geschlechtsreife als dem Abschluss der kindlichen Sozialisations-Entwicklung erworben werden. Ganz entsprechend war die Evolution von Sprache, Kommunikation sowie von Selbststeuerung und Kultur mit effektiv entsprechenden Schulungen, Übungen und Experimenten verbunden.

Die Entstehung des speziell Menschlichen (bei) der Pubertät hat darin ihren Ursprung. Sie erklärt sich nicht aus der Geschlechtsreife an sich, sondern aus den *Bemühungen* um die Befähigung zur Selbst-Steuerung. Daraus entstand in der Humanevolution mit der Geschlechtsreife ein neues Moratorium (Pubertät + Jugend) vor der nun eigentlichen Erwachsenheit.

Dieses besondere Moratorium diente in der Art des Fahrschul-Unterrichts und geschützter Fahr-Übungen in der Ablösung von der genetischen Verhaltenssteuerung (Es) und dem Über-Ich-Steuerung in der Kindheit dem Erwerb der Befähigung seiner vollen Selbststeuerung wie zu Kommunikation, insbesondere im Geschlechterverhältnis und hierbei vor allem in Sachen Eros, Liebe und Beziehung. Denn darin liegt das Zentrum der biologischen Verhaltenssteuerung. Dies ist entsprechend am schwierigsten in der Selbststeuerung zu erschließen.

Dieser >Fahrschul-Unterricht< und die >Fahr-Übungen im geschützten Raum< ist in dem ethnologischen Bestand als >Jugend-Initiation< bekannt, wenngleich zumeist in verkürzten und auch oft pervertierten Formen. Es ist jedoch von den heutigen neurologischen und psychologischen Einsichten her klar, worum es dabei im Ursprünglichen ging: nämlich um die Befähigung zu einer wirklichen Sprach-Beherrschung zwecks Kommunikation und Selbst-Steuerung (insbesondere im Geschlechter-Verhältnis und vor allem in Sachen >Liebe<).

Der Erwerb einer wirklichen Sprach-Beherrschung hat hierbei zwei Richtungen:

- zum einen zu verstehen, was es in der gemeinschaftlichen Kommunikation an Bildern, Geschichten und Vokabular braucht; wie die bestehenden Bilder, Geschichte und sein Vokabular genau zu verstehen sind und wie dies (in seinem Begriffs-System) organisiert ist; dies ließe sich heute etwa mit einem Studium an Psychologie und Jura usw. vergleichen;

- zum anderen zu verstehen, dass die neuropsychogrammatischen Bilder, Geschichten und Wörter *Bilder, Geschichten* und *Wörter* sind: dass Sprache *Sprache* ist: eine neurologische Funktion unserer Selbststeuerung zwecks Kommunikation und Kultur und kein Ausdruck der äußeren Realität, sondern ein Medium für den *Umgang mit* der menschlich relevanten Realität.

Um es in einem Bild zu formulieren: man begreift hier im Verlauf der Jugend-Initiation nun, dass die Geschichte vom Osterhasen durchaus eine kulturelle Bedeutung hat (hier: für die kindliche Bewusstseins-Entwicklung), aber anders zu verstehen ist, als man dies als Kind zuerst gemeint hat. Entsprechendes gilt für erheblich mehr, als man bei uns gemeinhin annimmt.

Diese Übungen scheinen von je her mit Formen von Trance und einer nicht-sprachlichen Meditation verbunden gewesen, um sich von den ganzen sprachlichen Verinnerlichungen seit der frühesten Kleinkind-Stufe zu lösen: von den sprachlichen Automatismen der >inneren Wortmaschine< und den kindlichen Identifikationen mit Rollen und Vorstellungen in den Bildern und Geschichten der Kindheit.

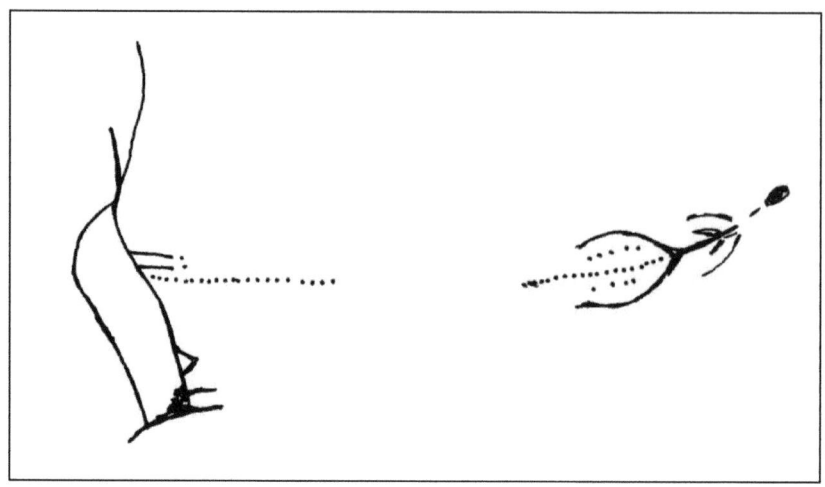

*Sehr reduzierte Nachzeichnung des zentralen, größten und gut 13.000 Jahren alten Deckengemäldes in dem **schwer** zugänglichen „Endsaal" der Ignatievka-Höhle [25] im **Ural**. Das STier-Kuh-Motiv ist etwa 2,30 m groß. Die beigefügten Zahlzeichen 9 und 28 deuten auf den weiblichen Mond-Monatszyklus wie auf >schwanger< (s. auch → S. 58)*

„Unter zahlreichen traditionellen Völkern unserer Tage, einschließlich der australischen Aborigines und der südafrikanischen Buschleute, besitzen die Höhlenbilder einen direkten Bezug zu diesen Pubertätsriten. Beinahe immer dienen diese Riten auch dazu, Kenntnisse [... seiner Kultur] zu vermitteln. Tiere spielen in der Mythologie der meisten traditionellen Völker [...] eine entscheidende Rolle, und häufig dienen sie zugleich als Symbole der Geschlechtlichkeit und der Fruchtbarkeit. " [26]

Im eiszeitlichen Kontext geht es jedoch nicht um einen Fruchtbarkeits-Kult, sondern um die Aufklärung, dass Geschlechtsverkehr Folgen haben kann.

---

[25] Vjačeslav E. Ščelinkij & Vladimir N. Širokov: Höhlenmalerei im Ural, S. 112. Dort auch die Abbildung und diverse Fotos
[26] in: Göran Burenhult: Illustrierte Geschichte der Menschheit I, S. 116

1.8   Das Motiv der >Mond-Mutter<

„Der Mond-Kult [richtiger: die Mond-**Mythologie**] *ist über die ganze Erde verbreitet.“* [27]

In gewisser Weise versteht sich, dass die besondere Sprache für die Kleinkind-Stufe nur von den Kindern selbst erfunden werden konnte. Die Bedeutung der Erwachsenen bestand hierbei darin, dass sie die kleinkindlichen Lalllaute entsprechend *du-du-du* und *ma-ma-ma* und die Geschichten für die Kinder, auf die die Kinder positiv reagierten und die sie zu hören wünschten, gesammelt und tradiert haben und all dies zu einer sprachlichen Gesamtkonzeption (→ 4.4) integriert haben.

Infolge der nun auch sprachlich permanenten neurologischen Aktivität kommt es bei den Kindern gemeinhin zu einer Phase der berühmten Warum-Fragen.

Dieser Sachverhalt trat irgendwann auch humanevolutionär auf, und hiermit eröffnete sich die eigentliche humanevolutionäre Entwicklung, und zwar im Besonderen an dem Punkt, wo die kindliche Fragestellung relevant wurde, wo sie denn eigentlich herkamen.

Von der Mutter, war die nahe liegende Antwort. Doch konnte diese Antwort den *neurologischen* Denk-Prozess nicht befriedigen. Wo kam dann aber die Mutter her? Von ihrer Mutter. Ja, und diese? Von ihrer Mutter. Und diese? Von ihrer Mutter. Und diese? Usw. etc. pp. Auf diese Weise war einfach keine befriedigende Antwort zu erreichen, und das ist auf diese Weise auch grundsätzlich unmöglich, weil es *hierbei* letztlich nur darum gehen kann, sein *eigenes* Denken und Bewusstsein: seine Neurologie zu verstehen.

---

[27] Friedrich Heiler: Erscheinungsform und Wesen der Religion, S. 56

Wir wissen nicht, wie lange die Frühmenschen (Archaische Homo sapiens als die *direkten* Vorfahren von uns Homo sapiens) an dieser Problemstellung festhingen, aber wir kennen das Ergebnis. Wahrscheinlich waren es wieder einmal die Kinder, die - als die Erwachsenen mit ihrem rationalistischen >Denken< gequält am Ende waren – *die* entscheidende Antwort im spontanen Witz fanden: am Anfang war die >Mutter-Mutter-Mutter-Mutter<: die *Ma-Ma-Ma-Ma-Ma-Ma-Ma-Ma-Ma*, in sachlicher Kurzform die *Ma-Ma-Má* oder *Mā-Ma*: die >Ur-Mutter< (>of all<; >aller/alles Lebenden<).

Dieses Motiv wurde wohl fast aus sich selbst heraus mit dem (Voll-) Mond verbunden, bot es sich (etwa mit dem >Mondgesicht<) an, dieses *erzählerische* Motiv für die Kleinkinder handfest zu machen, es zu illustrieren und auszuspinnen, genau so, wie dies heute noch in den Kinderbüchern der Fall ist.

Insgesamt handelt es sich mit etwa *Ma-Ma (-Ma)* in der human-evolutionär entwickelten Sprache HS in sich schon um ein Wort-Spiel. Denn *Ma* steht dort für >Mutter<, aber auch für >Ur-, Anfang<, für >Vater<, für >Mond<, für >groß<, für >mein< usw. Insofern kann *MaMa* auch ganz einfach >Mutter< bedeuten, aber auch >Großmutter<, >Ur-(Groß-)Mutter<, (die mythologische) >Mond-Mutter< usw. Bei Bedarf konnte man diese Unterschiede durch Betonungen oder lautliche Abwandlungen zum Ausdruck bringen, wie etwa *MoMa* oder auch *MaNa* (> *Mond, Mensch, mind*).

Mit diesem Motiv von *Ma (-Ma-Ma)* >Ur-Mutter< hatte man mit dem Bezug zu *Mond* tatsächlich schon den gesamten Rahmen für seine Mythologie gefunden. Mit dem >Mond< als Motiv für die/den >UrMutterVater< = $UrA^h n^{os}$ konnte man den Kindern erklären, von woher sie *eigentlich* auf >die Welt kamen< und wo man dereinst nach seiner Reise auf diesem Planeten wieder sein würde, „wo wir uns alle wiedersehen" (frz. *mère – mars/mors;* lat. die *Manen*).

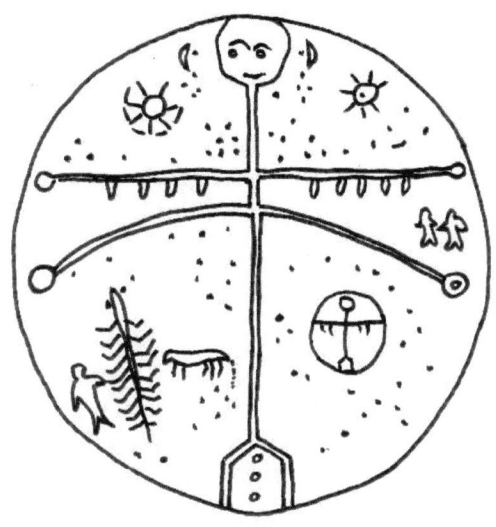

Nachzeichnung: „Trommel der Abakantataren", nach:
Hans Findeisen & Heino Gehrts: Die Schamanen, S. 123
(man beachte die **9**er Zahl an der oberen Querstange)

Natürlich konnte das Motiv *Ma-Ma* nur deswegen eine >Antwort< auf die kleinkindliche Frage „nach dem Ursprung allen Lebens" sein, weil sie keine mathematisch logische war, sondern im Verstehen der kindlichen Neurologie ein **Spiel** eröffnete. Wäre *Ma-Ma* tatsächlich eine mathematisch logische Antwort auf die Frage nach >dem Ursprung< gewesen, hätte sie neurologisch automatisch die Frage provoziert, wo denn nun *Ma-Ma* herkam – und nichts wäre gewonnen gewesen. Diese Antwort hätte das tatsächlich Eigentliche der Frage, nämlich unser *sprachliches* Denken und Bewusstsein nicht verstanden. Die richtig verstandenen *Bilder* und *Geschichten* sind auf *dieser* neurologischen Ebene der einzig **aufgeklärte** Umgang damit.

Die Frage der Kinder nach dem Ursprung des Lebens wird hier durch Geschichten von der >Ur- oder Mond-Mutter< „beantwortet". Diese Geschichten erzählen dem Kind entsprechend seinem Bedürfnis von dem Glück, hier auf diese Welt gekommen zu sein, die *Ma-Ma* extra >für uns geschaffen< hat; was es alles Tolles im Leben zu entdecken gibt; dass *Ma-Ma* und die *Mama*, *Papa* und Andere für das Kind da sind und dass es wunderschön war, dass sie alle zusammen sind und sich lieb haben.

Dieses Motiv von >UrMutterVater (Mond)< konnte man in Form der Schöpfungs- oder Ursprungs-Mythologie in jeder beliebigen Hinsicht auf die Natur und Kultur ausführen. Damit hatte man gleichzeitig ein geniales didaktisches Prinzip gefunden. Statt langweiligem Unterricht konnte man nun alles in für die Kinder interessante Geschichten verpacken.

In gewisser Weise lag in diesen Geschichten der nun effektive Ursprung der humanevolutionären Entwicklung von Kultur, und dies gleichzeitig auf verschiedenen Ebenen. Dadurch dass in diesen Geschichten die seelische Komponente in einer völlig neuartigen Form ins Bewusstsein drang und von Bedeutung wurde, bekamen die theaterartigen Rollen- und Verhaltens-Spiele der Kinder ein neues Moment in der Entwicklung des Verhaltens.

1.8.1 Zu dem Befund der Mond-Mythologie

Es sollen im Folgenden ein paar ausgewählte Hinweise und Zitate zu der Mond-*Mythologie* geboten werden, die, wenn auch mit einigen historischen Umdeutungen verbunden, etwas von der ursprünglichen *Symbolik* zeigen.

„Diese Holzmaske ist ein Ausdruck der Inuit-Kosmologie. Das Gesicht in der Mitte repräsentiert einen der wichtigsten Geister, den des Mondes. Die umgebenden Ringe stehen für die unterschiedlichsten Schichten des Universums, während die Federn die Sterne des Himmels darstellen." [28]

„Der *Mond*-Kult ist über die ganze Erde verbreitet. [...] Die altmexikanische Mondgöttin *Teteoinnan* wird als >Göttermutter< bezeichnet. [...]
Der Mond wird aber auch als Insel der Seligen vorgestellt. Besonders stark ausgeprägt ist der Mondkult bei den Bantu-Völkern. Eine zentrale Stellung nimmt er bei den Semiten ein, vor allem bei den Westarabern. Seine Hauptzentren waren Ur und Harran. [...] Der Mond steht an der Spitze der babylonischen Astral-Trinität (*Sin, Šamaš, Ištar*). In prächtigen Hymnen wird er gefeiert als >Mutterleib, der alles gebiert<, als >Erzeuger der Götter und Menschen<. Die Mondsichel findet sich auf altsemitischen Denkmälern. In Griechenland wird der Mond weiblich aufgefasst; *Selene* ist die Spenderin des Taus, die Göttin des Wachstums, der Menstruation und Entbindung, aber auch die Patronin der Zauberer, Jäger und Diebe." [29]

---

[28] Text und Nachzeichnung nach: Göran Burenhult: Illustrierte Geschichte der Menschheit V, S. 160
[29] F. Heiler: Erscheinungsform und Wesen der Religion, RelMen I, S. 56

Insgesamt heißt es über die südamerikanische Mythologie:

> „In den Schöpfungsgeschichten geht es meist um Sonne und Mond sowie um den Aufstieg des Menschengeschlechts aus der Unterwelt." [30]

Bei den Innuit:

> „Oberhalb der Welt der Menschen liegen die Mondstätten. Dorthin kommen viele Tote." [31]

In recht originärer Form wird die ursprüngliche Mythologie in einer sibirischen Kultur formuliert:

> „Die Seelen der Ahnen steigen nach einiger Zeit zum Mond empor, dann können sie noch einmal auf der Erde geboren werden. Denn der Mond bringt die Seelen der Kinder zu den Frauen, wenn sie Mütter werden." [32]

Auch die historische Umdeutung zu Mond-*Göttern* bietet noch einige Hinweise auf die ursprüngliche *Symbolik*:

> „**Tecciztécatl**, der legendäre >Alte Mondgott< Mesoamerikas, hatte sowohl eine männliche wie auch eine weibliche Erscheinungsform. Er war Fruchtbarkeitsgott und wurde in seiner männlichen Form als alter Mann dargestellt, der eine große, weiße Muschel – Symbol des Mondes – auf dem Rücken trägt." [33]

> „**Sin** ist der sumerisch-babylonische Mondgott [...] geboren wurde er in der Unterwelt. Seine Gemahlin ist Ningal, die >Große Herrin<. Meist wird er, den man >Glänzendes Boot

---

[30] D. M. Jones & B. L. Molynaux: Die Mythologie der Neuen Welt, S. 176
[31] Hans-Jürg Braun: Das Jenseits, S. 77
[32] Helma Marx: Das Buch der Mythen, S. 388
[33] D. M. Jones & B. L. Molynaux, Die Mythologie der Neuen Welt, S. 134

des Himmels< nennt, als alter Mann mit blauem Bart abgebildet. Jeden Abend steigt er in seine Barke, eine mit den Enden nach oben weisende Mondsichel, und segelt über die Himmel."[34]

„**Wadd** war ein Mondgott, der in einigen Teilen Südarabiens zwischen dem 5. und dem 2. Jahrhundert v. Chr. verehrt wurde. Sein Name bedeutet >Liebe< oder >Freundschaft<, und sein heiliges Tier ist die Schlange."[35]

*Babylonischer Grenzstein um 1120 v. Chr. (Ausschnitt). Er zeigt die zentrale Position der Mond-Symbolik im Alten Orient, sumerisch „Mondgott" **Nanna,** zwischen >Stern< für die Göttin* **Ischtar** *(links) und >Sonne<).* Darunter weitere Götter-Symbole, so die Stierhörner für >Gott< und die >Schildkröte< (s. S. 135 f.), umgeben von der Weltschlange. Nachzeichnung nach: Göran Burenhult: Illustrierte Geschichte der Menschheit III, S. 18

[34] Rachel Storm: Die Enzyklopädie der östlichen Mythologie, S. 72 f.
[35] Rachel Storm: Die Enzyklopädie der östlichen Mythologie, S. 82

In den paläolithischen Höhlen finden sich in bezeichnenden Zusammenhängen Zeichen für 9 (*NaNa) für >Mutter, schwanger<. *Rechts indianisch als Beispiel für die* historische *Kontinuität dieser Symbolik.* Nachzeichnungen: links Anati 240; Mitte Ruspoli 157; rechts Anati 402

Beachte *Kuh, 9 für 9* >Monde< = *Monate* und *neun – NaNa* >Mond<, >Mutter< *s.u.* Vgl. auch S. 50, 76, 78, 82, 91 f., ➔ **200**

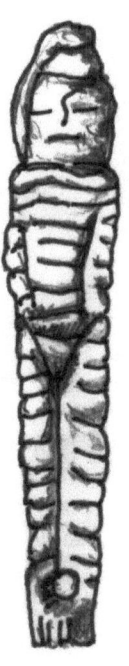

„Zeichnung, die die beiden Seiten einer weiblichen Figur aus Elfenbein zeigt (Mal'ta, Sibirien), mit einem Durchbruch für einen Anhänger und 27 Kerben, vor etwa 30.000 Jahren entstanden. Die ersten 5 Stufen sind auf dem Kopf, im Genitalbereich finden sich die Kerben 14 bis 17. Man nimmt an, dass die Statuette, als Anhänger eines Mädchens, an den Monatszyklus erinnern sollte."

Text und Nachzeichnung nach:
E. Anati: Höhlenmalerei, S. 33

Belege zur Mond-Symbolik unter der eiszeitlichen Lautwurzel *☉ = *M/N

Entsprechend ihrer Stellung findet sich die Mond- oder UrMutterVater-Symbolik unter *sämtlichen* Wortwurzeln der humanevolutionär entwickelten Sprache des Homo sapiens (*Io, Luna - Ulu/Lilit – Eule* usw.). Hier soll jedoch allein die Laut-Wortwurzel *☉ = *M/N, die bei der Mond-Symbolik eine besondere Rolle spielt, mit ihren vier Variationsformen (*M und *N jeweils an- und ablautend) aufgenommen werden.

Damit soll hier auch angedeutet werden, dass es durchaus möglich ist, von einem Verständnis der Alten Mythologie und Symbolik her Zugänge zu der eiszeitlichen Sprache zu erschließen, sowie weiterhin, dass es begründet erscheint, von einer im Prinzip einheitlichen eiszeitlichen Sprache des Homo sapiens zu sprechen, worauf vielfältige weitere Hinweise deuten (s.u.).

*Nא wie z.B. *naʰ, neu, nee*   :
       zu *NaNa - neun - neu – novus – Nabel* s. auch ➔ S. 280

Nana-	Akan (Ghana) der >große Ahn< [36]
Nanna	der sumerische Mondgott, besonders in Ur verehrt
Nandi	der >milchweiße Stier< in der indischen Mythologie, der die „vier Ecken der Welt bewacht" [37]
Nana	die „Tochter eines Flussgottes" und Mutter des Gottes Attis in der Attis-Kybele-Mythologie [38]
Nanna	Gattin des altnordischen Gottes Baldr (der mit >Sonne< verbunden erscheint)

---

[36] John S. Pobee: Grundlinien einer afrikanischen Theologie, S. 91
[37] Rachel Storm: Die Enzyklopädie der östlichen Mythologie, S. 144
[38] Rachel Storm: Die Enzyklopädie der östlichen Mythologie, S. 15

Ninni	auch für *Inanna*[39] [insofern auch *I-Nanna*],[40] der mesopotamischen Hauptgöttin
Hába **Ninu***lang*	die >Ur-Mutter< bei den Kogi-Indianern in den Nordanden [41] [*hába* >Mutter<]
Nene	die erste Frau der Azteken [42]
Nanih Waiya	der Hügel in Mississippi, USA, an dem die Choctaw und die mit ihnen verwandten Stämme der Erde entstiegen seien [43]
Nana*huatzin*	„war der Gott aller Zwillingspaare und aller -Behinderten. In der aztekischen Schöpfungsgeschichte spielte er eine bedeutende Rolle." [44]
Nana	die „Göttin der Liebe" bei den afrik. Yoruba [45] =
Náná Búùkún	„ist das Mutterprinzip im Kultkomplex von *Sònpònná* [der afrikanischen Yoruba…]. Auch sie ist die Erde, ist der Erde magische Potenz, die die Heilkunst durchpulst. Sie ist als Tier auch die Hyäne und somit dem Tod verwandt, sie ist die den Tod ausschickende und ewig hungrige Erde, die die Leichen frisst und in ein neues Leben umsetzt." [46]
Nanabush	nordamerikanische Figur, die den Menschen schuf [47] [auch *Manabush*; einige Merkmale einer ursprünglichen Mond-Symbolik]
nona	- deutsch *neun* (**9 Monde für >schwanger<!**)
nanus	lat. >Zwerg< (aus dem Griechischen), heute bedeutsam in *Nano*-
nene	spanisch >Baby<
nana	spanisch >Gutenachtlied<

---

[39] J. van Dijk: Sumerische Religion, in: Asmussen & Læssøe: Handbuch der Religionsgeschichte, Band I, S. 447

[40] insofern tatsächlich >Mond<-„Göttin", vgl. dazu: Elisabeth Hämmerling: (Titel) Mondgöttin Inanna

[41] Geraldo Reichel-Dolmatoff: Das schamanische Universum, S. 39

[42] D. M. Jones & B. L. Molynaux: Die Mythologie der Neuen Welt, S. 126

[43] D. M. Jones & B. L. Molynaux: Die Mythologie der Neuen Welt, S. 56

[44] D. M. Jones & B. L. Molynaux: Die Mythologie der Neuen Welt, S. 126

[45] Joachim-Ernst Berendt: Nada Brahma – Die Welt ist Klang, S. 226

[46] Gert Chesi: *Susanne Wenger* – Ein Leben mit den Göttern, S. 168

[47] D. M. Jones & B. L. Molynaux: Die Mythologie der Neuen Welt, S. 55 f.

niño	spanisch >Kind<
Ninne	deutsch >Wiege<
Nonne	von kirchenlat. *nonna* mit der ältesten Bedeutung >Amme< (Duden 7, *Nonne*)
nanny	engl. >Kinderfrau, Kindermädchen<

mit + *Γא wie *Ku^h/co/ki/Gä* >Leben, Erde <:

Heng-**ngo**	chinesisch: die Mutter der Monde, Mondgöttin [48]
Ngai	„Himmelsgott" der afrik. Massai, schickt den Menschen den Regen und die Gewitter [49]
NGA	„gilt bei den samojedischen Jurak Sibiriens als Herr der Hölle und des Todes." [50]
Nangai	Gott der afrikanischen Mutwa-Stämme [51]
Nungui	die Erdgöttin der südamerik. Jiraro, die den Menschen die Maniokknollen schenkte [52]
naga	indisch >Schlange< = anguis lat. >Schlange< = litauisch *angis* ^λ = früher deutsch **Unke**
Enki	einer der drei sumerischen „Hauptgötter",[53] „Gott" der >Wasser-Fruchtbarkeit<, entsprechend mit zwei Flüssen, auch als „Ziegenfisch" dargestellt (vorne Ziege, hinten Fisch)

*אN wie z.B. *an, Ahn*   :

| *an(ə) | **indoeuropäisch** >atmen, hauchen<, gilt als Ursprung von *Odem, Atmen* |
| anne | türkisch >Mutter< |

---

[48] Helma Marx: Das Buch der Mythen, S. 329
[49] Helma Marx: Das Buch der Mythen, S. 422
[50] Rachel Storm: Die Enzyklopädie der östlichen Mythologie, S. 216
[51] Helma Marx: Das Buch der Mythen, S. 468
[52] Helma Marx: Das Buch der Mythen, S. 531
[53] Mircea Eliade: Geschichte der religiösen Ideen, Band 1, S. 63

an = **Ahn**	mittelhochdeutsch *an*(e) (EWD, *ahnden*)
anus	lat. >Greisin, Alte, alte Frau<, >alt, bejahrt<
An	sumerisch >Himmel<, personifiziert (ein) >Gott<
*ur*anos	griech. >Himmel<, personifiziert (ein) >Gott<
Anat	phönizische und kanaanäische Göttin (eine gewisse
	Parallele zu Inanna/Ischtar)
Inanna	sumerische Göttin [*In.Ana* >Herrin des Himmels<]
*Di*ana	lat. „Mondgöttin" [**de* + *ana*; vgl. *TeTe-Ana* >]
*Teteo*innan	mexikanische „Mondgöttin" und „Göttermutter" [54]
Hannahanna	„war die Große Mutter der Hethiter und die Göttin
	der Geburt." [55] [**ana-ana*]
*J*anus	lat. „Gott" des Anfangs und des Endes
ånd	dänisch >Geist, Gespenst<
oni	japanisch (Kun-Lesung) >Seele eines Verstorbenen,
	böser Geist< [56]
anima	lateinisch: >Lufthauch, Wind, Luft (als Element),
	Atem, Seele, Leben, Herz, Geist ...<, als Plural
	auch: >Seelen der Verstorbenen< (Stowasser)
animus	lateinisch: >Seele, Geist, Denkkraft, Gedächtnis,
	Bewusstsein, Gefühl, Stimmung, Charakter, Mut,
	Verlangen, Leidenschaft, Trotz, Unmut ...<
in, **innen**	

*אM wie z.B. *am*   :

am	>Mutter< bei den sibirischen Jenesseiern (Keten) [57]
Am	„der gute Gott" der südamerikanischen Puruha-,
	Mantra-, und Huancavelica-Stämme [58]
ama	sumerisch >Mutter< [Σ]146 vgl. Deutsch *Amme*

---

[54] Friedrich Heiler: Erscheinungsformen und Wesen der Religion, S. 56
[55] Rachel Storm: Die Enzyklopädie der östlichen Mythologie, S. 37
[56] Hadamitzky: Langenscheidts Handbuch und Lexikon der japanischen Schrift, S. 283, Nr. 1523
[57] RelMen 3: I. Paulson: Die Religion der nordasiatischen Völker, S. 44
[58] Helma Marx: Das Buch der Mythen, S. 520

amma		altisländ. >Großmutter< (vgl. unser *Oma*)
amë		albanisch >Mutter; Quelle, Flussbett< [α]
Amm		vorislamischer „Mondgott" Südarabiens [59]
em	אֵם	hebräisch >Mutter< = assyrisch *ummu* [א]
Amana		die „Urmutter" der südamerikanischen Kalina [60]
Uma		indische „nicht-vedische Muttergottheit" [61]
Umai		„ist die Große Mutter in der Mythologie der sibirischen Turkvölker […] Sie verhilft kinderlosen Paaren zu Nachwuchs und ist die Patronin aller Neugeborenen." [62]
Omam		„ist der Schöpfergott der Yanomami [Südamerika], eine wohlwollende Gottheit, welche die Erde, den Himmel, Sonne und Mond, die Menschen sowie alle Tiere und Pflanzen geschaffen hat." [63]
Omouna		„erschuf die Erde und alle Lebewesen" in der Mythologie der südamerikan. Waika-Stämme [64]
Omara		der „erste Mensch" der afrik. Schilluk, „er ist vom Götterhimmel auf die Erde herabgekommen" [65]
Amaterasu		die japanische „Sonnengöttin"
Amaltheia		Nymphe oder Ziege auf Kreta, die den Zeus nährte
Amma		„Schöpfergott" der afrikanischen Dogon [66]
Amon		altägyptischer Gott, „mit Zeus gleichgesetzt" [א]
Amalivaca		„Gott" der südamerik. Guayana-Stämme, „der mit seinem Bruder *Votchi* die Erde und den Orinoko und dann die Menschen schuf [67]
Yama		indisch „der erste Mensch", „Totengott"
Yomi		japanischer Begriff für die >Unterwelt< [68]
Tsukiyomi		japanischer „Mondgott" [69]

---

[59] Rachel Storm: Die Enzyklopädie, S. 18, s. unter „Anbay"
[60] Helma Marx: Das Buch der Mythen, S. 527
[61] Eckard Schleberger: Die indische Götterwelt, S.114
[62] Rachel Storm: Die Enzyklopädie der östlichen Mythologie, S. 235
[63] D M. Jones & B. L. Molynaux: Die Mythologie der Neuen Welt, S. 209
[64] Helma Marx: Das Buch der Mythen, S. 528
[65] Helma Marx: Das Buch der Mythen, S. 426
[66] Marcel Griaule: Schwarze Genesis, S. 26
[67] Helma Marx: Das Buch der Mythen, S. 527
[68] Harenberg Lexikon der Religionen, S. 836
[69] Harenberg Lexikon der Religionen, S. 845

Yama	Japan: >heilige Berge<, „die den Himmelspfosten bzw. die Weltachse als >Mitte der Welt< und Zentrum der vier Himmelsrichtungen symbolisieren" [70]
jam	hebräisch >Meer<, akkadisch *tiamtu, tamtu* ([Σ]163), so: (vgl. dt. Flüsse *Ammer, Jümme*)
Jamm	der altsyrische >Meer- und Wasser-Gott" [71] und:
*Ti*ama*t*	babylon. „Göttin" und „Ur-Drache", das „Ur-Meer"

Mℵ   wie z.B. *Ma*   :

Ma	„die große Göttermutter" der afrikanischen Pygmäen [72] und Mutwa-Stämme [73]
ma	altindisch >Mutter< [74]
ma	>Mutter< in *Ma Ga* griech. >Mutter Erde< [75]
mah	altindisch >Mond< [76]
mah	upers. >Mond, Monat< [77]
Maia	„Bei Homer wird sie […] einmal als Mutter des Hermes erwähnt." [78] *Arma* >Mond/gott< der Hethiter [79]
Mayim	„höchster Gott" der sibirischen Jenessei-Tungusen, aus *ma* >geben< + *in* >Leben< [80] (> *ℵN)

[70] Harenberg Lexikon der Religionen, S. 834
[71] RelMen 10,2: Hartmut Gese: Die Religionen Altsyriens, S. 134
[72] Helma Marx: Das Buch der Mythen, S. 447
[73] Helma Marx: Das Buch der Mythen, S. 465
[74] Etymologisches Wörterbuch des Deutschen, *Mutter*, S. 903
[75] Etymologisches Wörterbuch des Deutschen, *Mutter*, S. 903
[76] Etymologisches Wörterbuch des Deutschen, *Mond*, S. 885 f.
[77] Julius Pokorny: Indogermanisches Etymologisches Wörterbuch, S. 731
[78] Der Neue Pauly, Band 7, *Maia,* 707
[79] in: Asmussen & Læssøe: Handbuch der Religionsgeschichte II, S. 14
[80] RelMen 3: I. Paulson: Die Religionen der nordasiatischen Völker, S. 40

Main	„der mythische Held der sibirischen Evenk."[81] Er jagt den Elch, der die Sonne aufspießt, wodurch es dunkel wird, und bringt die Sonne zurück.
Mahu	bei den afrik. Fon der weibliche Teil des „göttlichen Urzwillingspaares". „*Mahu* ist die weibliche Urkraft, aus der alles Leben geboren wird. Sie herrscht über die Erde, den Mond und die Fruchtbarkeit."[82]
Muu	der „Geist der Gebärmutter" der Kuna in Panama[83]
Mumuu	bei den australischen Ngarinyin der >heiliger Name für die Urmutter Jillinya<[84]
Moma	der „Urvater" der südamerikanischen Vitoto-Stämme. „Er wohnte auf dem Mond, doch dort wurde er getötet, jetzt lebt er in der Unterwelt. Er ist der Herr der Toten."[85]
Moan	mythol. Vogel der Maya, der bei der Wiedergeburt half[86]
mohan/a	zentrale männliche und weibliche Figur/Geister von Indianern in Kolumbien[87]
Moyang	„Titel" zweier Ur-Figuren der Ma-Betisek in Malaysia *Moyang Mellur* lebt auf dem Mond und besitzt die Regeln der Kultur, während *Moyang Kapir* dafür sorgt, dass die Menschen diese erhalten.[88]
Manas	ind. der „Geist", „aus dem der Mond geschaffen"[89]
mind	engl.
Manitu	„Begriff aus dem [indian.] Algonkin, der hauptsächlich von den Ojibwa benutzt wird. Diese bezeichnen damit das mächtigste geistige Wesen und die alles durchdringende spirituelle Kraft, über die es verfügt. Diese Form der Personifizierung des Großen Geistes [...]."[90]

---

[81] Rachel Storm: Die Enzyklopädie der östlichen Mythologie, S. 210
[82] Helma Marx: Das Buch der Mythen, S. 439 f.
[83] Piers Vitebsky: Schamanismus, S. 158
[84] Jeff Doring: Gwion Gwion, S. 328
[85] Helma Marx: Das Buch der Mythen, S. 532
[86] P. Arnold: Das Totenbuch der Maya, S. 95 ff., s. Abbildung S. 64 II, 96
[87] Franz Xaver Faust: Totgeschwiegene indianische Welten, S. 141 ff.
[88] Rachel Storm: Die Enzyklopädie der östlichen Mythologie, S. 213
[89] Harenberg Lexikon der Religionen, S. 560
[90] D. M. Jones & B. L. Molynaux: Die Mythologie der Neuen Welt, S. 49

Manito*dasin*   die >Mondfrau< der Delawaren (Algonkin) [91]
Monan   Schöpfergott des südamerik. Tupinambá-Stammes [92]

Manaman [93], Manannán [94] „Seegott" in der irischen Mythologie
Manat   vorislamische nordarabische „Göttin", wird mit dem
   „Abendstern" wie mit dem Todesgeschick in
   Verbindung gebracht [95]
manes   lat.: >Seelen der Verstorbenen; Unterwelt<
Manu   Urmensch und Gesetzgeber der ind. Mythologie
Mannus   lat. für *man*, „der Urmensch nach german. Sage"
Mond
mundus   lat. >Toilettensachen der *Frau*¹; Weltall, Welt, Erde,
   Himmel, Menschheit<

Min   ägyptischer >Gott der Liebe<
Men   phrygischer Mondgott, Herrscher über Himmel und
   Unterwelt, war für das Gedeihen von Pflanzen und
   Tieren verantwortlich." [96]
Men   „der >Mond<, die >Weise< oder der >Adler<, war
   der 15. der 20 Tage des Maya-Monats. Er war mit
   einer alten Mondgöttin assoziiert." Dieser Tag hieß
   bei den Zapoteken Naa." [97] [*Na* > *NaNa*! s.o.]
Men Shen   „zwei chinesische Götter, die über Eingänge und
   Tore wachen. Einer von ihnen wird gewöhnlich mit
   rotem oder schwarzen, der anderen mit weißem
   Gesicht dargestellt."

---

[91] nach: Harald Haarmann: Universalgeschichte der Schrift, S. 42
[92] D. M. Jones & B. L. Molynaux: Die Mythologie der Neuen Welt, S. 207
[93] Sylvia und Paul F. Botheroyd: Lexikon der keltischen Mythol., S. 272 f.
[94] Françoise Le Roux-Guyonware'H, in: Asmussen & Læssøe: Handbuch der Religionsgeschichte I, S. 257
[95] RelMen 10/2: Maria Höfner: Die vorislamischen Religionen Arabiens, S. 361 f., zu den Schreibformen von Manat MNT, MNH und MNWT S. 377
[96] Rachel Storm: Die Enzyklopädie der östlichen Mythologie, S. 52
[97] D. M. Jones & B. L. Molynaux: Die Mythologie der Neuen Welt, S. 123

2 Zur humanevolutionär entwickelten Sprache des Homo sapiens
(bis zum Ende der Eiszeit)

Paläolithische „Venus"-Figuren aus Sibirien:

links eine von über 30 Figuren aus einer Siedlung bei Mal'ta, aus Elfenbein geschnitzt; rechts Fund am Baikalsee [98] (Nachzeichnungen)

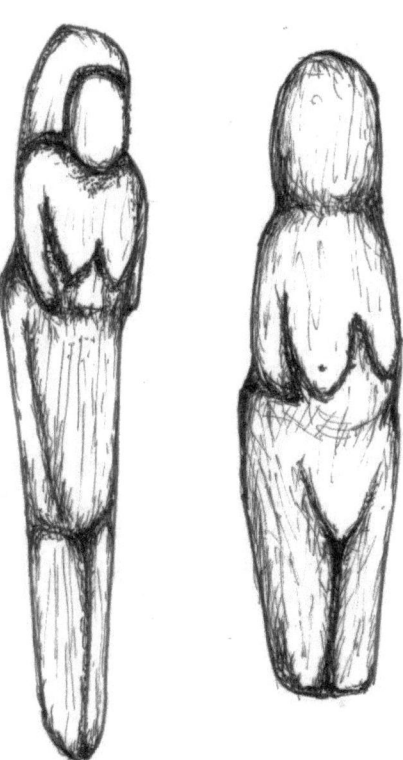

Diese kleinen Objekte deuten eine Vorlage für die späteren Pfahl-Plastiken an. Vgl. auch die Flöten-Symbolik (S. 93). Die Flöten finden sich archäologisch und ethnologisch durchaus auch figürlich gestaltet.

---

[98] Göran Burenhult: Illustrierte Geschichte der Menschheit I, S. 132 f.

Insgesamt erwies sich die humanevolutionär entwickelte Sprache unserer Art Homo sapiens (HS) als überaus genial. Sie ist an sich *kinderleicht* – kein Wunder, war sie auch auf die *kindliche* Sprach-, Verstehens- und Bewusstseins-**Entwicklung** hin angelegt.

Diese Ausrichtung, aus der auch die Evolution von Kultur hervorging, ermöglichte ein Sprachsystem, das nicht nur so genial einfach, patent und universal brauchbar war wie unser Dezimal-System aus lediglich 10 Ziffern. Sie löste auch die evolutionären Probleme der hominiden Sprachform aus lediglich Vokabular und Grammatik, die in Tausende von Sprachen zersplittern *musste*.

Es waren auch diese höchst einfachen und überschaubaren Grundprinzipien, die, nachdem sie erstmal deutlich geworden waren, dann auch die >Entzifferung< und Rekonstruktion der ursprünglichen Sprache HS – als der historisch-etymologischen Grundlage unserer Sprache/n – ermöglichte (allerdings folgt daraus eine quasi vollständig andere Etymologie, als es bislang vertreten wird).

Lautlich baut die eiszeitliche Sprache HS auf den **Lalllauten** der Säuglinge auf, die im Sprachspiel zuerst für die *MaMa* und das *Kind* (> *Memme* = >Baby<) gebraucht werden. Diese Ausgangsformen werden dann durch eine **lautliche Modulation semantisch weiterentwickelt**.

Hierbei zeigen sich zwei grundlegend verschiedene Entwicklungsansätze, die jedoch insgesamt in Verbindung gebracht werden: einerseits entsprechend der kindlichen Wahrnehmung (>Vater<, Nähepersonen; Brust, trinken, essen usw.) und andererseits durch **Geschichten**. Bei diesen Geschichten spielt die ursprüngliche **Mythologie die zentrale und konzeptionelle Rolle**. Von ihr gehen auch bis auf einige Ausnahmen in der Ausgangsbasis die Wortbildungen der eiszeitlichen Sprache HS aus.

68

Die ursprüngliche Sprache HS basiert – vereinfacht formuliert (s.u.) – auf lediglich etwa **6 Grundelementen** auf, die aus den Lalllauten der Säuglinge abgeleitet sind: *a, ba, da, ga, la* und *ma/na*.

Alle diese Formen finden sich **redupliziert** und **gespiegelt** in der Erstbedeutung >Mutter< wie dann auch für >Vater< und das >Kind< wie z.B. *amma – MaMa, aba – BaBa/PaPa (Baby), ada/atta – DaDa/TaTa* usw.

Weiterhin finden sich diese Formen auch als grammatische Elemente, und zwar ganz nach dem Musterbeispiel *anna* >Mutter< in den beiden Bestandteilen der gespiegelten Form als *an – nah*. Sie sind typischerweise mit den Bedeutungen >von – her<, >hin – zu<, >mit - an – bei<, >um – herum< usw. verbunden. S. etwa *am – ma* (dt. *mein*), *ab – of - - von – bei,* engl. *at - -* lat. *de* dt. *zu* (>hin, bei<); *la* und *ga* in dt. ^{Kind}*lein* und ^{Kind}*chen* als ursprüngliche Koseform, *Ge-* wie lat. *co-* wie in *Gebirge* >zusammen, mit [bei]< usw.

Diese 6 Grundelemente werden im Sprachspiel zuerst ganz in der Art von *ei-tei-tei* und *du-du-du* gebraucht und dann als Wort wie *amma – MaMa – anna – NaNa* (> *Nanny*), *BaBa/PaPa* und für das Kind wie *BaBa*: Baby, PuPa (Puppe) – Bube usw. gebraucht.

Die weitere Ausbildung von Vokabular beginnt in lautlichen Modulationen zunächst mit kleinen Sprach- und Bewegungsspielen und Liedern (*la-la-la*) und manchen kleinen Geschichten, die aufgrund des kleinkindlichen Interesses inhaltlich viel mit Tieren und einer theaterartigen Nachahmung von Tieren in Lauten, Bewegungen und Verhalten zu tun haben.

Dies kann bald auch auf sehr fantastische Geschichten mit dem >Osterhasen< und den >Drachen< hinauslaufen. Im Eigentlichen sind die frühen Geschichten für die Kinder jedoch Neuropsychogramme. Sie sind die Grundlage für das kulturelle Verstehen und Denken, und aus ihnen werden die kulturellen Begriffe abgeleitet. Nach der Kleinkind-Stufe werden die Geschichten, die zuerst vor allem Neuropsychogramme sind, zunehmend realitätsbezogener.

Die in Teil 2 gebotenen Märchen und mythologischen Geschichten sollen verdeutlichen, wie diese Anlage der eiszeitlichen Sprache und Mythologie HS von ihrer Technik her arbeitet.

Auf jeden Fall lernt hier das Kind *über die Geschichten* die ganzen gängig gebrauchten Wortbildungen der ursprünglichen Sprache HS. Diese Wortbildungen leiten sich (bis auf die lautlichen mit >Mutter< verbundenen) Ausgangsformen (s.u.) und einige weitere Wörter in den für die Kinder ersichtlichen Sachverhalte (wie *Auge, Finger*) aus den Geschichten und ihren Hauptmotiven ab. Es sind hier die Bilder und Geschichten (als >Role Models<, Fall-Geschichten und insgesamt >Bewusstseins-Muster<), in denen man denken und kommunizieren lernt und die auch das Eigentliche der ursprünglichen Sprache HS sind.

Wahrscheinlich wird es auf der Erwachsenen-Ebene auch besondere Fachbegriffe gegeben haben, die für sich standen. Dies aber dürfte zahlenmäßig recht gering gelegen haben und lediglich Konvention gewesen sein, aber sprachlich nicht konstitutiv.

Im Rahmen der Jugend-Initiation wird dann geschult und studiert, was der exakte *soziale* Sinn der kulturellen Begriffe wie z.B. >Gerechtigkeit< oder auch >Liebe< ist (bzw. von woher diese Begriffsbildungen bestimmt sind) und was es sprachlich an Bildern und Geschichten braucht, um vollgültig zur gemeinschaftlichen Kommunikation und zum Ausdruck seiner Persönlichkeit fähig zu werden. So einfach ist das – und doch so anspruchsvoll!

70

2.1 Zur formalen Technik der eiszeitlichen Sprache HS

2.1.1 Die 6 Lautwortwurzeln

Die eiszeitliche Sprache HS geht von den Lalllauten der Säuglinge aus. Daraus ergab sich aus den mir ersichtlichen Sprachformen folgende Ausgangsbasis:

Ausgangsformen		formelle Lautwortwurzel	:
gespiegelt	redupliziert	aufgestellte Schreibform *	Beispiele der Grundformen
ama/ana	MaMa/NaNa	*☉	an – nah, um – *my*
aja	JaJa	*א	Ei, *aye* - ja
ala	LaLa	*Λ	alle - lallen
ada	DaDa	*Ћ	*at* - zu, da, du
aga	GaGa	*Γ	auch – Kuh, Kugel
aba	BaBa	*Φ	ab, *of* – von, bei

kursive Formen englisch

Bei diesen kleinkindlichen Ausgangsformen handelt es sich – soweit es für mich bei dem von mir untersuchten Sprachmaterial ersichtlich wurde - um die grundlegenden Lautbereiche: die **Zungen-**, **Zahn-**, **Kehl-** und **Lippen**-Laute sowie um die Laute mit **offenem** und **geschlossenem Mund**.

---

* wie sie in meinem etymologischen Werk *Cûl Tura* verwendet sind

71

Da dies nicht mit unseren Buchstaben-Lauten identifiziert werden kann, habe ich diese lautlichen Ausgangsformen in dem Sprachwerk wie folgt verschriftet:

Merkbuchstabe ↓	die Lautformen	*unsere* Buchstaben	Zentral-**Symbol**
(A) *𝔑	mit >**offenem Mund**< = **Vokale**		Ei, Aue, Ur
(M) *☉	**geschlossener Mund**	**M, N**	Mond – Mutter
(L) *∧	>**Zungen-Laute**<	**L, R**	^{Sch}Lange
(T) *ת	>**Zahn-Laute**<	**D, T, S, Z, C**	^STier
(K) *Γ	>**Kehl-Laute**<	**G, K, Q, Ch (H, C)**	Kuh
(B) *Θ	>**Lippen-Laute**<	**B, P, F, V, W**	Voll-Mond

2.1.1.1   Zur lautlichen Entwicklung der Lautwurzeln

Die ursprachliche Technik HS der Lautmodulation bezieht sich nicht bloß auf Vokale, sondern auch auf die Konsonanten. Sie geht von den kindlichen Lalllauten aus und nutzt die zunehmende Lautdifferenzierung für Bedeutungsdifferenzierungen.

Am Anfang ist also *BaBa* lautlich = *PaPa,* aber auch *anna - NaNa = amma - MaMa.* Dieses System der >Lautwurzeln< kann im Lauf der kindlichen Entwicklung eine höhere lautliche Differenzierung als unser Buchstaben-System und die Phonetik unserer *hiesigen* Sprachen erreichen. Ob sich die Laute sämtlicher menschlicher Sprachformen dem zuordnen lassen, wäre noch zu sehen. Theoretisch erscheint dies zumindest etwa auch für die Klick-Laute der Alten Kulturen Südafrikas möglich.

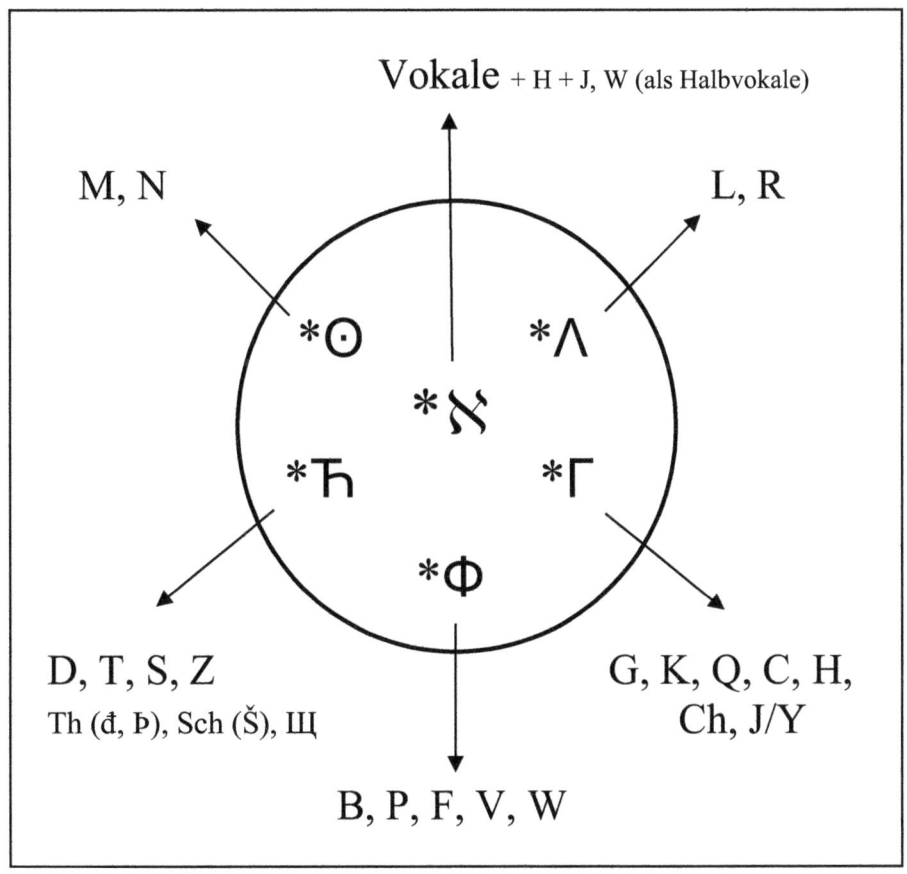

Weitere Differenzierungen ergeben sich durch die Betonung und Länge/Kürze (Akzente) und durch tonale Effekte wie etwa im Chinesischen. Ich würde die tonale Form im Chinesischen nicht für neu halten, aber sie dürfte ursprünglich HS nur in besonderen Fällen von Bedeutung gewesen sein.

Graphische Darstellung der lautlich-semantischen Entwicklung einer (der 6) Lautwortwurzel(n)

(von **unten** her zu verstehen)

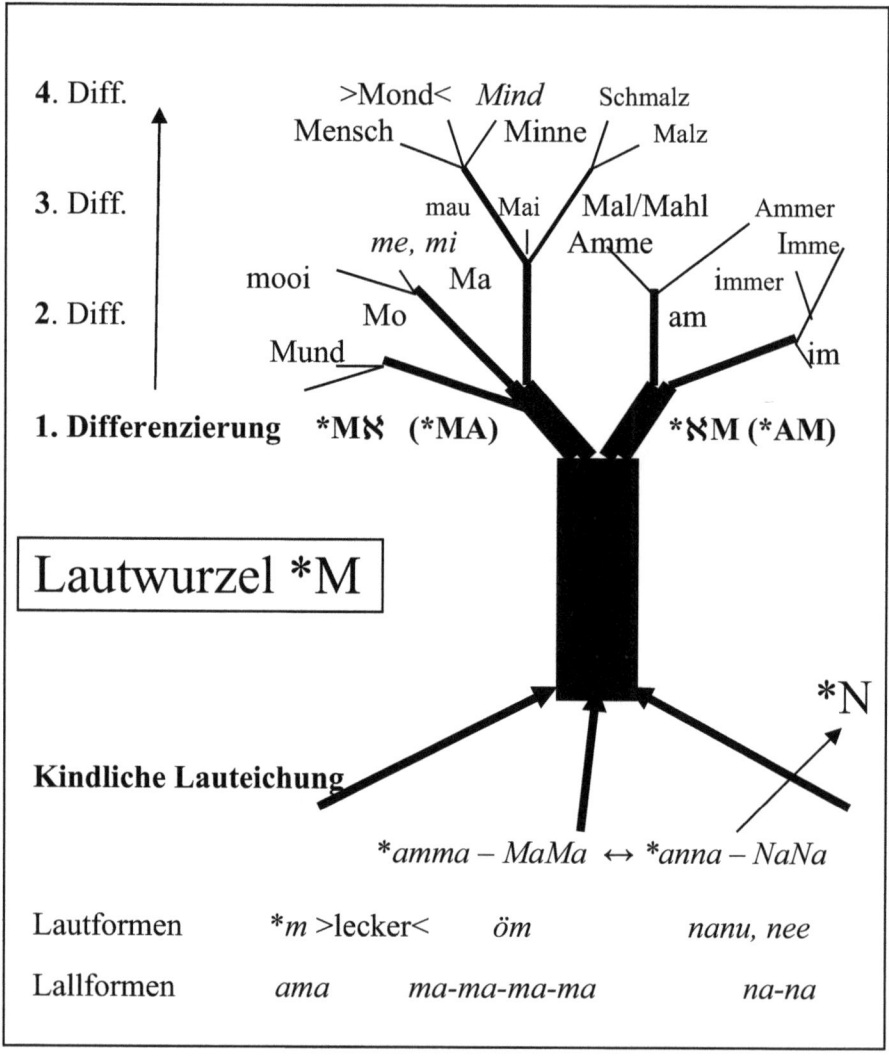

2.1.1.2 Beispiele der Ausgangsformen in den Sprachen der Welt

Die Formbildungen in der Art von *amma – MaMa = NaNa – anna* usw. für *strukturell* zuerst >Mutter< belegen sich immer noch in weiter Verbreitung. Dass sich dies nicht allein durch die Lalllaute der Säuglinge und zufällig begründet, sondern in der Konzeption der eiszeitlichen Sprache HS, belegt sich an den vielen hiervon abgeleiteten Wortbildungen, wie etwa *Nana > nona* = engl. *nine* >9< (für >schwanger< [- Mutter]), wie *KaKa* in dt. *hecken, hegen,* engl. *cake, kochen* oder auch in den grammatischen Formen usw. Diese Zusammenhänge werden in meinem Werk Cûl Tura 2 a/b in den vielfältigen Belegen gezeigt. Hier können selbst die Ausgangsformen nur kurz aufgelistet werden. Die schlecht belegte Form *Alla – LaLa (LiLit)* für >Mutter< ist hier ausgelassen (*Alla – alle, olle – alt - Eltern – Eule,* in Flussnamen wie *Olle, Ahle, Aller, Eller, Iller* usw.).

M	*☉	ama/amma - MaMa

ama	sumerisch >Mutter< $^{\Sigma}$146	
ama	*Kott* (Sibir.) >Mutter< (Wikipedia: Jenisseische Sprachen)	
amma	elamisch >Mutter< (Wikipedia: Elamische Sprache)	
amma	anord. >Mutter< usw., bei uns in **Amme** (EWD, *Amme*)	
ummu	akkadisch (semitisch) >Mutter< Σ^{164}	
omi أمي	arabisch >Mutter<	
imi	nganasanisch (Sibirien) >Großmutter< $^{\bar{\imath}}$	

mamma	lat. >Mutter, Amme, Mutterbrust< (EWD, *Mama*)	
Mama	Inka bei Ahninnen oder Göttinnen wie *Pacha Mama*	
mamaa	Ngarinyin-Aborigines: „*mamaa* heißt >oberste von den Frauen, heilige Frau<" [99]	
mëmë	albanisch >Mutter<; >Gebärmutter; Quelle< $^{\alpha}$	
Muhme	in mhd. >weibliche Verwandte<" (Duden 7, *Muhme*)	

---

[99] Jeff Doring: Gwion Gwion, S. 8; Zitat S. 47. S. dazu weiter S. 328

N	*☉	ana/anna - NaNa

annas   hethitisch (indogermanisch) >Mutter<   [Haarmann 2012: 8]
ana   >Mutter< im Alttürkischen + in Turksprachen, davon
anne   türkisch >Mutter<   (Wikipedia: Turksprachen)

nanas   batsisch (Ost-Kaukasus-Sprache) >Mutter<
Nana   Krobo (SO-Ghana, Afrika) >Großmutter< [100]
Nene   die erste Frau der Azteken [101]
nanny   engl. >Kinderfrau, Kindermädchen<

A	*א	aja - JaJa

Io   griechische „Göttin"
Iya Moòpó   die >Große Mutter< der afrik. Yoruba-Mythologie, s.
Aya   „Iyemòwòó ist die Aya, die Frau Obatálás, sie ist die
           Mutter aller Götter und die Mutter all dessen, was
           existiert."   (Gert Chesi, S. 113)
ewe   engl. >Mutterschaf< wohl ursprünglich >Mutter<,
                                vgl. [Aussprache!] >>
    yuè   chinesisch >Mond<

yaya   spanisch >Oma<
haha   japanisch >Mutter<   (Hadamitzky, S. 82, No. 112)

B	*Φ	aba/awa – WaWa – BaBa – PaPa usw.

aba   nganasanisch (Sibirien) >Frau; Mutter< [ĩ]
ewa   >Mutter< in der mongolischen Sprache Kalmyk
awō   gotisch >Großmutter< (Duden 7, *Oheim*)

---

[100] H. Christoph, K.E. Müller & U. Ritz Müller: Soul of Africa, S. 44
[101] D. M. Jones & B. L. Molynaux: Die Mythologie der Neuen Welt, S. 126

wawa	>> dt. >**Weib**< - *webe* – altengl. ***wāwan*** >wehen< -
	viva – die Wehen
Bobaye	Tagalog (Philippinen) „für alles Weibliche"
baba	serbokroatisch >altes Weib, Großmutter, Amme<
Papa	die „Erdmutter" Hawaiis [102]
bibi	Suaheli (afrik.) >Frau (Anrede), Dame< [ks]

D	*ħ	ada/atta/asa - DaDa/TaTa/SaSa

atta	Sanskrit >Mutter< (unter griech. *atta*) [Γ]
ati	etruskisch >Mutter< (Wikipedia: Etruskisch)
etsi	Cherokee (indian.) >Ma, Mama<
Ase.t	die originale ägyptische Form für (die Göttin) **Isis**

dada	Ewe (West Afrika) >Mutter<
deda	georgisch (Kaukasus-Sprache) >Mutter<
totto	Ainu (Ureinwohner Japans) >Mutter<
susu	Dobu-Inseln (Südsee) >Muttermilch<
	(vgl. *saugen, Zitze, Titte*)

G	*Γ	aga/akka - GaGa/CoCo

akka	altindisch >Mutter< [Haarmann 2012: 8]
Akka	(Berg in N-Schweden), samisch + finnisch >Altes Weib<
Òkè	Yoruba, Afrika, „Göttin der Dynamismen, die dem
	Felsen innewohnen"

kojka	Nganassanen (Sibir.) >Mutter<, *djalü~* die >Sonnen-Mutter<
haha	japanisch >Mutter< (Hadamitzky, S. 82, No. 112)
kike	Suaheli (afrik.) >weiblich< [ks]
chichu', nan	Quiche-Maya >Frau< [QM] [*nan* >> = *NaNa*]

---

[102] Sharukh Husain: Die Göttin, S. 26

2.1.2 Zur semantischen Entwicklung der Lautwurzeln

Die semantische Entwicklung dieser Ausgangsformen lässt sich mit dem Zahlensystem eines Inhaltsverzeichnisses vergleichen, ganz in der Art von 1, 1.1, 1.2, 1.2.1, 1.2.2, 1.2.2.1 usw. Dies geht also tatsächlich **immer von der gleichen Ausgangsform** aus. Dass dies semantisch funktioniert, erklärt sich allein dadurch, dass dieses System bereits auf den Laut-Spielen der Säuglinge aufbaut und im Weiteren die kindliche Sprach- und Bewusstseins-Entwicklung als ihr Organisations- und Gliederungsprinzip nutzt – auf eine höchst natürliche und für die Kinder auch ideale Weise.

Im Prinzip findet sich unter jeder der 6 Lautwortwurzeln folgender Aufbau:

1 **>Mensch<** (*strukturell*)
1.1   Die Lallformen (*ama – MaMa, aba - BaBa*), Lautwörter
1.2 **>Mutter<** (***strukturell***)
1.2.1   >Mutter, Vater; Kind, Amme, Näheperson, Mensch<
1.2.1.1   Grammatische Formen (*bei*, co, *zu, du, ich, uns* usw.)
1.2.2   >Brust, säugen; trinken/Wasser, essen, Nahrung<
1.2.3   >Bau/Bauch (-Höhle); Schutz, Haut/Felle, Hütte<
1.3   *The* **mythologische UrVaterMutter Mond** (wie $UrA^h n^{os}$)
1.3.1   Die Schöpfungs-Symbolik (*Meer, Moor - Au - Ur - Erde*)
1.3.1.1   >Welt, Leben/Liebe< (*monde – ama/Minne*)
1.3.1.2   Ur/STier/Kuh, Schlange, Vogel – Tiere, Symbole, Fabeln
1.3.2   Der Mond-Monats-*Zyklus*: Werden - Vergehen (*mors*)
1.4   Formen der Master Grade-Stufe (*ab Jugend-Initiation*)
1.4.1   Die Weltberg-Drachen-Symbolik: *mons, Mino-Taurus*
1.4.2   *Mores, Mater – Meter* – Maß(stab), *Modus*; *lex - logos*
1.4.3   Mensch/Sein, Geist/Bewusstsein, Minne - Mut - *mind*

Weitere Einzelheiten werden ***innerhalb*** dieses *Schemas* unter weiteren Unterpunkten entwickelt.

Der Aufbau des Wortmaterials am Beispiel *Mא
(aus Cûl Tura II unter den entsprechenden Zahlen)

Diesem Prinzip konnten nahezu **sämtliche** *ursprünglich mit M beginnenden deutschen Wörter zugeordnet werden.*

einfache Beispiele, *im Deutschen* kursiv

M.3   Die Wortwurzel *Mא   wie *Ma – MaMa*

M.3.0.1	Laut-Formen und abgeleitete Wörter	*mähen, murren, murmeln*
M.3.0.3	Grammatische Elemente	engl. me, frz. ma – *mein, mit*

M.3.1   Die *Ur-Mutter - Mond*-Symbolik

M.3.1.1	Wörter für >Mond<	*Mai*, indisch mah >Mond<
M.3.1.2	Tier-Wörter und -Mythologien	*Meise, Motte, Schmetterling*
M.3.1.3	Wasser - Meer – Quelle - Fluss	*Meer*, Fl. *Murr*, Amur, *Memel*
M.3.1.4	Die >Mutter-*Erde*<-Symbolik	*Moor, Modder*, frz. monde
M.3.1.5	>Werden und Vergehen<	*mausern, mutieren;* ᵛᵉʳ*modern*
M.3.1.5.1	>klein<	*mini, mau, Memme* >Baby<
M.3.1.5.2	>groß<	*maxi-*, engl. much; Mega-
M.3.1.5.3	>Null – Minus; schlecht, krank<	frz. mal, *miss-*, Minus; *Misere*
M.3.1.5.4	>sterben; Tod<	*müde, matt, Mahr, Mord, morbid*

M.3.2   >Mutter<   *MaMa, Mutter, Muhme*

M.3.2.1	>machen, mehren<	*Gemächte*, engl. to marry
M.3.2.1.1	*historisch* MAKO >Kind<	*Magen: Magd, Maid*, mac
M.3.2.2	>Maul – melden; singen – sprechen<	*Mund; Melodie*
M.3.2.3	>Brust, Mahl, Milch, munden<	*Mehl, Malz, mögen, schmecken*
M.3.2.4	>Heim, Heimat, Haus<	frz. mas, maison, *Mauer;* slw. *mir*

M.3.3   Die *Master Grade*-Stufe

M.3.3.1	>Maß, Mitte, Moral<	*Meter, Mitte, Mär, Moral*
M.3.3.2	>Mensch, Menschheit<	*Mensch, man,* many, *Menge*
M.3.3.2.1	**historisch** MANO >Mann<	*Mann (mas-culin)*
M.3.3.2.2	**mesolithisch** >Stamm, Volk<	*Menge*, lat. mille, *Militär*
M.3.3.3	Die *Initiations*-Symbolik	*Minne, Minotaurus, Mine* (Höhle)
M.3.3.4	*mind* >Geist, Bewusstsein<	engl. mind, *Minne meinen, mental, Mut/Gemüt*

Ein Großteil des gerade aufgeführten Wortmaterials dürfte ursprünglich von einer lautlichen Modulation von >ma< ausgehen, wie etwa *ma – má – mà - me – mi – mai – my* usw. Auch die Endungen mit L (*Mal – Mahl – mahlen – Milch*) und R (*mor – mère – Mähre – Maar – Meer – Moor – Meru*) können sich ursprünglich in Teilen auf diese Weise erklären.

Eine weitere Technik, neue Wortbildungen zu schaffen, war eine Kombination aus (meist) zwei Lautwurzeln, wie es schon die reduplizierten Bildungen wie *MaMa, NaNa* anlegen. In dieser Art dürfte sich z.B. *MaNa* erklären (> **MaNa > Mond, Mensch (Mann, manche, jemand, Menge), Minne, Mine, *men > Miene,* engl. *mind – mental, meinen, mahnen* (>erinnern<) usw. – **NaMa – Name, nehmen* usw.).

Richtig bedeutsam wurde diese Technik der Zusammensetzungen aus zwei Lautwurzeln jedoch erst mit der historischen Sprach-Entwicklung, die am Ende der Eiszeit mit dem (von Göbekli Tepe ausgehenden) *Mebuntu* begann. Statt einem lautlich komplexeren einsilbigen Wort (wie es sich etwa in China fortsetzte) konnten lautlich vereinfachte zweisilbige Wortbildungen über größere Entfernungen hinweg besser lautliche Missverständnisse vermeiden. Auch war es mit dieser Technik leichter, neue Wörter zu bilden, wie es damals für die neuen historischen Entwicklungen nötig war, so wohl etwa *TaNa für >Stamm, Stammesgebiet< (in vielen Ländernamen wie *Pakistan, Mauretanien, Britannien, Yucatan*), *BaNa wie *Band, Bund, Bündnis; Spinne* und *LaNa wie *Leine, Land, Linie, Lineage* usw. Diese Zusammensetzungen belegen sich auch dadurch, dass sie neben semantisch verwandten Parallelen (BaNa – LaNa, engl. *lane* >Band<) in etlichen Formen gleichbedeutend in umgekehrter Zusammensetzung erscheinen.

Bei der obigen Auflistung dürften sich die Formen *mat-, mas-* aus einer ursprünglichen Zusammensetzung *MaTa erklären, *Mega-, Magen, Magd, mac* von *MaGa. S. dazu mehr in *Cûl Tura.*

2.2 Zur Konzeption der ursprünglichen Mythologie und Sprache HS

Es ergibt sich sowohl von den Anhalten der Wortbildungen als auch von den verbreiteten Symboliken und Mythologien her eine ganz bestimmte Struktur der Motive und ihrer Anlage.

So viele Geschichten auch erzählt worden sein mögen und in vielen Kulturen existieren, wirklich konstitutiv für die ursprüngliche Mythologie und Sprache HS waren nur einige wenige Symbole und Motive. Es ist möglich, dass, wie sich andeutet, es ursprünglich etwa 6 waren, verknüpft sich mit jeder der 6 Lautwurzeln neben der Anlage in der Mond-Mutter-Konzeption ein spezielles eigenes Hauptmotiv (s.u.), wobei sich selbst diese Hauptmotive überschneiden (z.B. *STier – Kuh*). Das Entscheidende ist jedoch, **wie** diese Motive in Geschichten *entfaltet* werden.

Es gibt hier ein >tragendes Geripppe<, das dann – in Entsprechung der kindlichen Sprach- und Bewusstseins-Entwicklung – nach eigenem Belieben und Vermögen sowie nach dem Alter und der Stimmung der Kinder im Erzählen ausgestaltet und erweitert wurde. Die in Teil 2 aufgeführten Geschichten sollen dies in ihrer Art illustrieren. Da dabei jedoch schnell der Überblick verloren geht, soll hier vorweg das >tragende Geripppe< erläutert werden.

*Mit einer wohl dem **Sinn** der paläolithischen „**Venus**"-Figuren entsprechenden Felsmalerei beginnt bei den Ngarinyin-Aborigines der >**Pfad des Wissens**< mit der Personifikation von Jillinya, der >**mother of all**< (deren Hände Gruß bedeuten). Es formuliert ihr Kulturkonzept vom Leben als Bewusstseins- und Persönlichkeits-Entwicklung (Jeff Doring: Gwion Gwion, S. 36 ff., die direktesten Fotos davon S. 44 und 45)*

Die Nachzeichnung ist aus inhaltlichen Gründen sehr vereinfacht und der >Pfad< aus graphischen Gründen hier auf etwa die Hälfte verkürzt gezeichnet. Das Motiv ist nur ein Ausschnitt aus dem erheblich komplexeren Felsbild mit weiteren Figuren und Symboliken.

2.2.1 Der Rahmen der ursprünglichen Mythologie

Das Motiv von >UrMutterVater Mond< (*DiAna, UrA^{h}n^{os}*) war die Grundlage und zugleich der Rahmen der ursprünglichen Mythologie und Sprache HS. Mit seiner Thematik von >Ursprung und Tod< vermochte es die menschliche Existenz zu umfassen und die Grenzen seines Verstehens und Aktionsbereichs markieren, um den Bereich *dazwischen* für die notwendige und hinreichende Selbststeuerung = Kultur zu erschließen.

Die Mythologie spricht wohl viel von >Ursprung< und auch von einem Leben nach dem Tod. Dies erklärt sich aus dem urwüchsigen sprachlichen Denken des Menschen, wie es bei den Warum-Fragen der Kinder in Erscheinung tritt. Es ergibt sich jedoch aus der ursprünglichen Mythologie und Sprach-Symbolik HS, dass dies im Lauf der kindlichen Bewusstseins-Entwicklung auf die Symbolik von >Tod und Neugeburt< in der Jugend-Initiation hinausläuft. Die Geschichten von >Ursprung< und dem >Leben nach dem Tod< sind rein mythologischer Art und im aufgeklärten Kontext >transzendent<, um den >immanenten< Raum *dazwischen* hinreichend für ein gutes menschliches Leben = Kultur erschließen zu können.

Dieser Ansatz war bereits in sich selbst dazu angelegt, diesen Rahmen *auszufüllen*. Denn als Antwort auf die Fragen die Kinder nach >dem Ursprung< funktionierte das Motiv von >UrVaterMutter Mond< nur deswegen, weil sich mit diesem Motiv alle Fragen der Kinder nach >dem Ursprung< *für sie* geistig-psychisch befriedigend >beantworten< ließen (sofern ihr Beziehungs- und Sozialkontext stimmte). Diese Sammlung dieser Geschichten ist als Schöpfungs-Mythologie bekannt. Diese Konzeption war genial, weil sich auf diese Weise jedes Thema für in die Kleinkinder spannende Geschichten verpacken ließ. In dieser Hinsicht ist die Schöpfungs-Mythologie von bleibender Bedeutung und von daher unbedingt von Religion und einer bewussten erwachsenen Kosmologie zu unterscheiden.

Die Mond-Symbolik

Die Motivik und Symbolik des Mondes war für die verschiedensten Hinsichten verwendbar. Sie lieferte etwa folgende Komponenten, die (nicht zufällig in den Alten Kulturen) von Bedeutung waren:

- der Mond als >Gesicht< und >Kopf< der >UrVaterMutter< = >Weltengeist<
- der Mond als Symbol des Werdens und Vergehens wie der zyklischen Wiederkunft
- der Mond als Entsprechung zur weiblichen Monatsregel (**Men**struation) und als *NoNa* („Mond") = >9< für >schwanger<
- der Mond als mythologischer Ort der >Herkunft< der Kinder, wohin man nach dem körperlichen Ende wieder „heimkehrte"
- die Mond-Sichel (*Sichel* hebräisch *Chermes*) als das >Drachen-Boot<, >Arche< oder >Fähre<, die auf die Erde und hinterher in den >Himmel< bringt bzw.
- der >Mond< (*Io,*[103] *Iae,*[104] *Hermes* usw.) als der >himmlische Fährmann<
- die Mond-Sichel als der ^W**ur**^m = die >Drachen-Schlange< (**lin: Lint – luna*)
- der Mond als >Ur-Ei< (= z.B. auch „Oster"-Ei; Ei zu Schlange oder Vogel)
- der Mond als >Ur-Vogel< (**wake – Voge- wach/en* - Woche), als Nacht-Vogel mit *Eule* verbunden (*Jul, Lilith,* Symbolik der *Athene, Baba Yaga,* usw.)
- die Mond-Sichel als „Hörner" z.B. als >Himmels-Kuh< oder >Drache<
- die Mond-Symbolik als Ausgang der Gestirn-Symbole (Sternbild-Geschichten).

---

[103] Griechenland; bei den Maoris. Im alten Ägypten *Jw* (lies *Io* oder *Ju*) „der himmlische Fährmann", s. Rainer Hannig & Petra Vomberg, Wortschatz der Pharaonen, S. 843
[104] „der Mondgott der Kamaiura." David M. Jones & Brian L. Molynaux, Die Mythologie der Neuen Welt, S. 192

2.2.2 Zum ursprachlichen Symbol-System HS

2.2.2.1 Das Symbol-System der Lautwortwurzeln

Insgesamt baut die ursprüngliche Sprache HS auf den Lalllaut-Wörtern für >Mutter< auf, die jedoch im zweiten Schritt im Wesentlichen auf die mythologische (= *Mond*= *Ur*-) >Mutter< bezogen werden (vgl. *DiAna* = ♂ *UrA^{h}n^{os}*). Dieses Prinzip gilt für alle 6 eiszeitlichen Lautwurzeln HS.

Dies kombiniert sich damit, dass jede Lautwurzel auch mit einem besonderen Symbol-Komplex verbunden ist, der insgesamt das grundlegende Spektrum seiner kulturellen Motivik umfasst. Damit hat man von vorneherein ein Prinzip einer semantischen Entfaltung, wie durch dieses Prinzip auch umgekehrt der Überblick und Bestand der sprachlichen und kulturellen Struktur gesichert blieb.

Überblick über die spezifischen Kern-Symbole der Lautwurzeln

Ausgangsform		Zentral-Symbol/e	Kern-Inhalte
*א	A/Au/Ei	**Ei; Au** >Wasser<	Ur^{sprung}, Quelle; (Lint-)^{W}ur^{m}, ^{W}ur^{zel}
*☉	Ma	**Mond - Mutter**	Ma^{h}l (-Zeit); Mensch; Minne, *mind*
*Λ	La	^{Sch}**Lange**, Lint*	lang; Liebe, laben, SchLaf^{f}, *low,* Tod
*Ⴇ	Ta, Ti	^{S}**Tier** - ^{S}tock	da - du – sieh! Ziel, Speer, Beute
*Γ	Ku, Co^{r}	**Kuh, Hor**^{n}	Bauch/Höhle/Hütte, innen: Her^{z}, Hir^{n}
*Φ	Ba, Po, Vo	**Vollmond/Vogel***	voll - ganz, oben, Höhepunkt; *power*

* Im Ägyptischen findet sich etwa direkt *Ba* für den >Seelenvogel<
Lint ursprünglich für >Lindwurm< als die >Drachen-Schlange<

Ein paar Hinweise zu den Kernmotiven und ihrer Verknüpfung

>Ei<

„Das Ei gehört zu diesen machtvollen Symbolen, die auf der ganzen Welt, auch in China und Südostasien, Teil der Ur-schöpfung sind." [105]

„Schöpfungsmythen, in denen ein kosmisches Ei der Ur-sprung der Welt ist, findet man auf allen fünf Kontinenten […]." [106]

„Die Entstehung der Welt aus einem Ur-Ei ist nicht nur als orphische Schöpfungsmythe bekannt (die schwarz geflügelte Nacht, vom Winde umworben, gebar ein Ei […], sondern kommt auch in polynesischen, japanischen, peruanischen, in-dischen, phönizischen, chinesischen, finnischen und slawi-schen Ursprungsmythen vor. […] Auch Sonne und Mond wurden mehrfach mit goldenen bzw. silbernen himmlischen Eiern assoziiert. Allgemein wird das Ei als Symbol eines ur-anfänglichen Keimes gesehen, aus dem später die Welt her-vorging." [107]

S. weitere Beispiele → S. 333 f.

Aus dem Ei schlüpfen z.B. *Vögel* und *Schlangen*. Insofern er-klärt sich das Ei als Veranschaulichung des >Ur< (= *Ei = Au*) = >Ursprung<. Das >Ei< entspricht Ku^hKu^h >Kugel< (*KoKo – Kü-ken, Gockel, Häher; Kokon, Kogge* usw.) = *Ball*. Vgl. dazu engl. *eye=ball* = Aug-Apfel; daher *Ei = eye = Auge = egg*. (*Apfel* wie-derum dürfte als **ei=ball* eine Entsprechung zu $^{eye}Ball$ darstellen, vgl. etwa dän. *æble* >Apfel<).

---

[105] Rachel Storm: Die Enzyklopädie der östlichen Mythologie, S. 198
[106] Shahrukh Husain: Die Göttin, S. 52
[107] Hans Biedermann: Knaurs Lexikon der Symbole, S. 109 f.

Das >Ur-Ei< (= ursprachlich z.B. *Ai-Ai*) ist hierbei u.a. auch der >Mond< vor allem als >Voll-Mond<. Sonne und Mond sind in der Symbolik auch die **Augen** *(eye)* des UrA^hn^{os} = UrMutterVater (bekannt vor allem von der ägyptischen Horus-Augen-Symbolik. Diese **Mond-Augen**-Symbolik wird insbesondere auch mit **Uhu** (*$\aleph$) oder **Eule** *(Alle – Olle – Jul - LiLi^l)* symbolisiert (s. mehr S. 301 ff.). Ursprünglich eine Symbolik für die Kleinkinder, „dass Mutter Mond in der Nacht gut aufpasst, dass uns nichts passiert", wird diese Augen-Symbolik im Neolithikum zu einer Überwachungs- und Todes-Symbolik der Priester*innen-Herrschaft, was der Eule ihren dämonischen Ruf anhing.

(Voll-) >**Mond**<

Der >Mond< ist insbesondere als **Vollmond** mit seinem >Mondgesicht< eine *Veranschaulichung* des mythologischen Motivs >UrVaterMutter< für die Kleinkinder.

Weiterhin ist der *Mond = Monat* ist auch die *Ma^l=* Zeit-Verortung, der Tages- und Monats-Zyklus von >Ende und Anfang< zwischen *Null-Nicht-Neu-Mond* und *Voll-Mond,* als *NaNa = (MaMa =) neu, nona - neun* auch die Zahl für Schwangerschaft und Geburt.

Die Wortbildungen und auch ethnologische Traditionen verweisen darauf, dass der Vollmond ein Anlass für Feiern und insofern auch für regionale Zusammenkünfte war. Hierbei scheint bei uns im Besonderen *Ostern* als der erste Vollmond im Frühjahr eine Rolle gespielt zu haben (der Vollmond als das >Ei<, das der >Osterhase< bringt; der *Hase* ist, noch besonders bekannt in den indianischen Kulturen, eine Mond-Symbolik [da man anstelle des >Mond-Gesichts< in den Mond-Kratern auch einen *Hasen* mit seinen langen *Löffeln* sehen kann]).[108] Das Wort *Ostern* dürfte den Wortbildungen *STier = STern = UTerus* für >Ursprung< entsprechen. Es war also in gewisser Weise ein

---

[108] S. dazu z.B. Wikipedia: Mondgesicht (6.3.21, 5:45)

Neu-Jahrs- oder *Frühlings-*Fest, „wo das Leben neu entspringt, es zu wachsen und zu blühen beginnt und die Vögel Eier legen."

Der Mond wird (in seinem >Fliegen<) auch mit **Vogel** verglichen (vgl. auch lautlich *Vogel - Woche – wachen – vage – bewegen - Weg – weg* usw.), insbesondere ursprünglich wohl mit der (*Nacht-*) **Eule**. *Vogel* steht auch mit dem *Fliegen - Himmel* in Verbindung, daher die *Seelen-Vogel-*Symbolik, bei uns vor allem die *Taube* (*topp - betäubt – duseln – dösen,* vgl. *dusza* polnisch >Seele<, dän. *dysse* >Dolmen, Hünengrab< (s. S. 349 f.).

2.2.2.2 Die theriomorphe (= Tier-) Symbolik

In dem Symbol-System der Lautwurzeln zeigt sich, dass die **Tier**-Symbolik eine entscheidende Rolle in der ursprünglichen Sprach-Anlage HS spielt. Dieser Sachverhalt dürfte sich dadurch erklären, dass die Tier-Motive bei den Kindern auf ein besonderes Interesse stießen und diese also in besonderer Form für Erzähl-Geschichten und für die Vermittlungen von grundlegenden Sachverhalten des Lebens geeignet waren. Hierbei deuten sich auch zwischen diesen Motiven komplexe Verbindungen an.

>S/**Tier, Kuh**<

S/Tier und *Kuh* waren eine didaktische Symbolik, um den Kindern >Leben< und das ***Organisch-Körperliche*** in verschiedenster Form zu veranschaulichen oder auch bei einem erlegten Tier zu zeigen. Dies ist auch mit der **Hörner**-Symbolik verbunden.

Die >Ur-Kuh< ist hierbei lat. *or^i-go,* griech. *ar-chē* >Ursprung - Ku-elle* (Quelle)<, *a-ku – aqua. Kuh* bedeutet auch >Mutter (-tier)< = ^{S}*Tier* – griech. *hystérā – UTerus* >(Gebär-) Mutter<, insofern auch >Bauch, Höhle< (→ S. 193, 200). Von dort her entstand die Konzeption von **Zeit** (**TiTi >* ^{S}*Tie^r, ZieGe – säugen - Titte = mamma; Mahl*zeit) und **Raum** (*BaGa – Bauch –*

Bakken/Berg – hebräisch *bohu* – lat. *vacuum* >leerer Raum< - lat. *vacca* >Kuh<).

Von *Bauch* – *Höhle* her werden *STier* = *Kuh* = *DraChe* auch zu dem >Weltberg< (daher *Taurus*-Gebirge, *Tauern*, persisch *Kuh* usw.) mit der Höhle der Jugend-Initiation als dem Ort der >Neu-Geburt< zum nun eigentlichen = *kulturell* entwickelten Menschen.

Von daher ist >Tier< gemeinhin in den jeweils größten (Hörner)- Tieren seiner Gegend repräsentiert wie etwa **Mammut**, *Elefant* = *Alpha* = *Rind, Bison, STier* = *deer - Hirsch, Ren, Elch*. Sie sind als Weiterführung der Kleinkind-Geschichten Symbole für >Welt, Raum<: *Tier* - lat. *terra* = *Kuh* - *Gau* - griech. *Gaia*, *gē* – sumerisch *ki* >Erde<, neolithisch *Bock/Ziege* wie *Pan* >[Welt-]All^{es}< – *Fauna*.

Auch mit ihren **Hörnern** (auch *Geweih*) sind verschiedene Symboliken verknüpft (→ 20; 91 f., 154; die >Stier-Menschen< 235, 238, 270/353). Grundlegend ist es eine Symbolik für >wachsen< (hier lautlich = engl. *to grow* – *Horn*-Materialien wie *Haare, Krallen (Fingernägel),* die zu *kürzen - scheren* waren). Letztlich verwies auch >Horn< (- Haar - *ΓR) jedoch auf >oben< für >Kopf, **Hirn**< und symbolisch für >**Herz**< [*ΓR – *to care* → Cûl Tura 2b: K.4] als dem ursprachlichen Zentral-Motiv HS entsprechend der Reihung *Mond* – *Mensch* – *Minne* (>Liebe<) – *mind* für >Geist, Bewusstsein< (dt. in *mahnen, meinen*).

>Schlange<

„Tod und Leben sind in dieser Tiergestalt auf so einzigartige Weise symbolisch angedeutet, dass es kaum Kulturen gibt, die der Schlange keine Beachtung geschenkt hätten." [109]

Die *SchLangen* schLüpfen (*la*) aus dem Ei, weil die *Ur- (Ei-) Schlange* das *Ur-Ei* gelegt hat. Mit dem Neu- = >Mond< (z.B.

---

[109] Hans Biedermann: Knaurs Lexikon der Symbole, *Schlange*, S. 383

NaNa wie *neu*, *Mond*) kann gezeigt werden, wie die (*Mond-Si-chel-*) *Schlange* (>**Wur**m< von *Ur*) mit ihrem *Bauch* wächst (s. → S. 150) und das neue Vollmond-Ei legt, aus dem wieder eine neue >Schlange< wächst.

Die >(Drachen-) Schlange< ist einerseits ein Symbol des Ur-sprungs, und als solches kann sie >Wasser< und >Feuer< spu-cken. Als Symbol des Lebens ist die >Schlange< auch ein Sym-bol für die >Länge< der Zeit, als *Uroboros*-Schlange auch ein Symbol für den (Mond-Monats-) Zyklus des >ewigen Werden und Vergehens<.

Damit wird die Schlange als Mond-Symbol auch ein Symbol für *sch/laff, Schlaf, Lager*. Sie ist auch ein Symbol für Gefahr, Krankheit (Schlangen-Gift!) und Tod. Bereits die Affenart *Grüne Meerkatzen* kennt einen speziellen Warn-Laut für >Schlange<.[110] Entsprechendes dürfte zum frühesten Bestand in der Evolution der Sprache zu rechnen sein. So hat das Motiv *Schlange* auch die Funktion, die Kinder auf die Gefahr durch Schlangen aufmerksam zu machen.

Damit wird sie auch zu der >Drachen-Schlange< als dem Motiv der Jugend-Initiation. Sie *verschlingt* die Jugendlichen – doch um sie zu >neuen Menschen< als nun Erwachsene wieder >aus-zuspeien< bzw. neu zu >gebären<. Aus dem *sch/laff – low – Schlaf* wird nun wieder *Leben, Leib* - und bei den Jugendlichen nun auch *love - Liebe*. S. auch die Symbolik → S. 149.

Das Wichtige an dieser ganzen Symbolik ist ihre **Komplexität**, die sich *allein* über die **Geschichten** und ihren Verbund mit der **gesamten Mythologie** = Kultur ergibt und sich **unmöglich** in dem einzelnen Wort an sich halten kann, wie dies insbesondere an der historischen Entwicklung der Drachen-Symbolik erkennt-lich wird.

---

[110] John McCrone: Als der Affe sprechen lernte, S. 154 f.

2.2.2.3 Der >Weltberg< und der >Weltenbaum<

Die Symbolik der humanevolutionär entwickelten Mythologie und Sprache baut mit ihrem anthropomorphen Motiv der >Ur-Mutter< auch auf einer Körper-Symbolik auf, wie sich Beides gleichzeitig in den eiszeitlichen „Venus"-Figuren belegt. Die Körper-Symbolik kann jedoch sowohl anthropomorph als auch theriomorph (vor allem *STier* – *Kuh* - - *tauros*-Gebirge/*terra* – *Gaia*) gebraucht werden. Doch letztlich ist es mit der anthropomorphen Form in der vertikalen Ausrichtung verbunden, wie es sich in der Weltenbaum- oder Stammbaum-Symbolik belegt.

In dem folgenden Modell können die verschiedensten Bezüge der humanevolutionären (Sprach-) Symbolik veranschaulicht werden:

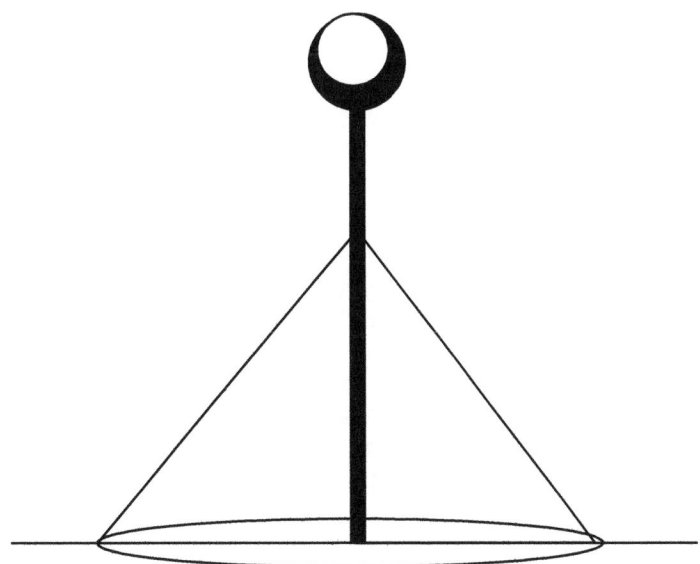

Diese Graphik soll u.a. zeigen:

- der >**Welt-Berg**< entspricht der **MaTar** (>Mutter<, Venus) dem **Leben** der >**Welt**< dem >**Leib**< dem **Zelt**/der **Hütte** (was später in den Pyramiden und Tempeltürmen usw. *von dieser Symbolik her* nachgebaut wird). Diese *kosmische* Körper-Symbolik kann je nach Bezug anthropomorph oder auch theriomorph formuliert werden. Insofern finden sich hier u.a. auch *Kuh* persisch >Berg< (*Gaia* = *gē* >Erde<, dt. *Gau*) und *STier – Taurus – terra* (**ta*) für den >Weltberg< für die/das >Welt/All^es< (s. auch die Zeichnung *Hathor* als Kuh → S. 220, 314).

- die >**Wirbel**-Säule< ist der >**Welten-Baum**< als die >**Welt-Achse**<, um die sich die >Welt< dreht. Sie repräsentiert genauso den >Körper< (was im Mittleren Mesolithikum als >Stamm-Baum<-Stämme-Symbolik entwickelt wird). Der Begriff >Wirbelsäule< dürfte aus dieser Symbolik stammen.

- das >**Haupt**< verknüpft sich ursprünglich mit dem >Mond-Gesicht< bzw. der >Mond<- (Sichel-) **Hörner**- Symbolik. Diese Symbolik wird in vielen alten Kulturen auch durch einen (z.B. Rinder-) Hörner-Schädel an dem Kult-Baum oder auch am Zelt- oder Hütten-Eingang zum Ausdruck gebracht. *Haupt – Hörner* stehen für *Hirn* für >Geist, Bewusstsein, Kultur< (insofern wohl tatsächlich eine Verbindung zwischen **Hirn** und *Hörner*).

Die eiszeitlichen „**Venus**"-Figuren dürften dem entsprechen. Man beachte, dass diese keine Füße haben. Der Kopf der >Venus von Willendorf< ist eine *Kugel* (vermutlich didaktisch zuerst für Mond und dann auch für die Sonne).

Die **BaBa* bzw. **PiPa* >Pfeife, Flöte< (auch *five – fünf – Finger – phon* usw.), die mit zu dem ältesten bislang aufgefundenen Kulturgut gehören (s. Abbildung), erscheint hierbei als die transportable Ausgabe des >Weltenbaums<.

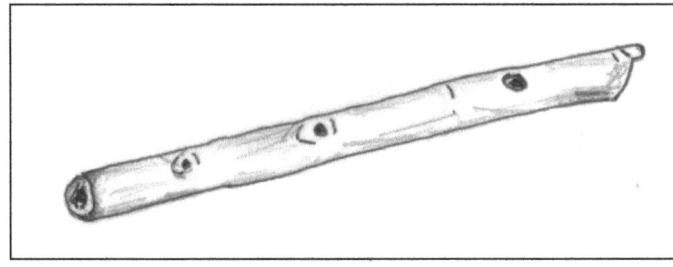

111

Entsprechend erscheint sie ethnologisch auch als Stamm-Symbolik, so z.B. in Nordamerika:

„**Flat Pipe** (Flachpfeife) ist die heilige Pfeife der Arapaho, die für den ganzen Stamm steht. Sie wird mit wertvoller Medizin gefüllt, ist daher immer in ein Tuch gehüllt und wird vom Hüter der Pfeife bewacht.
Flat Pipe gilt gleichzeitig als die Kraft, welche die Arapaho erst erschuf. Diese Rolle wird in der Flat Pipe-Zeremonie deutlich, doch es gibt auch Sagen, die diesen Ursprungsmythos erzählen. Flat Pipe, die Personifikation der Pfeife, trieb auf vier Stäben auf dem Wasser. Er bat die Tiere, ins Wasser einzutauchen und ihm Erde zu holen, damit er trockenes Land schaffen könnte. Die Ente schaffte es schließlich. Doch leider war es nicht genug Schlamm, sodass die Schildkröte noch einmal tauchen musste. Sie brachte genug Erde, damit Flat Pipe daraus den ganzen Kontinent schaffen konnte." [112]

---

[111] Zu der Flöte (Nachzeichnung): „[…] Hier handelt es sich um zwei Vogelknochenflöten und eine erst kürzlich entdeckte Flöte, die in einem sehr aufwendigen Verfahren aus Mammutelfenbein geschnitzt wurde. Die Flöten vom Geißenklösterle datieren um rund 35.000 Jahre vor heute."
Gabriele Uelsberg & Stefan Lötters: Roots/Wurzeln der Menschheit, S. 237
[112] D. M. Jones & B. L. Molynaux: Die Mythologie der Neuen Welt, S. 37

Dass die Weltberg- und die Weltenbaum-Symbolik in gewisser Weise austauschbar sind, belegt sich in der japanischen Mythologie in *Yama* „heiliger Berg" (wie in *Fudschiyama*), was „den Himmelspfosten bzw. die Weltachse als >Mitte der Welt< und Zentrum der vier Himmelsrichtungen" symbolisiert. [113] Vgl. dazu: „Der Symbolismus des Weltenbaums ist dem des Zentralberges komplementär." [114]

Dieses *Yama* (m.E. = ursprachlich HS *ama*) erscheint z.b. als >der Ur-Mensch< in der indischen Mythologie oder in *Jam/Tiamat* für >Ur-Mutter, Meer< in Mesopotamien bzw. im Semitischen usw. (dt. in den Flussnamen *Jümme, Ammer, Ems* usw.). Die ursprüngliche Weltberg- und Weltenbaum-Symbolik HS ist immer auch anthropomorph assoziiert, wie im Folgenden gezeigt wird.

Der konkrete Gebrauch der Symbolik ist ursprünglich jedoch eine Frage des Kontextes und der gegebenen Möglichkeiten. Die Berge spielten in *Gipfeln* (*Koppe* - **Kopf**) und der >Weltberg-*Höhle*< bei rituellen Übungen eine Rolle (z.B. im Kontext der Jugend-Initiation), ein Stamm als Kennzeichnung und Ausstaffierung einer rituellen Übung (Schamanen-, Stamm-, Mai-Baum, aufgestellter Stock als Hinweis usw.).

Zu dieser **Stamm**-Symbolik bei indianischen Kulturen:

„Der Pfahl, der im Mittelpunkt der Tanzzeremonie steht, stellt die drei Ebenen des Universums dar. Der Adler auf der Spitze des Pfahls symbolisiert den Himmel, ein am Stamm befestigter oder ganz unten angebrachter Büffelschädel steht für die Welt der Tiere und Menschen, die Opfergaben aus Tabak und Wasser, die unmittelbar vor den Pfahl niedergelegt werden, repräsentieren dagegen die Unterwelt." [115]

---

[113] Harenberg Lexikon der Religionen, S. 834
[114] Mircea Eliade: Schamanismus und archaische Ekstasetechnik, S. 259
[115] Jean Clottes & David Lewis-Williams: Schamanen, S. 29

Die Weltenbaum-Symbolik

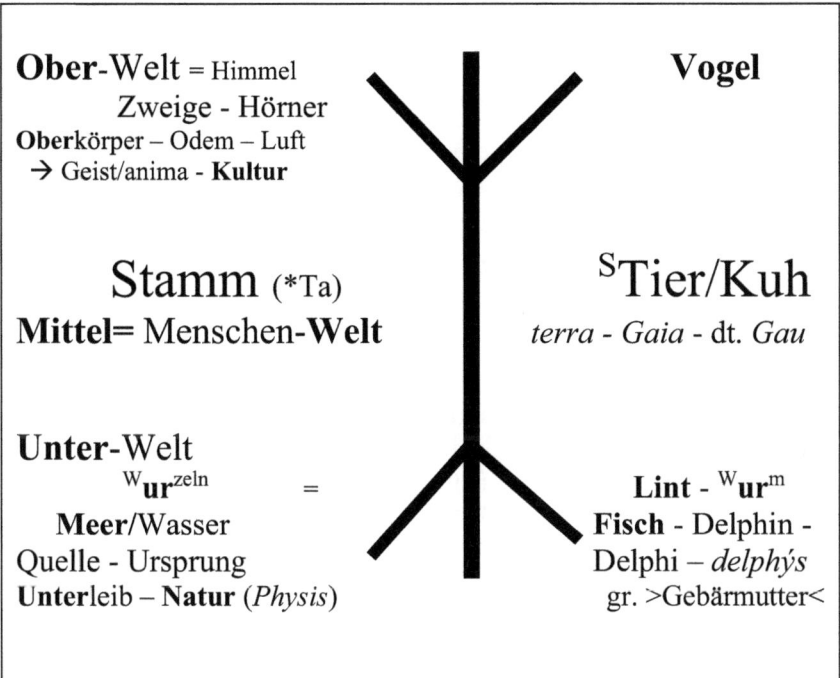

Ober-Welt = Himmel
    Zweige - Hörner
Oberkörper – Odem – Luft
→ Geist/anima - **Kultur**

Vogel

Stamm (*Ta)
Mittel= Menschen-**Welt**

^{S}Tier/Kuh
terra - Gaia - dt. *Gau*

Unter-Welt
    ^{W}**ur**^{zeln} =
  Meer/Wasser
Quelle - Ursprung
Unterleib – **Natur** (*Physis*)

Lint - ^{W}**ur**^{m}
Fisch - Delphin -
Delphi – *delphýs*
gr. >Gebärmutter<

Diese Graphik entspricht dem ursprünglichen chinesischen Zeichen für >Baum< (Abb. rechts). In den germanischen Runen findet sich dies in zwei halbierten Formen, einmal mit den >Zweigen< und einmal mit den >Wurzeln< (mit einem Kreis umgeben bekannt als *Peace*-Symbol, eigentlich für >ban the bomb<).

Nord-Eurasien:
„Symbolischer >Tragpfeiler< des Weltenbildes im nordeuropäischen Schamanismus ist der Weltbaum. Diese Vorstellung geht zurück auf die kreisrunden Behausungen und die zentrale Stellung des Polarsterns: Man dachte sich den Sternenhimmel als Dach eines Welt-Zeltes, an dessen höchstem Punkt der Polarstern leuchtete und beim Orientieren half. Den

Himmel hält eine gewaltige Säule, der in der Mitte (am Nabel) der Erde auf einem Berg oder Hügel stehende Weltenbaum - er ist die lotrechte Achse der Welt, Verbindung im dreifach gegliederten Universum, die Milchstraße am Himmel, um die sich der gestirnte Himmel dreht. Dieses Modell findet sich überall zwischen den Lappen und den Nanai am Amur. Den Weltenbaum ersetzt zuweilen ein mythisches Drachenechsenskelett oder die Gestalt eines Urschamanen." [116]

Unser Begriff der >Wirbelsäule< dürfte tatsächlich eine Ableitung der Weltenbaum-Symbolik als der >Achse der Welt< sein, um die sich die Welt dreht (vgl. auch *Irminsul*). Wir alle tragen demnach diese >Weltenachse< in uns. Von diesem >Aufrechten< (*orthos – aufrecht, recht – richtig* [*Orthographie* usw.] her ergibt sich auch, dass es sich hierbei wesentlich um eine anthropomorphe Symbolik handelt (bekannt als >Stammbaum<). Von hier her könnte auch die im Norden verbreitete Bären-Symbolik ihre besondere Bedeutung erhalten haben, zumal die Weltenachse mit dem Sternbild des Großen Bären verbunden ist (s. dazu mehr → S. 321).

Wie anders die >Pfeife< als eine verkleinerte Form des Weltenbaums zeigt, dürften Stöcke auch schon von alters her entsprechend den früheren Sonnenuhren zur Bestimmung der Tages- und Jahreszeit wie auch der >Himmelrichtungen< gedient haben. Entsprechend verknüpft sich damit auch eine Symbolik für >Zeit und Raum<.

Insgesamt ließ sich alles Mögliche als Symbolik für Veranschaulichungen gebrauchen. Einiges davon soll in den Geschichten in Teil 2 aufgenommen und erklärt werden.

---

[116] Mihály Hoppál: Schamanen und Schamanismus, S. 158

2.2.3 Zum Ende der ursprünglichen Sprache HS

Auf das Ende der ursprünglichen Mythologie und Sprache HS kann bzw. soll hier nicht ausführlicher eingegangen werden. Es ist insgesamt ein komplexerer Vorgang. S. mehr dazu in meinem Buch >Was *eigentlich* Sprache ist<.

Absolut vereinfacht, war das Ende der ursprünglichen Sprache und Mythologie HS vor ca. 13.000 Jahren eine Folge der gigantischen Naturkatastrophen am Ende der Eiszeit in dem geologischen Umbruch vom Pleistozän auf das Holozän.

„Dieser grundlegende Klimawechsel, der für viele Pflanzenfresser das Aussterben bedeutete, betraf auch den Menschen." [117]
„Die letzten 5.000 Jahre der Eiszeit waren eine Periode von Klimaveränderungen geradezu apokalyptischen Ausmaßes, die alles übertrafen, was uns heute bekannt ist." [118]

Gerade auch der Nahe Osten wurde mit seinen besonders komplizierten weitgehend wüstenartigen Verhältnissen zwischen Meeren und Hochgebirgen mitten zwischen den drei Kontinenten Afrika, Asien und Europa davon getroffen.

Alles in allem: anders als vielen höheren Tier-Arten gelang es damals dem Menschen wohl zu überleben, doch verbreitet auch nicht viel mehr. In den hohen Anforderungen, die entstandenen Notstandsprobleme zu bewältigen, fand man offenbar insbesondere nicht mehr viel Zeit für die Jugend-Initiation. Es kam in dieser Ära zu einem substanziellen Verfall und dann auch oft zu einer regelrechten Pervertierung der Jugend-Initiation. Das Aufkommen der männlichen Beschneidung vor ca. 12.000 Jahren ist ein erster deutlicher Anhalt dafür. Mit dem Ausfall und mit der Verdrehung der Jugend-Initiation fielen gerade die entscheiden-

---

[117] W. von Koenigswald & J. Hahn: Jagdtiere und Jäger der Eiszeit, S. 92 f.
[118] Brian Fagan: Die Eiszeit, S. 131

den Lehr- und Lernphasen bzgl. einer wirklichen Beherrschung von Sprache und Kommunikation weg.

Insgesamt ergibt sich, dass man die ursprüngliche Sprache HS und den eigentlichen Sinn ihrer Mythologie nicht mehr zureichend verstanden hat. Man vermochte den Unterschied zwischen den mythologischen Geschichten und die Vermittlung von Tatsachen nicht mehr klar zu erfassen. In dieser Ära entstehen ausweislich der neuen Felsmalereien die Geister-Kulte (s. z. B. S. 223). Hier wird aus >Geist< *Gespentisches*.

Ganz in diesem Sinne kommt es in der Tat zu einer wahrhaft >babylonischen Sprachverwirrung<. Wohl führt man die zentralen kulturellen Steuerungsbegriffe wie *Liebe, Einigkeit, Gerechtigkeit* und *Freiheit* usw. weiter fort, aber man kann diese Begriffe mangels Einbindung in die ursprüngliche Mythologie HS als der Integration zu einer sprachlichen Gesamtkonzeption nicht mehr zureichend definieren. So kommt es bald zu Tausenden von Sprachen, wo jeder Stammesverband die bisherige Sprache mit ihren mythologischen Geschichten und ihrem Vokabular nun auf seine eigene Weise versteht. Mit der bloßen Anlage mit Vokabular und Grammatik lassen sich weder die Wortbedeutungen noch ihre Aussprache auf die Dauer sichern. Die vielen Sprachen und Sprachfamilien sind kein ursprünglicher Sachverhalt. Es bieten sich etliche Hinweise, dass die Sprachfamilien erst am Ende der Eiszeit entstanden [119] und dass die erste neue historische Sprachform (von mir >Mebuntu< genannt) [120] vor rund 12.000 Jahren von dem weltweit gedachten Stämme-Rechts-Bund von Göbekli Tepe (Türkei – Grenze Syrien) ausging.

---

[119] S. z.B.: „Die Feingliederung der Sprachen, mit der wir heute leben, geht in ihren Anfängen auf die Periode der letzten Eiszeit zurück (vor ca. 12.000 Jahren). […] Die formativen Prozesse aller bekannten Sprachfamilien sind nicht älter als ca. 10.000 bis 12.000 Jahre." Harald Haarmann: Weltgeschichte der Sprache, S. 127

[120] schon die alte >Nostratisch< genannte Konzeption verweist auf vielfache Verbindungen zwischen verschiedenen Sprachfamilien, doch ist dies noch anders einzuschätzen, von daher (s. mein Buch zu) >Mebuntu<.

3 Zu dem Erzählen

Der Ansatz der humanevolutionär entwickelten Sprache des Homo sapiens ist hier insgesamt bezeichnend.

Dass die eiszeitliche Sprache HS auf den etwa 6 grundlegenden Lalllauten der Kleinkinder aufbaut, erklärt sich ausschließlich dadurch, dass diese Lalllaute ganz entsprechend *ei-tei-tei* und *la-la-la* in einer ausgiebigen Sprachspiel-Kultur begründet sind, die zunächst eher mit Singen (Musik) und *nonverbaler* Kommunikation + Interaktion zu tun hat als mit Sprache im Sinne des Austauschs von Informationen.

Dass hierbei die Lalllaute der Kleinkinder in der Art von *du-du-du* und *ma-ma-ma* aufgenommen werden, hat damit zu tun, dass diese sprachlichen Formen angesichts der hohen neurologischen Unreife der menschlichen Kleinkinder zu dessen wichtigsten Möglichkeiten gehören. Dies betrifft zuerst das Hören, bei dem das Kleinkind mit einigen Monaten mehr sprachliche Lautunterschiede wahrnehmen kann als bei uns mit einem Jahr.

„[…] In ähnlicher Weise haben Forschungen von James F. Werker von der Dalhouse-University in Neuschottland und Richard C. Tees von der University of British Columbia gezeigt, dass sechs bis acht Monate alte Kinder mit einem englischsprachigen Hintergrund ohne weiteres phonetische Unterschiede des Hindi und des Salisch, einer nordamerikanischen Indianersprache, wahrnehmen können. Als die Forscher diese Kinder im Alter von zwölf Monaten testeten, konnten die Babys nicht mehr die Unterschiede fassen, für die sie vorher sensitiv waren – genau wie englischsprachige Erwachsene."[121]

Diese aufkommende Einschränkung erklärt sich dadurch, dass in der historischen Kultur eine schnelle Ausrichtung auf den gängigen Sprachgebrauch erfolgt (wodurch bereits die Technik der eiszeitlichen Sprache HS verunmöglicht wurde. Wo *MaMa* etwa speziell und fixiert als >Mutter< verstanden wird, funktioniert sie bereits nicht mehr). Mit der schnellen Ausrichtung auf den funktionalen Sinn der Wörter, wie es wohl in den Notstandsproblemen am Ende der Eiszeit aufgekommen ist, engt sich die lautliche Wahrnehmung in dieser Entwicklung ziemlich auf das Minimum der sprachlich verwendeten Phoneme ein. Demgegenüber verknüpfte sich die ursprüngliche Entwicklung mit der Ausweitung dessen. Dies ergibt sich nicht nur aus der Evolution des menschlichen Kehlkopfes mit seinem großen Potential an Lautbildungen, sondern auch aus der wohl damit verbundenen Entwicklung von Singen, Musik und theaterartigem Spiel.

Ganz im Gegensatz zu der historischen Tendenz ist die ursprüngliche Kultur HS nicht daran interessiert, dem Kind möglichst schnell „Sprache" (in unserem funktionalen Sinn) zu vermitteln. Die sprachlichen Formen waren humanevolutionär vielmehr ein bedeutsamer Ausgang für die Entwicklung von Spiel und Kultur. Die Lautformen dienen hier als Grundlage für die vielfältigsten Spiele. Dass Pseudo-Sprache als Gesang und im Theater-Spiel (bei echten Sprach-Künstlern) interessant sein können, wurde bei uns im 20. Jahrhundert neu entdeckt (etwa 1917 in dem berühmten Gedicht >Karawane< von Hugo Ball, das rein lautspielerisch angelegt ist, aber in Geräuschlauten und Wortähnlichkeiten die verschiedensten Assoziationen anregt).

Auf jeden Fall hätte die Technik der eiszeitlichen Sprache HS gar nicht funktioniert, wenn der Schritt des Säuglings von den Lauten zu Wörtern nicht immer noch unter dem Primat des Spiels gestanden hätte. Insofern konnten die ersten Wortbildun-

---

[121] Peter D. Eimas: Sprachwahrnehmung beim Säugling, in: Berthold Riese: Schrift und Sprache, S. 17

gen für >Mama<, >Kind<, >Papa<, >ich<, >du< usw. gebraucht werden. Das war vom Verhalten des Kindes jeweils verständlich, änderte aber nichts daran, dass die gleichen Laute zunächst vor allem zum Spiel verwendet wurde, was ebenfalls ersichtlich war.

Dies war nicht nur für die eiszeitliche Sprachtechnik HS von Relevanz, konnte so in der Art der Buchstaben nun das gesamte Vokabular in Lautvariationen auf der Basis der 6 Lalllaut-Formen in der Grundbedeutung >Mutter< entwickelt werden. Es erscheint mir auch in neuropsychologischer Hinsicht für das ganze Verhältnis zu Sprache und Kommunikation von einiger Bedeutung. Das ganze Denken, Kommunizieren und Leben stand somit unter dem Primat einer spielerischen Lebendigkeit und von Lebens-Qualität, statt sich wie die Hominiden und historisch nach dem Ende der gigantischen Naturkatastrophen am Ende der Eiszeit durch den falschen Zugang zu Sprache sozial handfeste Überlebensprobleme zu schaffen (mit Tausenden von Sprachen, mit Ideologien, Weltanschauungen, den großen unnötigen und falschen Problemen in der Sprachkonzeption etwa bzgl. von Grammatik [z.B. das „grammatische Geschlecht" wie *der Mond – die Sonne*] usw.).

Ich habe mich hier mit der Sprachspiel-Kultur in dieser Form aufgehalten, weil hier vielleicht noch eindeutiger zu erkennen ist, was auch für die ganzen Märchen und Geschichten der eiszeitlichen Mythologie und Sprache HS gilt.

Ein wirkliches Verstehen von Sprache und Kommunizieren wird neurologisch ohnehin erst mit dem eigentlichen Zugriff auf die Verhaltenssteuerung nach dem Beginn der Geschlechtsreife möglich. Aus dieser Erkenntnis heraus haben die „Steinzeit-Menschen" vor ca. 200.000 Jahren die Praxis der >Jugend-Initiation< für den Zweck der Schulung und Übung von Sprache, Kommunikation, Kultur und seiner persönlichen Identität geschaffen. In gewisser Weise lässt sich diese Jugend-Initiation mit einem heutigen Studium in Psychologie, Jura und Biologie mit entsprechenden Praktika vergleichen.

Damit konnte die Kindheit zur wirklichen Kindheit werden. Wo mit der Jugend-Initiation in Denken, Kommunikation und im Beherrschen von Selbststeuerung, Sprache und Kommunikation eine erwachsene Realitätsfähigkeit gesichert war, konnten die Kinder ganz nach ihrer persönlich eigenen Art Kinder sein. Umgekehrt wurde damit verhindert, dass das Bewusstsein sprachlich schon in der Kindheit fixiert wurde, woraus historisch etliche Probleme im Denken und Verstehen folgten.

Die Märchen und mythologischen Geschichten bereiteten sehr wohl die menschliche Erwachsenheit vor. Sie lieferten alle neuropsychologisch notwendigen Motive, Begriffe und Vorstellungen. Wir brauchen für unsere eigentliche Verhaltenssteuerung Vorstellungen, Bilder, Symbole und Geschichten. Doch nur eine neuropsychologisch qualifizierte Mythologie und Jugend-Initiation konnten die mit Sprache grundsätzlich verbundene Problematik verhindern, einer Weltanschauung oder aber umgekehrt einer unanschaulichen und kleingeistigen Verhaftung in Vokabular und Grammatik anheim zu fallen, in der man zum Objekt seiner Verhältnisse in >Dienstleistung und Produktion< wird. Die mythologischen Geschichten liefern Bilder, Vorstellungen und Vokabular, aber dies sind von unserer neurologischen Anlage nur >Werkzeuge< zwecks Verhaltenssteuerung, Kommunikation und Kultur. Gerade das richtige Verstehen von *Vorstellungen* verhindert die Ausprägung *einer* (1) >Weltanschauung<. Eine >Weltanschauung< ist immer unzureichend verstandene Sprache. Bei ihr fällt man Vorstellungen zum Opfer, die sich aus der *Sprache* bzw. *seinem Denken* ergeben, aber als >die Realität< begriffen werden.

So sehr die Märchen und mythologischen Geschichten Inhalte haben, so sehr geht es in ihnen dabei um Sprache zwecks Selbststeuerung. Die Geschichte vom >Osterhasen< dient der kindlichen Bewusstseins-Entwicklung im Verständnis ganz realer Fakten (s.u.), aber in einer Form, die für Fünfjährige interessant und verständlich sind. Gerade ihr Charakter verweist die Kinder mit der Zeit darauf, dass diese Geschichte ein >Spiel< war, und so hat diese Geschichte in der Bewusstseins-Entwicklung der Kinder bald ausgedient. Gerade der erkenntlich >irreale< Charakter dieses Motivs bedeutet nicht die Gefahr, dies jenseits der Kindheit für die Realität zu halten. Wenn jedoch eine Kultur die mythologischen Geschichten und die eigenen Vorstellungen und Fantasien nicht mehr als solche zu erkennen vermag, entsteht ein gefährlicher Realitätsverlust. Diese Gefahr ist die Schattenseite der Ablösung von der genetischen Verhaltenssteuerung.

Der Charakter des Erzählens ist in vielfältiger Hinsicht von Bedeutung. Schon das Erzählen besagt, dass es nicht um eine Doktrin geht, sondern um *Angebote* an Ideen, die jeder ganz nach seiner Eigenart, Situation und Entwicklung aufnehmen kann. Sollten sich hierbei in der Kindheit auf die Dauer Missverständnisse oder problematische Schlagseiten in der Aufnahme der Geschichten erweisen, kann dem in weiterer Kommunikation entgegengewirkt werden.

Das Erzählen dieser Geschichten kann auch ganz direkt und unmittelbar auf den/die Zuhörer, ihr Interesse und ihre Stimmung ausgerichtet werden. Es lässt sich auf die Fragen und die Reaktionen (der Kinder) eingehen. Die Geschichten können länger und kürzer erzählt werden; sie können in den verschiedensten Hinsichten variiert, kombiniert und auch abgeändert werden. Gerade auch diese vielfältigen Variierungen sind angesichts ihrer häufigen Erzählung von Bedeutung. Dadurch tritt die Essenz der Geschichte deutlicher heraus und werden mit der Zeit auch die Missverständnisse ersichtlich.

Von der Bewusstseins-Entwicklung spielt auch das didaktische Verstehen eine Rolle. Bestimmte Geschichten setzen ein Fundament an Entwicklung, Vokabular und Kenntnissen voraus, sonst sind sie für die Kinder nicht aufnehmbar. Umgekehrt funktionieren bestimmte Geschichten nur in einer recht frühen Zeit. Für das Kleinkind liefern die jeweils erzählten Geschichten, wo das Ur-Huhn aus dem Ur-Ei entsprang und wo es das Ur-Huhn war, das das Ur-Ei legte (dem die Welt entsprang), wichtige Anschauungen und Informationen. Die Verstehens-Entwicklung ist bei dem Kleinkind noch nicht so weit, um zu bemerken, dass sich diese Geschichten gesamtlogisch widersprechen. Bei den älteren Kindern wird die Geschichte vom >Osterhasen< nicht mehr verfangen, sind sie von ihrer Entwicklung her schon zu sehr an der >Realität< interessiert. Das Motiv des >Drachens< zieht sich jedoch durch die gesamte Kindheit hindurch, doch müssen diese Geschichten entsprechend der jeweiligen kindlichen Bewusstseins-Entwicklung aufbereitet sein. Sonst wird das Motiv des >Drachens< ebenso uninteressant wie das des >Osterhasen<.

An diesem Punkt zeigt sich auch der Unterschied zwischen den Geschichten und einem Wort. So wird etwa bei >Drache< in den unterschiedlichen historischen Entwicklungen deutlich, dass das für sich selbst stehende Wort und Symbol nicht die Komplexität der ursprünglichen Geschichten zu tragen vermag. >Drache< ist ursprünglich insgesamt eher nur ein Begriff wie etwa >Psychologie< oder >Jura<, worunter die unterschiedlichsten Sachverhalte versammelt sind. Wenn man diese unterschiedlichen Sachverhalte (in falscher Form) auf einen Nenner zu bringen versucht, ergibt sich daraus nur Wirrwarr. Der analytische Versuch zu klären, worum es bei >Drache< oder >Gerechtigkeit< objektivisch ganz genau geht, scheitert an seinen falschen Voraussetzungen. Der Sinn solcher Symbole und Begriffe lässt sich nur erschließen, wo es um Kommunikation bzgl. des Mensch-Seins und Kultur geht.

Was die Mythologie angeht, so sind sowohl historisch als auch in der Forschung etliche Probleme entstanden. Zumeist wird Mythologie als >Religion< und/oder eine >Weltanschauung< verstanden und dargestellt, statt zu sehen, dass es sich hierbei mit ihren Geschichten ursprünglich um die eigentliche Form von *Sprache* bei uns Homo sapiens zwecks Selbststeuerung und Kultur handelt, die didaktisch in Entsprechung der kindlichen Sprach- und Bewusstseins-Entwicklung aufgebaut ist.

So sind wohl die Geschichten der ursprünglichen Mythologie HS immer noch bekannt (was nicht verwundert, da die entscheidenden Geschichten auch die Grundlage der Sprache/n stellte), aber sie werden zumeist in einer Form vermittelt, dass sie kaum wiederzuerkennen sind. Dies ist vielfach schon in den Traditionen bzw. populistischen Traditions*strängen* selbst begründet, z.T. aber auch – vor allem früher – ein Produkt der Forschung.

Ein Beispiel dafür ist etwa folgende ethnographische Darstellung einer indianischen Mythologie:

„Am Anfang der Zeit herrschte überall Dunkelheit. Es gab kein Land, keinen Gegenstand, nur Wasser, soweit das Auge reichte. Das Wasser war die >Große Mutter<, der Ursprung aller Dinge. Ihr Name war *Gaulcováng*. Dieser Name beinhaltet die Wurzel *gau, gaul* >machen, erschaffen, ins Leben rufen, heiligen<. [...] Es wird berichtet, dass die >Mutter< ursprünglich reiner Gedanke (*alúna*) war. Der Begriff *alúna* hat die mehrfachen Bedeutungen von >Gedanke, Gedächtnis, Geist, Seele, Verstand, Imagination<, und häufig wird die Mutter als eine unsichtbare Kraft beschrieben, die über das dunkle Urwasser schwebt. Andere dagegen beschreiben sie als eine schöne nackte Frau mit langem schwarzem Haar, die auf einem schwarzen scheibenförmigen Stein am Grunde des Meeres sitzt; wieder andere sagen, dass die >Mutter< im ersten mythischen Zeitabschnitt in Gestalt einer riesigen Schlange erschien, die das Meer umfasste. In ihrer *Uroboros*-Gestalt wird die >Mutter< als Tochter von *Kuisbángui*, dem Herrn des Donners, betrachtet. [...] In manchen Zusammenhängen wird die >Mutter< als ein riesiger schwarzer Vogel betrachtet, der das kosmische Ei legte."[122]

Dieses Beispiel ist deswegen interessant, weil es viele Motive der *eiszeitlichen* Mythologie HS enthält. Doch werden sie in einer Form präsentiert, die ihren wirklichen Sinn nicht erkennen lässt (der aber vielleicht auch schon den Informanten nicht mehr wirklich bekannt war oder der nicht verraten werden sollte).

---

[122] Gerardo Reichel-Dolmatoff: Das schamanische Universum, S. 39 – 41

In vielen Darstellungen der Mythologie tritt weder ihr ursprünglich didaktischer noch poetischer Charakter heraus. Ein positiver Beleg zumindest für die poetische Form ist folgende Erzählung der Karraru-Aborgines, die hier nur im Ansatz zitiert werden soll.

„Die Sonnenmutter und die Schöpfung

Einst war die Erde ganz dunkel und still, und nichts regte sich auf der kahlen Fläche. In einer tiefen Höhle unterhalb der Ebene von Nullarbor schlief eine wunderschöne Frau, die Sonne. Sanft weckte der große Vatergeist sie auf und *trug ihr auf*, die Höhle zu verlassen, und als sich ihre Strahlen über dem Land ausbreiteten, verschwand die Dunkelheit. […]
Dann machte sich die Sonnenmutter auf eine lange Reise. Vom Osten nach Wesen und vom Norden bis zum Süden durchquerte sie das öde Land, und wo immer ihre sanften Strahlen die Erde berührten, wuchsen Gräser, Büsche und Bäume, bis das Land mit Pflanzen bedeckt war. […] Dann weckte sie die Schlangen, Echsen und vielen anderen Reptilien […].
Eines Tages, als alle Insekten, vierfüßige Tiere und andere Kreaturen ihr zusahen, wanderte die Sonne im Himmel weit nach Westen, und als der Himmel rot aufleuchtete, war sie verschwunden, und aufs Neue verbreitete sich Dunkelheit über dem Land. Die Tiere bekamen Angst und kuschelten aneinander. Aber einige Zeit später begann der Himmel im Osten zu glimmen, und die Sonne erhob sich wieder lächelnd in den Himmel. So unternahm die Sonnenmutter diese Reise jeden Tag und sorgte dafür, dass alle ihre Geschöpfe Zeit zum Ausruhen hatten." [123]

Als Letztes finde ich noch einen Aspekt von Bedeutung. Die eigentliche tragende Struktur der eiszeitlichen Sprache und Mythologie HS ist sehr überschaubar. Es gibt nur wenige entscheidende Lautformen, Themen und Aspekte, die als effektiv konstitutiv erscheinen. Das erklärt sich hier nicht aus dem Problem

---

[123] aus: Göran Burenholt: Illustrierte Geschichte der Menschheit I, S. 148

der Überlieferung. Vielmehr erscheint das Motiv einer überschaubaren Struktur als effektive Absicht, um seine Kultur und
Sprach-Anlage im Griff behalten und steuern zu können. Weiterhin wurde dies auch gezielt in der Jugend-Initiation vermittelt, dass auch von hier aus die Steuerung gesichert blieb.

Da es eiszeitlich eine reichhaltige Erzähl-Kultur gegeben haben
dürfte, wurde es auch (über Jahrzehntausende) nicht zum Problem, dass die entscheidenden Themen und Kniffs so gering gelegen haben – es gab genug Ideen, diese Struktur ganz nach eigenem Witz zu füllen und auszugestalten.

Dafür, dass die einzelnen Geschichten nach gewissen Grundprinzipien auch >selbst erfunden< werden konnten, findet sich
in folgendem Bericht:

„Ein Schuljunge fragte einen alten (Indianer-) Mann, woher
der Schnee komme, und bekam eine lange Geschichte von
einem Vorfahren zu hören, der einst einen geheimnisvollen
brennenden Gegenstand fand und auf ihn acht gab, bis einige
Geister hinzukamen und das Ding für sich haben wollten.
[...]
Als die Geschichte zu Ende war, wollte der Junge wissen:
>Aber es schneit doch auch in Blanding; wie kommt das?<
Der alte Mann erwiderte schnell: >Das weiß ich auch nicht.
Dazu musst du schon deine eigene Geschichte erfinden.< Zu
dem Anthropologen sagte der Alte später, es sei schade, dass
der Junge keine Geschichten verstehe, und erklärte, es sei
keine Geschichte über den historischen Ursprungs des
Schnees gewesen, weder im Montezuma-Canyon noch an-
derswo, sondern eine Geschichte über die ausgewogene
Wechselbeziehung zwischen Menschen und anderen Wesen.
Die Unfähigkeit des Jungen, sie zu verstehen, schrieb er dem
Einfluss der weißen Schule zu." (Tedlock Canyon, S. 20 f.)
[124]

---

[124] leider habe ich die eigentliche Quelle verloren. Vielleicht meint es das
Buch >Über den Rand des tiefen Canyon< von Dennis Tedlock, doch ist das
nicht sicher, hier aber auch nicht entscheidend.

3.1 Zu den aufgeführten Geschichten

Bei der ursprünglichen Vorlage von 2009 für dieses Buch hatte ich mythologische Motive aufgenommen, die mir in den Mythologien der Welt auffällig geworden waren. Wohl wiesen schon bestimmte Tradierungen der Wortform auf bestimmte Verknüpfungen der Symbolik: etwa *Taurus* griech. >Stier< und in Anatolien >Gebirge< (vgl. *Tauern*) - - *Kuh* – persisch *kuh* >Berg, Gebirge< - - *Gau* – griech. *Gaia* > Erde, Land< usw. Dass es dabei in Geschichten insgesamt um *Sprache* ging, hatte ich damals allerdings noch nicht im Blick.

Doch da mir dies auch angesichts des riesigen Bestandes an überlieferten und dokumentierten Mythen in Hinsicht auf die ursprüngliche Mythologie und Sprache HS wenig handfest erschien, war es für mich von erheblicher Bedeutung, mit der >Entzifferung< und Rekonstruktion der eiszeitlichen Sprache HS auf wichtige Anhalte zurückgreifen zu können. Von dort her ergab sich, welche mythologische Motive ursprünglich von welcher Bedeutung gewesen waren, wie sie mit den Wortbildungen verbunden waren und wie dieser Komplex aus Wörtern und Geschichten genauer arbeitete.

Von diesen Anhalten traten erstaunlich wenige Motive in zentraler Position heraus. Die Grundlage verknüpfte sich mit der *Mond-Mutter*-Symbolik. An zweiter Stelle standen die mit den 6 Wortwurzeln verbundenen Motive (→ S. 83 ff.) wie *STier – Kuh* und *Schlange* (zusammen auch als **KoLin* oder **TarKo* >Drache<). Hinzu kommen Symbole, die in den Mythologien allgemeiner verbreitet sind, wie etwa der >Weltberg< und der >Weltenbaum<. Diese Symbolik kommt in vielen Bergnamen, Stammes-Namen und Flussnamen noch zum Ausdruck.

Dass so wenige Motive als wirklich zentral erscheinen, mag frappieren wie auch die vorgestellten Ergebnisse in Frage stellen. Da es mir selbst so erging, sah ich die Lösung einer Klärung nur darin, das gesamte deutsche Vokabular der Wortliste des >Etymologischen Wörterbuchs des Deutschen< aufzunehmen, um dafür einen Anhalt zu gewissen.

Mit diesem Hintergrund hat nun das sich mir darstellende Ergebnis den Vorteil, dass sich recht klare, überschaubare und nachvollziehbare Anhalte bieten. Hierbei wird ersichtlich, dass, genau wie bei den lediglich 6 Wortwurzeln die damalige Kunst in der Entfaltung und Verflechtung dieser Motive in Geschichten lag. Dabei war es auch kein Problem, weitere Motive einzubeziehen, etwa aus akuten Gegebenheiten aus der Umwelt oder im Sozialleben.

Von dort her unterscheidet sich die vorliegende Konzeption grundlegend von den gängigen Darstellungen von Mythologien.

Hier spielen die Einsichten eine entscheidende Rolle, dass es sich bei *diesen* mythologischen Geschichten im Eigentlichen um Sprache, Neuropsychogramme und zudem um eine didaktische Entsprechung zu der kindlichen Sprach- und Bewusstseins-Entwicklung handelt.

Somit ist der vorliegende Beitrag weniger als Erforschung des mythologischen und symbolkundlichen Materials zu verstehen, auf jeden Fall nicht von den Gesamtbeständen an Mythologien und Symbolen her. Hier ist in der historischen Entwicklung, genau wie bei dem Vokabular, im Gesamtbestand eine erschlagende und ermüdende Masse an Geschichten, Mythologismen und Symbolismus entstanden, wohl insbesondere in Indien.

Ursprünglich stehen die meisten (wichtigen) Wortbildungen mit einer Symbolik in Verbindung. Was zuerst eine höchst geniale Sprachkonzeption ergab, schlug bei dem neuen historischen Sprachverständnis nicht nur bei dem Vokabular, sondern auch bei den Geschichten und Symbolen in ihr Gegenteil um (etwa auch als Hieroglyphen in der Schrift). Bei den Kulturen wie in Indien kommt hinzu, dass man dort nicht nur mit einer Unmenge an Vokabular aufgrund einer Menge an Sprachen zu tun hat. Ebenso wie an Sprachen bestehen dort auch ganze Sammlungen an religiösen und philosophischen Symbolsystemen. Im Einzelnen kann dies sehr wohl spannend und auch immer noch von Aufschluss sein. Doch ist dies ein anderes und eigenes Forschungsgebiet und nicht das Anliegen dieses Beitrags.

Es mag sich aus der weiteren Forschung und dem interkulturellen Dialog noch ergeben, dass einige weitere Motive als ursprünglich substanziell zu begreifen sind. Als abschließendes Forschungsergebnis soll dieser Beitrag nicht verstanden werden.

Mein Interesse richtet sich hier angesichts der vielfältigen Missverständnisse von Sprache und Mythologie (im ursprünglichen Sinn) vor allem auf die ursprüngliche **Struktur** der Anlage der mythologischen Geschichten aus.

Hier empfinde ich es von Vorteil, dass sich von der Rekonstruktion der eiszeitlichen Sprache HS eine sehr überschaubare Konzeption darstellt. Ganz entsprechend spielt für mich hier auch die Überschaubarkeit eine wichtige Rolle, auch wenn man als Leser/in *nicht unbedingt auf Anhieb* den Eindruck der Überschaubarkeit bekommt. Doch dürfte es kein besonderes Problem sein, mit etwas Beschäftigung diesen Überblick zu gewinnen. Wichtig ist im Blick zu behalten, dass es bei den Geschichten im Verhältnis zu seiner Umwelt zunächst vor allem um eine Versprachlichung der neuropsychischen Anlage des Menschen zwecks Kommunikation und Kultur geht. Dies wird in Entsprechung zur kindlichen Sprach- und Bewusstseins-Entwicklung (in Stufen s.u.) aufgebaut. Hierbei können wir bei der Rekonstruktion auch Einsichten aus der heutigen Neuropsychologie heranziehen.

Von den Einsichten in die eiszeitliche Mythologie und Sprache HS kann es in der vorliegenden Präsentation der Geschichten nicht darum gehen, sämtliche Motive in dem ursprünglichen Ausmaß zu entfalten. Dies wäre angesichts der damaligen tagtäglichen Erzählkultur auch gar keine Möglichkeit. Von entscheidender Bedeutung ist hier jedoch zu sehen, dass es nicht einfach nur um eine >Ansammlung< von Geschichten geht. Da die substanziellen Motive die ursprüngliche Form von Sprache sowie Neuropsychogrammatik sind, ging es vor allem darum, die **Struktur** der damit verbundenen Konzeption zu *veranschaulichen*. Doch konnte hier diese *Logik* des Zusammenhangs der Geschichten nur an einem einzigen Beispiel gezeigt werden. Die Motive verknüpfen sich auch in anderen Entwicklungslinien. Doch diese müssten in weiteren Sammlungen ausgeführt werden.

Da in der ursprünglichen Sprach-Symbolik HS das *Ei* als (auch nachvollziehbares) Symbol = (neolithisch) *Ur* für >Ursprung< eine bedeutsame Rolle gespielt hat, verfiel ich vom Erzählerischen darauf, das Motiv des Eies über Wurm/Schlange in dem Bild des Schneckenhauses auszuspinnen. Ich kann nicht sagen, dass mir dieses Motiv in der Mythologie irgendwie besonders auffällig geworden wäre. Doch vielleicht ist dies auch ein sprachliches Problem. Man kommt nicht ohne Weiteres darauf, doch tatsächlich entsprechen sich etymologisch *Schnecke* und engl. *snake* = indisch *naga* >Schlange<. Ganz offenbar steht also *Schnecke* mit der *Drachen-Schlangen-Wurm*= *Lindwurm*-Symbolik in Verbindung, und von hier aus begreift sich auch meine Erzählung. Da hier nun die Weltberg-Thematik über das Schneckenhaus-Motiv entwickelt ist, geht dies auf Kosten der *STier-Kuh*-Symbolik, die ursprünglich *ebenso* die Symbolik des Weltberges entwickelt (die >Ur-Kuh< als >Weltberg< [s. die Graphik → S. 91], von dort her *STier* = griech. *tauros* = >Berg, Gebirge< in der Türkei, *Tauern* usw.).

Es geht hier also in erster Linie um eine **Veranschaulichung der eiszeitlichen Konzeption von Mythologie und Sprache HS**. Insofern ist diese Präsentation auch ausdrücklich als ein >archäologisches Erzählexperiment< (im Sinne einer experimentellen Archäologie) zu verstehen.

Hierbei ist noch ein Punkt anzusprechen. Es ist für mich wohl von Bedeutung, bei den Geschichten den Hintergrund der eiszeitlichen Kultur zu erfassen (s. dazu auch mein Werk >Frau Holle und der Drache von Lascaux<). Doch weder kann der/die Leser/in des hier vorliegenden Buchs als >Steinzeit-Mensch< angesprochen werden, noch macht es irgendeinen Sinn, so zu tun, als ließe sich das spezifisch eiszeitliche Empfinden wiedergeben. Es kann bei dem Erzählen nicht außer Acht gelassen werden, dass wir es mit anderen Verhältnissen, einer anderen Kultur und anderen Auseinandersetzungen zu tun haben.

Wenn es auch darum geht, die Logik und den Charakter der ursprünglichen Geschichten und Sprache HS zu erfassen, müssen die Erzählungen doch als >**Übersetzung**< verstanden werden. Sie sind ohnehin in Deutsch verfasst, wo sich auch viele Sprachspiele der eiszeitlichen Sprache HS in dieser Form nicht nachahmen lassen bzw. dem/der Leser/in nicht ohne Weiteres verständlich sind. Damit geht mancher unmittelbare Witz der Geschichten verloren (einige Erläuterungen dazu erfolgen im Anhang).

Vom Stil her soll deutlich werden, dass es sich um mündlich erzählte Geschichten für die Kinder handelt. Da sie hier jedoch schriftlich abgefasst sind und eher von Erwachsenen gelesen werden dürften, kann und soll dieser Charakter nur angedeutet werden.

Die entscheidende Frage ist bei diesem >archäologischen Erzähl-Experiment< vielmehr: ist diese Konzeption mit ihren Geschichten neuropsychologisch als *Sprache* und Grundlage von Kultur und der Wortbildungen, in der didaktischen Anlage und von den eiszeitlichen Befunden her plausibel? Wie weit plausibel? Welche Erkenntnisse ergeben sich hieraus? Welche Momente fehlen vielleicht? Näheres kann sich erst aus den Reaktionen auf dieses Werk ergeben.

In sprachlicher Hinsicht sind dazu die etymologischen Einsichten, die in *Cûl Tura* (Band 2 und Band 3) dargestellt und ausgeführt werden, heranzuziehen.

3.2 Zu den Stufen der mythologischen Geschichten

In Bezug auf die Stufen der mythologischen Geschichten in Entsprechung zur kindlichen Sprach- und Bewusstseins-Entwicklung lässt sich das Modell von Erik H. **Erikson** aufnehmen. Eine völlige Übereinstimmung kann hier allerdings nicht bestehen, da die Entwicklungen von einem anderen Gesichtspunkt beschrieben werden.

Psychische Entwicklung nach **Erikson**	Sprache/Mythologie **Stufen**
1) Vertrauen gg. Misstrauen	**0 – 1a**
2) Autonomie gg. Scham	**1b**
3) Initiative gg. Schuldgefühl	**2**
4) Werksinn gg. Minderwertigkeitsgefühl	**3 >> 4**
5) Identität + Ablehnung gg. Identitäts- diffusion	**Sprachschulung**
6) Intimität + Solidarität gg. Isolierung	**Beherrschung von**
7) Generativität gg. Selbstabsorption	**/ Sprache**
8) Integrität gg. Verzweiflung	

Die besondere Phase der >Märchen< liegt auf der Stufe 2. Hier finden sich (ursprünglich) die meisten Märchen-Geschichten.

Insgesamt gehen die Stufen bei den Erzählungen in der Praxis ineinander über, doch an sich weisen die Stufen einen jeweiligen Charakter aus.

3.1.1 Die Stufe 0

„[...] Dann beginnt etwa im dritten Monat die Lallperiode. Plötzlich setzt ein halbes Jahr später mit dem ersten echten Wort die ziemlich stürmische Entwicklung der Sprachfähigkeit ein. Den Einwortsätzen folgen im achtzehnten Monat die Zweiwortsätze, dann bald Mehrwortsätze. Mit zweieinhalb Jahren etwa tritt die Flexion auf. Der Wortschatz eines Dreijährigen umfasst rund tausend Wörter, und ein Vierjähriger verfügt über die elementaren Regeln der Syntax. Von einer Beherrschung der Muttersprache kann aber frühestens mit etwa neun Jahren die Rede sein (vgl. z.B. Oksaar, E. 1979, 147)." [125]

Die Stufe 0 ist die Stufe der **Sprachspiele**. Sie ist – gerade auch von der humanevolutionär entwickelten Sprach-Technik HS – von großer Bedeutung für die eiszeitliche Sprache HS. Doch aus dem hier eingenommenen Blickwinkel der Stufen der ursprünglichen Märchen und mythologischen Geschichten HS muss sie – als Stufe 0 – herausausgenommen werden.

Die Stufe 0 beginnt mit den Lalllauten der Säuglinge. In der eiszeitlichen Sprache HS werden diese Lalllaute als >Wortwurzeln< aufgenommen, in denen in lautlicher Variierung das eiszeitliche Vokabular HS gebildet wird (→ S. 71).

Die Erstbedeutung all dieser Lautformen ist in reduplizierter und gespiegelter Form wie *amma* – *MaMa* strukturell >Mutter< (vgl. → S. 75, 78), was dann im Besonderen auf die mythologische >Ur= Mond-Mutter< (→ S. 79, 59 ff.) bezogen wird. Mit diesem auch auf das „Vollmond-Gesicht" bezogenen Motiv, das auch heute noch in den Kinderbüchern verbreitet ist, beginnt die Entfaltung der eiszeitlichen Mythologie HS.

---

[125] Detlef W. Promp, in: Max Liedtke: Zur Evolution von Kommunikation und Sprache, S. 37

Auf der direkten Ebene werden aus diesen Grundformen für >Mutter< einige weitere Bedeutungen im unmittelbaren Mutter-Kind-Kontext entwickelt, wie etwa >Mutterbrust; säugen; trinken, essen< (lat. *mamma* > *Mammographie*). Entsprechend wäre es – was für das Verständnis der eiszeitlichen „Venus"-Figuren und etlicher Wortbildungen von Bedeutung ist – falsch zu sagen, dass diese *strukturell* für >Mutter< gebrauchten Wörter in *unserem* Sinn die (eineindeutige) Bedeutung >Mutter< gehabt hätten. Denn genau die gleichen >Wörter< werden von Anfang an ebenso für das Kind gebraucht. *MaMa – BaBa* usw. sind Lautformen, die die Mutter sagt und das Kind lallt, doch werden sie in dem Lautspiel auf **die** *Mama = Baba* **und das** *Mama – Baba* (Kind: *Memme, Baby, pupa – Puppe, Bube*) **und** auf die >Brust, trinken< wie auch auf **den** *Mama = Papa* und weitere Nähepersonen bezogen, und gerade darin liegt das Glück des Kindes. Sie sind in gewisser Weise der Reichtum des Lebens und eins (und tatsächlich der Ausgang der Ganzheits-Symbolik).

So ist vom sprachlichen Aufbau her die Ausgangsbedeutung mit >Mutter< zu charakterisieren. Doch richtiger wäre hier die Übersetzung >Liebes, Schätzchen<, woraus tatsächlich (lat. *ama-*) auch (die Wörter für) >Liebe< und (*Nana -*) *nah* = engl. *near - - nähren* abgeleitet werden.

Die semantische Entwicklung der Wortbildungen ist eiszeitlich HS *immer* aus der **Perspektive des Säuglings** und seiner Entwicklung zu verstehen. Daraus ergibt sich die Bedeutung >Mutter< in dem Sinn >Bezugsperson, Zuwendung, Liebe, Urvertrauen, Nahrung< und ***nicht*** von >weiblich<. Der Aspekt >weiblich< kommt in der kindlichen Entwicklung erst später ins Spiel. Etymologisch umgekehrt aus alten Wortformen *baba, papa* die Bedeutung (männlich) >Vater< zu folgern, ist einer der vielen Fehler der gängigen Etymologie, die viel spätere Entwicklungen – so das geschlechtsstereotype Denken – illegitim auf ältere Zeiten zurückprojizieren (man denke an die slawische >Mutter Erde< *Baba Yaga, die* hawaiische Göttin *Papa* usw.). Das Gleiche gilt auch für die Bedeutung (und auch die Wortbildung) >Mutter<. Ihre Ausgangsform *Ma Tar (terra)* dürfte eine Parallele zu *Ma Ga* (griech.) >Mutter Erde< zu *BaGa* und *PaTar* usw.

weit vor dem Indogermanischen darstellen, worauf etliche Wort-zusammenhänge verweisen.

Die eiszeitliche Sprache und Mythologie HS hat in dem Laut-spiel- und Interaktionsspiel-Charakter in der Art von *ei-tei-tei* ihre Grundlage.

Man könnte formulieren, dass die >Geschichten< hier zunächst mit Lautspielen in den verschiedensten Lautvariationen wie etwa *du-du-du - - da-da - - di-di - - do-do* oder etwa *du–du - - tu–tu - - su–su* oder auch *di-di-di - - di–dí - - di-di-di-di-di - - di–di–di–diih* beginnen, was auch in Singen oder in verschiedene theatralische Aussprachen und Ausdrucksformen übergeht, ganz nach eigener Stimmung und dem Zustand und den Reaktionen des Kindes.

Wenn dann der Säugling selbst damit beginnt, Laute hervorzu-bringen, dürfte dies erst recht als Spiel in Interaktion, Singen, Sprachspiel und sonstigen Spielen aufgenommen worden sein. Die mythologischen Erzähl-Geschichten haben darin ihre Grundlage und setzen das Spiel in bestimmten Hinsichten weiter fort.

Die Musik und der Zauber der Sprache

Amma – Mama
Ana – Nana – Mana - Nama
Titi Ana – Ana Tian
ama - om

Laterne, Laterne
Sonne, Mond und Sterne

„Spielen stärkt also unsere Lebensfreude.“ [126]
„Singen macht glücklich und stärkt das Immunsystem“ [127]

Fund aus Saint Marcel, Frankreich; Jungpaläolithikum. Es handelt sich um ein Instrument, mit dem sich, an eine Schnur gebunden, Töne erzeugen lassen. [128]

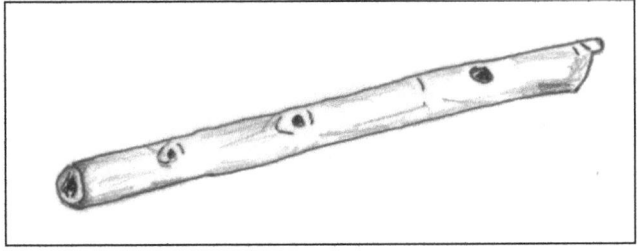

Flöte ca. 35.000 alt (s. S. 93)

Dazu: „>Wir können daraus schließen, dass die Musik eine wichtige Rolle im Leben der Menschen spielte<, schreiben die Forscher. dpa“   (WZ 16.07.09, S. 27)

---

[126] Gerald Hüther & Christoph Quarch: Rettet das Spiel! S. 20
[127] Artikelüberschrift in: WZ Wuppertal, 6.10.09, S. 18
[128] Nachzeichnung nach Emmanuel Anati: Höhlenmalerei, S. 244

BaBa -

  - Bi – Ba – Butzemann (aus einem Kinderlied)

   (Es hat den Anschein, als entstammte die – erst historische - Entwicklung der Flexionen zu >Grammatik< solchen Sprach-Spielen und evtl. auch Kindern).

Punkt, Punkt, Komma, Strich,
fertig ist das Mondgesicht

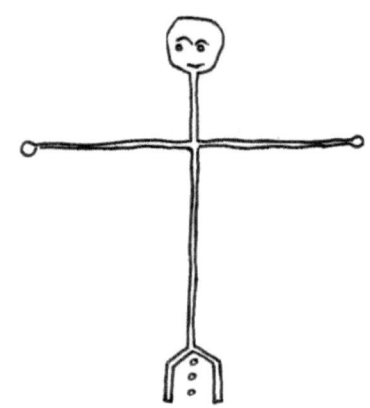

  Ene mene mu
  und aus bist Du,
  aus bist Du noch lange nicht,
  sag mal erst, wie alt Du bist...

  Ene mene miste
  was rappelt in der Kiste?
  Ist es der Drache mit dem
  Schatz
  oder alles für die Katz.

Vom Zauber der Sprache

Abra Kadabra
dreimal schwarzer Kater

  Auf einem Baum
  ein Kuckuck
  Simsalidim
  bamba saladu saladim
  Auf einem Baum
  ein Kuckuck saß

Walle walle manche Strecke dass zum Zwecke Wasser fließe
   (aus >Der Zauberlehrling< von Goethe)

Ein Spruch-Spiel für kleine Kinder
(*es wird mit jedem Satz ein Finger gezeigt*)

(Daumen)	*Das ist der Daumen*
(Zeigefinger)	*der schüttelt die Pflaumen*
(Mittelfinger)	*der hebt sie auf*
(Ringfinger)	*der bringt sie nach Haus*
(kleiner Finger)	*und der kleine,*
	der isst sie alle, alle auf.

Abendlied, von **Matthias Claudius**

Der Mond ist aufgegangen,
die goldnen Sternlein prangen
am Himmel hell und klar;
der Wald steht still und schweiget,
und aus den Wiesen steiget
der weiße Nebel wunderbar.

[...]

Zwei Sprechübungen:
- Fischers Fritze frisst frische Fische.
- Blaukraut bleibt Blaukraut, und Brautkleid bleibt Brautkleid.

S. zu Weiterem Kinderbücher, Kinderlieder usw. wie auch Bücher zur **Logopädie**

Das Leben ist ein Wunder und ein Abenteuer. Kinder sind ein Wunder. Die Natur, die Tiere und die Menschen sind ein Wunder. Das größte Wunder und Abenteuer aber ist die Liebe.

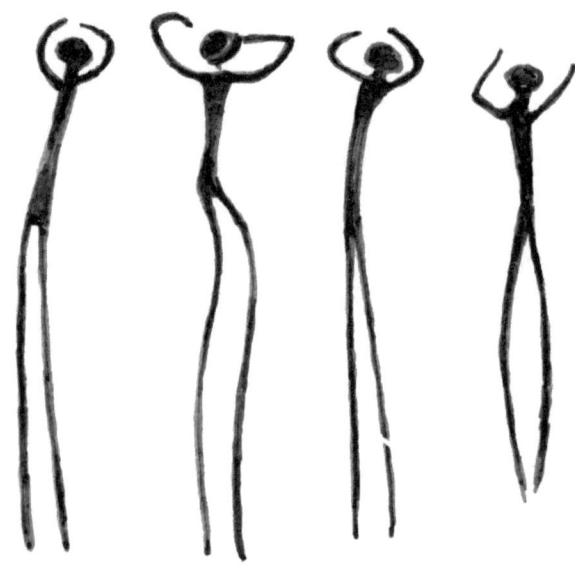

Sahara, vermutlich Tanzszene, Ausschnitt (von mehr Figuren, die aber nur fragmentarisch erhalten sind), etwa am >Ende der Eiszeit<
Nachzeichnung nach Emmanuel Anati, Höhlenmalerei, S. 182

Teil II

Die Geschichten der eiszeitlichen Mythologie & Sprache unserer Art Homo sapiens

Sibirische Trommel: Nachzeichnung nach: M. Hoppál: Schamanen, S. 131

„Am Lagerfeuer erzählte Märchen, komplexe Sandgemälde und Tänze, welche die Mythen der Gruppen darstellen, hinterlassen keine Spuren. Doch sind gerade sie das Wesentliche des Menschseins von Wildbeutergesellschaften." [1]

„Fast alle Stammesvölker führen Zeichnungen in Sand aus, die sich mit dem ersten Wind oder dem ersten Regen auflösen. Von all dem ist keine Spur zurückgeblieben, außer in den seltenen Fällen, wenn diese Zeichnungen im Sand oder im Lehm innerhalb von Höhlen ausgeführt worden sind, die dann aufgegeben wurden und verkalkten." [2]

Felszeichnung Tansania, etwa >Ende der Eiszeit<. Ein Musik-Terzett. [3]

---

[1] Roger Lewin: Spuren der Menschwerdung, S. 144
[2] Emmanuel Anati: Höhlenmalerei, S. 406
[3] Angaben und Nachzeichnung nach: E. Anati: Höhlenmalerei, S. 200

Vom Wunder und Abenteuer des Lebens

Ganz am Anfang,
bevor es unsere Welt gab,

hatte unsere Mond-Mutter *Mama Mana* einen wunderschönen Traum. In diesem Traum spürte sie, dass sie gerne Kinder wollte, und so dachte sie: ich werde ihnen eine Welt erschaffen, die genau zu ihnen passt, sodass sie gut zu leben haben. Von diesem Traum erzählte sie dem Mond-Vater *Mama Manu*, und der war von dieser Idee ganz begeistert. So liebten sie sich, und dann bauten sie zusammen eine große tolle und spannende Welt, in der ihre Menschenkinder schön spielen, sich lieben und viele Abenteuer erleben konnten.

Die Mond-Mutter *Mama Mana* und der Mond-Vater *Mama Manu* schufen einen wunderbaren Paradies-Garten, in dem sich für ihre Menschenkinder herrlich leben ließ. Dort gab es Beerensträucher, Bäume mit Früchten und Nüssen, schöne Blumen, wundersame Tiere aller Art und einem schönen Strand am Wasser, wo man wohnen und wo man baden konnte.

In der Mitte der Welt bauten sie den großen Weltberg *Tara Ku*. Ganz oben auf dem Weltberg *Tara Ku* steht der Weltenbaum *Tara Tri*, dessen Zweige bis in den Himmel und dessen Wurzeln bis tief in den Weltberg reichen, so dass er felsenfest dort steht und das Himmelszelt stützen kann. Hinter dem Himmelszelt liegt das Reich der Mond-Mutter und des Mond-Vaters. Sie leben dort in einer Höhle, und abends zieht sie mit dem Mond-Vater das Himmelszelt zu, damit es auf der Erde dunkel wird, damit ihre Menschenkinder besser schlafen können. Sie passen dann gut auf, dass, wenn ihre Menschkinder schlafen, ihnen nichts passiert.

Die Höhlen in dem Weltberg *Tara Ku* hat der Ur-Wurm *Tara Ko Lini* geschaffen, als er sich tiefer und tiefer in den Weltberg hineinfraß. Alles Wasser fließt zuletzt ganz unten in die Höhle. Dort trinkt der Ur-Wurm *Tara Ko* das Wasser und speit es dann wieder sauber oben aus dem Berg hinaus. So kann das Wasser immer fließen und frisch bleiben, und so haben wir gut zu trinken.

Diese Höhle, wo der Ur-Wurm *Ko Lini* lebt, ist ein Wunder und ein ganz großes Abenteuer. Dort kann man vieles sehen, was noch ganz vom Anfang der Welt stammt und woher das Leben kommt. Das muss man mal gesehen haben. Aber vorher muss man groß werden und einiges lernen, damit man sich in dieser Höhle zurechtfindet und kein Problem mit *Lini Ko* bekommt. Denn *Lini Ko* kann sehr gefährlich werden. Wenn *Tara Ko Lini* wütend wird, dann bebt und wackelt die Welt, und er kann dann auch Feuer, Rauch und Steine spucken. Doch *Tara Ko* ist nicht böse. Er passt auf, dass alles in Ordnung bleibt, und er spuckt Wasser und Gewitter, dass alle zu trinken haben und haben wachsen können.

In dieser Höhle von *Lini Ko* und oben bei der Mond-Mutter *Mana* findet man auch die Liebe. *Mana, Manu* und *Ko Lini* erklären einem die Liebe, und dann kann man sie auch bald finden und, wenn man will, Kinder empfangen, und auch das ist ein großes Wunder und Abenteuer. Das ganze Leben ist ein Wunder und Abenteuer, und jeder Mensch ist ein Wunder und Abenteuer, wenn er nur die Liebe, die Seele und den Mut nicht versteckt.

Stufe 1a

Historische Ritzung auf ein röhrenförmiges Objekt, abgerollt[4]

Die ursprüngliche Sprache des Homo sapiens beginnt in Sprachspielen bei den Lalllaut-Formen ganz in der Art von *ei-tei-tei, du-du-du, da-da* und *ma-ma-ma* und setzt dies etwa mit *la-la-la* und *lu-lu* zu Sing- und theaterartigen Spielen fort. Aus diesen Lalllaut-Formen werden redupliziert und gespiegelt zuerst verfasste Wort-Formen wie *MaMa – ama – anna – NaNa, aba – BaBa, ada – DaDa* mit der strukturellen Erstbedeutung >Mutter< gebildet, wobei diese Wortformen jedoch ebenfalls für das Kind, den *PaPa* und sonstige Nähe-Personen (>Amme<, >Onkel< usw.) gebraucht werden. In Wörtern und Geschichten werden dann die Sachverhalte aufgenommen, die dem Kleinkind

---

[4] Nachzeichnung nach Marija Gimbutas: Die Sprache der Göttin, S. 56

auffällig werden oder in seinem Wahrnehmungsbereich eine Rolle spielen (können), so etwa >Brust, trinken, essen<, >Auge<, >Finger< usw.

Diese Entwicklung geht fließend in Sprachspiele, theaterartige Spielgeschichten (auch: Bewegungsspiele) wie in kleine Geschichten über, in denen Gegebenheiten aufgenommen werden, die das Kind bemerkt oder interessieren könnte, wie etwa ein Vogel. Der Übergang zu den mythologischen Geschichten ist dabei fließend, da diese in gewisser Weise ebenfalls Spielgeschichten sind, nur im Kontext der Mythologie mit einer tragenden Bedeutung.

Von besonderer und grundlegender Bedeutung ist hierbei das Motiv der >Mond-Mutter<, das bei einem eindrücklichen Vollmond aufgenommen wird, wenn das Kind richtig sehen kann. Wirksam wird es mit dem Beginn (der Verfestigung) der sprachlich geprägten neurologischen Strukturen.

Die Stufe 1 schafft in der kindlichen Entwicklung die ersten Grundlagen der eiszeitlichen Mythologie und Sprache. Hier werden die zunächst oder auch insgesamt wichtigen Motive eingeführt, wenngleich inhaltlich nur in recht kurzen Geschichten. Zunächst geht es dabei nicht um die Vermittlung praktischer Tatsachen, sondern um eine Art Spiel und das Wecken von Interesse und Fantasie.

Auf der Stufe 1a werden zunächst Motive aufgenommen, die dem Kind auffällig werden oder es interessieren könnte.

s. S. 55

Die Mond-Mutter *Mama Mana*
(erzählt bei Erscheinen des Vollmondes)

Coco-Schätzchen, kuck doch mal: da kommt *Mama Mana,* die *Mama* von uns allen.

Sie will mal sehen, ob es uns allen gut geht und wir uns lieb haben, und wenn wir schlafen, passt sie auf, dass uns nichts passiert.

La – la – la, leuchte, gute MaNa, leuchte!
Ulu – lu – lu. Schlaf mein Schätzchen.

127

Anfang der Stammeschronik (>Walam Olam<) der Delawaren *(Algonkin-Indianer)*

1. Amangamek makdopannek
   Die großen Fische   die zahlreichen

   alendyuwek metsipannek
   einige   fraßen sie

2. Manitodasin mokol
   Die Mondfrau   mit dem Boot

   witcemap >palpal!<
   sie half   >komm!<

   payat   payat   wemitcemap
   sie kam sie kam half allen.

3. Nanabuc   nanabuc
   Nanabusch   Nanabusch

   wemimokom   wimimokom
   ist der Großvater aller   der Großvater der Wesen

   linnimokom   tulamokom
   der Großvater der Menschen   der Großvater des Schildkrötenstamms.

„Interpretation: (Als die große Flut hereingebrochen war,) fraßen große Fische (die Menschen) auf. Aber die Mondfrau rettete die Menschen und nahm sie in ihr Boot. Nanabuc (>das große Kaninchen<) ist der Ahnherr und Kulturbringer (*culture hero)* der Algonkin-Indianer."

Nachzeichnung und Text nach: Harald Haarmann:
Universalgeschichte der Schrift, S. 42

Hier hat sich die Sintflut- mit der Schöpfungs-Mythologie vermischt.

Der Ur-Vogel *Ulu Vulu*

Coco-Schätzchen, siehst Du da hinten *Ulu Vulu*? *Ulu Vulu* kommt von *MaMa NaNa* her geflogen und soll mal sehen, ob es uns gut geht und ob wir uns lieb haben. Ja, uns geht es gut, und wir haben uns lieb, nicht wahr, mein liebes Schätzchen?

Ulu Vulu, grüß *MaMa NaNa* und sag ihr, dass es uns gut geht und wir uns alle lieb haben. Hörst Du, *Vulu*?

Die Krähe

Schätzchen, hör mal den Kräh-*Vulu* da hinten.

>Kräh, kräh< kräht die Krähe mit grellem Krach. >Kräh, kräh; kräh, kräh<.

Und dann kommt die Krähe und will Dich fressen!

(*Spielgeschichte*, *wo die MaMa an dem Kind zart herumpickt und knabbert, wobei sie immer wieder >kräh, kräh< sagt*).

Mama – Baba – Titi – Koko – Lulu

Als Mutter *Ana Nana* ihr erstes Kind bekommen hatte, da fing das Kind gleich an zu schreien. Sie merkte gleich, dass ihr Schätzchen trinken wollte. Da ließ sie sich zwei Brüste wachsen, und so konnte ihr Kind trinken und trinken, so viel es wollte, und das Kindchen war sehr glücklich an der Brust der lieben *Ana Mama* und schlief bald ganz zufrieden ein.

So ist das heute noch. Wenn die Mädchen *Mama* werden wollen, dann lassen sie sich zwei Brüste wachsen, damit ihr Schätzchen zu trinken hat. Und das Schätzchen möchte auch immer wieder trinken, nicht wahr, mein liebes Schätzchen?

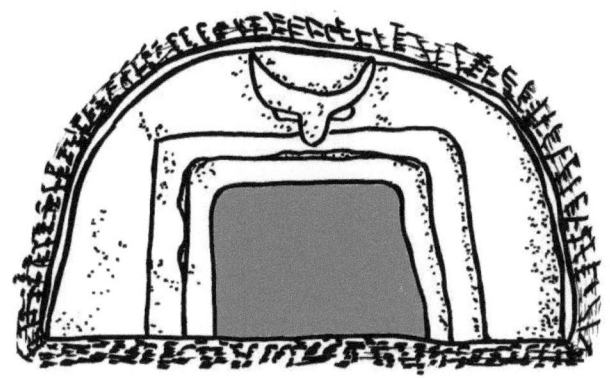

Das Welt-Zelt

Am Anfang der Zeit, da baute unsere Mond-Mutter *Ama Ti Ana* für ihre Menschenkinder ein Zelt, damit ihre es Kinder gut haben, wenn regnet und schneit, und damit es nicht so hell ist, wenn wir schlafen möchten. Da kann man es sich richtig schön gemütlich machen und sich aneinander kuscheln.

Das kleine Zelt, das *Ti Ana* zuerst baute, das bauen wir uns nun selber. So ein kleines Zelt oder eine kleine Hütte zu bauen, das ist ja nicht so schwierig und das geht auch sehr schnell, und so machen wir das selbst, ganz wie es für uns gut ist.

Nur das große Welt- oder Himmels-Zelt, das unsere Mond-Mutter *Ti Ana* baute, das können wir nicht selber bauen. Am Abend kommt *Ti Ana* und zieht die Decke über das Welt-Zelt. Dann können wir gut schlafen. Die Mond-Mutter und der Himmels-Stier passen gut auf, dass uns nichts passiert und dass es uns gut geht.

Warum die Mond-Mutter Aa und Pipi machte

Als unsere Mond-Mutter *Ti Ana* die Erde baute, da musste sie plötzlich Pipi machen. Als sie Pipi machte, fand sie das lustig und sehr toll, und so machte sie Pipi und Pipi und immer mehr Pipi, und wollte erst gar nicht mehr damit aufhören.

Zuerst wurde ein kleines Bächlein daraus, dann ein richtiger Bach und dann ein großer Fluss, so viel Pipi machte sie. Zuletzt war es ein ganzer See und das Ur-Meer. *Mama Ti Ana* dachte: das ist gut, jetzt haben nun alle gut zu trinken, die Pflanzen und die Tiere.

Und dann musste sie auch noch Aa machen, und sie machte Aa und Aa, einen ganzen großen Berg voll Aa, bis der Berg aus dem Meer ragte. Von diesem Berg kommt der ganze Schlamm im Meer und am Ufer, und daraus wurde die Erde, in der die Pflanzen und die Bäume wachsen.

Die Pflanzen und die Bäume, die mögen Aa und Pipi, und dann wachsen sie richtig gut. Deswegen schenken wir den Pflanzen und den Bäumen unser Aa und Pipi, die mögen das richtig gerne, und dann wachsen sie gut. Dann können wir uns von den Pflanzen Beeren und von den Bäumen Früchte nehmen und das, was wir sonst noch brauchen, und so passt alles gut zusammen – genau, wie Mutter *Ama Nana* sich das gedacht hatte.

Uri, die Riesen-Drachen-Schlange

CoCo-Schätzchen, siehst Du da hinten die Blitze? Da kommt *Uri,* die Riesen-Drachen-Schlange! Die kann Feuer und Wasser spucken und ganz großen Donner machen. Der Drachen-Riese wohnt ganz am Ende der Welt und hilft *Mama Nana,* die Erde in Ordnung zu halten. Von *Uri* haben wir unser Feuer und das Wasser, und so können wir gut leben.

Die Riesen-Drachen-Schlange ist sehr wild. Sie spuckt Feuer, Wasser und großen Donner. Aber die Erde, die Tiere, die Bäume und die Pflanzen brauchen das. *Uri* ist sehr gut, *Uri* tut uns nichts. Aber wir müssen aufpassen, wenn wir nicht zu nass werden wollen.

Es schneit

Seht mal Kinder, wie es schneit. Jetzt schüttelt die Sonnen-Mutter *Ulu Holo* ihr Bettzeug aus. *Ulu Holo* ist aufgestanden. Bald wird sie in die Welt hinausziehen, um in ihrem Garten Erde zu arbeiten. Dann wird die Welt wieder hell und warm, und die Blumen werden wieder blühen, und die Tiere, die Schafe und die Vögel werden Junge kriegen, weil sie dann wieder richtig zu futtern haben.

Und wenn die Sonnen-Mutter *Ulu Holo* mit ihrer Arbeit fertig ist und dann leckere Beeren ernten und Pilze pflücken kann, dann geht sie nach Hause und macht es sich darin gemütlich. Dann wird es draußen wieder kälter und dunkler. Und dann wird *Ulu Holo* müde und legt sich in ihr Bett, um zu schlafen, und wenn sie genug geschlafen hat, steht sie wieder auf. Und bevor sie wieder in ihren Garten Erde geht, um ihn wieder schön zu machen, schüttelt sie erstmal ihr Bettzeug aus. Dann schneit es kräftig bei uns.

Ma-Kui, die Schildkröte

Seht mal Kinder: da läuft *Ma-Kui,* eine Schildkröte. Das ist ein Kind von *Mama Kui,* der Großen Schildkröte, auf deren Schild wir leben. Ganz am Anfang war nur Wasser, und *Mama Kui* schwamm in dem Wasser. Sie wurde mit ihrem Schild groß genug, dass wir nun einen festen Boden haben, auf dem wir leben können. Das ist doch toll! So einen Schild kann man bei ihren kleinen Kindern wie *Ma-Kui* noch immer sehen. Dieser Schild ist bei *Mama Kui* ganz riesig groß, dass man kein Ende sieht.

Mama Kui holt auch das goldene Ei tief aus dem Wasser, in das es am Ende des Tages fällt. Dann sieht man nur noch das dunkle Ur-Meer (nachts am Himmel). Doch wenn *Mama Kui* das goldene Ei aus dem Wasser geholt hat, dann wird es wieder hell und warm, und es beginnt ein neuer Tag.

Nachzeichnung einer Abbildung auf einer sibirischen Trommel. [5]

---

[5] nach: Mihály Hoppál: Schamanen, S. 131 (Ausschnitt aus No. 176 c)

Nachzeichnung: Die historische Entwicklung des chinesischen Schriftzeichens für gui *>Schildkröte<.* „Bei vielen antiken Völkern symbolisiert sie das Universum. Dabei ruht die Welt auf dem Schild einer oder mehrerer auf dem Wasser schwimmenden Schildkröten." [6]

Aus der tibetischen Mythologie:

„Zuerst hatte die Schildkröte die Erde getragen. Doch dann wurde sie von einem Stier abgelöst, der jetzt mit seinen kräftigen Schultern die Last der Erde zu tragen hat. Er ist zum Herrscher der Erde geworden, seine Farbe ist schwarz. Seine wilden Augen jagen den bösen Dämonen Angst und Schrecken ein. Er herrscht über die Seelen der Toten. Bei den Menschen herrscht er über die Berge, die Wälder und die Flüsse. So verehren die Menschen den Yak als heiliges Tier, denn in ihm ist die Kraft des göttlichen Stieres, der die Erde trägt." [7]

---

[6] Edoardo Fazzioli: Gemalte Wörter, S. 161. Dort auch die Zeichen
[7] Helma Marx: Das Buch der Mythen, S. 413. Diese Umdeutung der Alten Mythologie dürfte kultisch motiviert sein.

Stufe 1b

Die Stufe 1b unterscheidet sich von der Stufe 1a darin, dass die Geschichten nicht mehr direkt mit ersichtlichen Gegebenheiten in Verbindung stehen, sondern einer eigenständigen Erzähl-Kultur entspringen.

Diese Entwicklung beginnt darin, dass die schon bekannten Geschichten auch ohne den direkt ersichtlichen Bezug und/oder in erweiterter Form erzählt werden. Es ist insgesamt Teil der Spiel-Kultur.

Auf dieser Stufe 1b wurden nun auch die grundlegenden Motive der Mythologie eingeführt. Noch sind diese Geschichten kurz und einfach. Auf Stufe 2 werden diese Geschichten (zunehmend) länger und komplexer.

Erläuterung von Aborigines zu einem Felsbild

> „Und wir steigen höher – jeden Tag unseres Lebens
> – deshalb ist der Fuß hier [*unten*]
> Der Fuß das ist unsere Spur – wenn wir jung sind
> wissen wir gar nichts –
> Wir müssen lernen – je größer wir werden desto
> mehr lernen wir
> Die Spur … *ambalaru* ist ein Fußabdruck
> der Lebensbaum reicht hinunter bis zu dem Fuß
> aber wir erzählen die Geschichte nicht von oben
> wir erzählen sie von unten, vom Fuß her
> – das ist der Weg […].“ [8]

---

[8] in: Jeff Doring, Gwion Gwion, S. 313

Die Mond-Mutter *Mama Ti Ana*

Ihr Lieben: Heute ist ein ganz besonderer Tag. Heute Abend feiern wir ein Fest mit ganz viel Singen und Tanzen. Denn heute ist der Tag von *Mama Ti Ana,* der Mond-Mutter, von der wir alle herkommen.

An ihrem Feiertag macht sich *Mama Mana* besonders chic. Heute leuchtet sie besonders hell, und ihr Gesicht wird ganz rund, weil sie sich freut, uns alle wieder zu sehen und, dass es uns gut geht und wir uns alle liebhaben. Denn genau so hat sich das *Di Ana Ma* vorgestellt und es sich gewünscht. Dass wir uns alle liebhaben, das kommt von *Ama Mina-Mana.*

Die Mond-Mutter *Ama Ti Ana* ist die Mutter von uns allen. Wir alle kommen von *Ti Ana* hier auf diese Welt, und wenn wir einmal tot sind, dann kommen wir wieder zu *Titi Ana* in ihren Mond-Himmel, wo wir uns alle wiedersehen. Manchmal, wenn wir schlafen, gehen wir sie schon mal im Schlaf in ihrem Himmelreich besuchen und sehen manche Wunder und manche Lieben, die schon dort sind.

Mama Ti Nana ist die Mutter von uns allen, und wir sind ihre Menschenkinder. Sie hat extra diese Welt für uns geschaffen, damit wir es gut und wir uns lieb haben und ein richtiges Abenteuer erleben können.

Der besondere Tag von *Mama Mina* ist auch für uns ein ganz besonderer Tag, unser Feier-Tag. Wir freuen uns, wenn unsere Mutter *Nana Ama* uns besuchen kommt und ganz hell leuchtet. Denn dass es uns so gut geht, das verdanken wir Mutter *Ti Ana,* und Mutter *Ti Ama* freut sich, wenn es uns richtig gut geht. Das feiern wir, bis wir müde werden.

Leuchte, liebe gute Mana, leuchte!

Die Blitz-Riesen

Ah, seht mal da hinten! Da kommen die Blitz-Riesen auf ihren Drachen-Pferden vom Ende der Welt und jagen eine Wolken-Kuh-Herde. Es wird schon ganz dunkel am Himmel vor lauter Staub und Wolken. Die Blitz-Riesen werfen ihre Blitz-Speere, und ihre Drachen-Pferde speien Feuer. Uh, das wird ja immer dunkler und unheimlicher. Die Blitz-Riesen werfen immer mehr Blitz-Speere, und wenn sie treffen, dann gibt es lauten Donner. Und wenn sie eine Wolken-Kuh getroffen haben, dann kommt ganz viel Regen vom Himmel.

Die Blitz-Riesen sind sehr wild. Da muss man gut aufpassen. Aber sie tun uns nichts. Sie helfen *Mama Nana*, den Garten Erde zu bewässern, wenn die Pflanzen und die Tiere mal wieder richtig viel Wasser brauchen. Dann jagen sie eine Wolken-Kuh-Herde, und wenn es dann richtig geregnet hat, reiten sie auf ihren Drachen wieder nach Hause an das Ende der Welt.

Die Milchstraße

Ganz am Anfang machte die Mond-Mutter *Ulu Lulu* zuerst ganz viel Milch, damit ihre Kinder richtig viel zu trinken haben und groß und stark werden können. Sie machte Milch und Milch, dass ganze Bäche und Flüsse daraus wurden, und ganz zuletzt wurde daraus der Milch-Ozean, das Ur-Meer.

Wenn es Nacht ist, dann kann man noch das große Ur-Meer sehen, das *Ana Lulu* ganz am Anfang gemacht hat. In dem vielen Wasser kann man noch ihre Milch sehen. Wir nennen das die >Milchstraße<. Aus diesem Ur-Meer stammt auch alles Leben. Aus dem Ur-Meer stammen das Wasser und der Schlamm, aus dem die Erde entstand. Alle Tiere stammen aus dem Ur-Meer, und auch wir Menschen wachsen ganz am Anfang zuerst in diesem Ur-Meer, bevor wir auf die Welt kommen, und deswegen brauchen wir auch Milch und Wasser, um zu leben.

Von diesem Ur-Meer kommt auch der Regen. Er fällt von dort oben auf uns herunter, wenn die Pflanzen und die Tiere Wasser brauchen. Dieses Wasser sammelt sich dann in Bächen, in Flüssen und in Seen, und so haben auch wir Menschen auch gut zu trinken. Da oben am Himmel kann man sehen, dass wirklich für alle genug zu trinken und zu essen da ist, denn unsere Mond-Mutter wusste natürlich, dass wir das brauchen.

Wenn man etwas älter ist, dann möchte man auch noch etwas anderes zu essen haben. Auch daran Mutter *Baba Nana* gedacht. So machte sie Bäume und Sträucher, an denen leckere Früchte wachsen, die *A-Nana* und die *Coco*-Nüsse. Doch zuerst machte sie die *Ba-Nana*. Die nennen wir so, weil sie aussieht wie die Mond-Sichel und so gelb ist wie der Mond und weil sie Mutter *Baba Nanna* ganz zuerst gemacht hat. Denn die *Ba-Nana* können schon die kleinen Kinder essen, und sie schmeckt ihnen auch besonders gut, nicht wahr?

Die Feuer-Geister

Die Feuer-Geister sind die Kinder der Sonnen-Mutter *Ana Ti Ulu*. Sie bringen ihre Wärme und ihr Leuchten in die Welt und braten uns das Fleisch, damit es lecker schmeckt.

Das ist sehr gut, denn abends wird es dunkel und manchmal auch sehr kalt. Dann ist es schön, die Feuer-Geister zu Gast zu haben. Wir können sie einladen, bei uns zu tanzen. Das ist schön anzusehen, und wenn wir es lustig sind, dann tanzen wir um sie herum.

Um die Feuer-Geister zu Gast zu haben, muss man gutes, trockenes Holz holen und sammeln. Dann kommen sie gerne, denn Holz mögen sie besonders gerne. Alles, was das Feuer-Geister fressen, machen sie zu Geist. Dieser Geist steigt zum Himmel, von wo er ja auch hergekommen ist, nämlich von der Mond- und Sonnen-Mutter *Ana Ti Ulu*. So wird es morgens hell und warm, und manchmal sehen wir den Geist dann auch als Nebel und beim Atmen.

Wenn es morgens hell und warm wird, kann alles schön leben und wachsen, die Menschenkinder, die Tiere, die Pflanzen und die Bäume. Und wenn die Bäume und die Tiere tot sind, dann schicken die Feuer-Geister ihren Geist wieder in den Himmel. Von dort kommt er dann wieder auf die Welt. Es wird ein neuer Morgen, und so wachsen neue Bäume und neue Tiere, und so geht das immer weiter und weiter.

Die Wolken-Geister

Seht doch mal, Kinder, da am Himmel, da ziehen so einige Wolken-Geister entlang. Jetzt ist es wieder schön warm geworden, da sind jetzt neue Wolken-Geister aus den Nebeln des Ur-Meeres geboren worden, und jetzt ziehen sie über das Land und kucken mal, was es alles zu kucken gibt. Die jungen Wolken-Geister, die spielen so gerne, mal Schäfchen, mal Maus, mal Drache, mal Kuh, ganz, wie sie es gerade so lustig sind. Die probieren alles aus, und so wechseln sie ständig ihre Formen.

Das ist doch ein schönes Schauspiel da am Himmel, das uns die Wolken-Geister da vorführen. Wer kann erraten, was die Wolken-Geister da gerade für Tiere zeigen? Wer sieht da ein Tier und was für eins? Da, links, ja, das könnte eine Maus sein, genau, und dahinter lauert schon eine Katze. Da drüber, das soll vielleicht einen Engel darstellen, ja, das könnte gut sein, den Kopf kann man gut erkennen. Und dahinten, da kommt ein Tiger gejagt. Ja, die jungen Wolken-Geister spielen auch gerne „fangen". Die wollen mal richtig sehen, was es alles in dem Garten Erde zu sehen gibt und was man da all für Spiele machen kann. Die jungen Wolken-Geister, die sind so richtig lustig. Wenn die Wolken-Geister größer geworden sind und sich so richtig fett gefressen haben, dann toben sie auch mal gerne. Dann gibt es lauten Krach am Himmel, dann gibt es Feuer und Regen. Doch jetzt sind sie noch richtig süß und lustig und spielen so vor sich hin. Das wollen wir uns mal ansehen, was die alles so für Ideen haben.

Die Ur-Kuh *Ar Go*

Ganz am Anfang der Welt gab es die Ur-Kuh *Ar Ko*. Bei manchen heißt sie auch *Ori Go* oder *Io Gaia*. Diese Ur-Kuh bekam einige verschiedene Kälber. Von ihnen stammen die Rinder-Kühe, die Bison-Kühe, die Elefanten-Kühe, die Hirsch-Kühe, die Elch-Kühe und noch viele andere Kühe ab. Die waren am Anfang alle verwandt.

Als die erste Ur-Kuh *Ori Go* tot war, schuf die Ur-Mutter *Ti Ama* aus dieser Kuh die Welt. Aus ihrem Atem machte *Ti Ama* die Luft und den Nebel, und aus ihrem Fleisch machte sie die Erde. Aus ihrer Milch schuf sie das Ur-Meer mit der Milchstraße oben am Himmel, woher der Regen kommt, und aus ihren Adern die Flüsse und die Bäche. So gab es genug zu trinken, zuerst für die neue Ur-Kuh *Io Gaia* und dann auch für alle Anderen. Aus ihren Knochen machte Mutter *Ama Ti Ana* die Felsen und die Steine, aus ihren Haaren die Bäume und die Gräser und aus ihrem Fell das große Welt-Zelt. So entstand die Erde aus dieser Ur-Kuh *Ori Go*, und deswegen nennen wir *Ori Go* auch die Ur-Kuh.

Wenn es genug Kühe gibt, dann dürfen wir uns schon mal eine Kuh jagen, wenn uns das *Ama Ti Ana* erlaubt. Zuerst muss man Mutter *Ti Ana* fragen, aber wenn genug Kühe da sind, erlaubt sie uns das gerne. Die Kühe sind sehr, sehr wichtige Tiere für uns. Dann haben wir gut zu essen und Felle für unsere Hütten, für unsere Kleidung und als Decke zum Schlafen. Deswegen muss man sehr gut zu den Kühen sein. Weil wir den Kühen die Welt und so viel Leben verdanken. Für manche sind deswegen die Kühe richtig heilig.

Große Wandmalerei, in Çatal Höyük, Anatolien (ca. 5 x2 m)
etwa 7. Jahrtausend v. Chr.

Nachzeichnung nach einer Zeichnung aus einer Mediendatei der damaligen
Ausstellung im Badischen Landesmuseum Karlsruhe, vgl. Foto in:

Badisches Landesmuseum Karlsruhe: Vor 12.000 Jahren in Anatolien, S. 130

Die Bär-Mutter *Mata Bera*

Ganz am Anfang, als die Mond-Mutter Kinder bekommen wollte, verwandelte sie sich in die Bär-Mutter *Mata Bera*. *Mata Bera* lag lange in ihrer dunklen Höhle, denn die Welt war noch dunkel und kalt. Man hätte glauben können, *Mata Bera* wäre tot, so stumm lag sie in ihrer Höhle, und sie schien nicht einmal zu atmen.

Doch *Mata Bera* war nicht tot, so stumm sie auch da lag. Sie träumte vor sich hin, und in diesem Traum wuchsen zwei Kinder in ihrem Bauch: ein Junge und ein Mädchen. Von dort kommt es, dass es auf der Welt Mädchen und Jungen gibt.

Als nun der Hase *Nana Bo* mit dem Oster-Ei aus seiner tiefen Höhle immer näher kam und damit alles auf der Welt heller und wärmer wurde, da kam, o Wunder, nicht nur die Bär-Mutter *Mata Bera* aus ihrer Höhle. Da waren auch zwei Bären-Kinder dabei. Die Bären-Kinder waren noch ganz klein und schliefen noch viel in ihrer Höhle. Aber wenn sie in der warmen Sonne herauskamen, dann fingen sie gleich an, lustig zu spielen. Sie tummelten und balgten sich, bis sie müde waren und an der Mutterbrust trinken wollten.

Als es Herbst wurde, da suchte sich die Bär-Mutter *Mata Bera* wieder eine Höhle, um wieder für die dunkle und kalte Zeit schlafen zu gehen. Wieder schlief sie da so stumm, dass man meinte, dass sie gestorben wäre. Doch *Mata Bera* träumte wieder vor sich hin, und, o Wunder, wuchsen in ihr wieder zwei Kinder, ein Mädchen und ein Junge. Und genauso ging das auch ein Jahr später und dann jedes Jahr, bis sie genug Kinder und auch ihre Kinder genügend Kinder auf die Welt gebracht hatten und auch diese Kinder und Kindeskinder viele Kinder und Kindeskinder hatten.

Von diesen ersten Bären-Jungen und Bären-Mädchen stammen die Menschen und auch die Tiere ab. Wenn sich die Bären aufrichten, dann kann man sehr gut sehen, dass die Menschen und die Tiere verwandt sind.

Die Nachfahren, die vor allem dem ersten Bären-Jungen ähnelten, wurden zu Bären, und diejenigen, die vor allem dem ersten Bären-Mädchen ähnelten, wurden zu den Menschen. Deswegen sind die Bären wie auch die Männer etwas größer und stärker und haben auch mehr Haare. Aber ursprünglich sind die Menschen und die Bären und anderen Tiere verwandt, wie auch die Jungen und die Mädchen. Denn sie alle stammen von der gleichen Mutter, der Bär-Mutter *Mata Bera*.

Als sie alt geworden war, zog sich die Bär-Mutter wieder in ihre erste Höhle weit hinter dem Himmelszelt zurück. Dort sieht sie ganz oben vom Himmel her auf ihre Menschen-, Bären- und anderen Kinder und passt gut auf, dass es allen gut geht. Ihre Höhle dort oben am Himmel nennen wir nach der Bär-Mutter Große Bärin (Großen Bären).

Das Motiv der Bär**in**

Gemeinschaftshaus der Tlingit an der Nordwest-küste Nord-Amerikas [9]

---

[9] Nachzeichnung nach Foto in: Sharukh Husain: Die Göttin, S. 97

Das Drachenboot

Australien, Felsbild
in Orangerot.

Seht mal oben am Himmel das Drachenboot. Mit diesem Drachenboot holt der Mond-Vater die Menschen, wenn sie gestorben sind, zu sich und der Mond-Mutter in den Himmel. Dort werden wir, wenn wir gestorben sind, uns alle wiedersehen.

Die Mond-Mutter passt gut auf uns auf, und wenn jemand gestorben ist, dann schickt sie den Mond-Vater, um sie oder ihn zu sich in den Himmel zu holen. Wenn wir dann mal wieder in den Garten Erde wollen, dann fährt uns der Mond-Vater mit seinem Drachenboot über das große Ur-Meer hierhin. Das ist eine weite Strecke und dauert die ganze Nacht. Doch am Morgen, wenn es hell wird, ist er mit seinem Drachenboot angekommen.

Die Ur-Schnecke
As Naga

Seht doch mal, Kinder! Das hier ist eine ganz besondere Schnecke. Denn diese Schnecke hat ein Schneckenhaus, und das ist etwas Besonderes. An diesem Schneckenhaus kann man nämlich noch sehen, wie der Weltberg *Ma Tara* entstanden ist.

Ganz am Anfang gab es die Ur-Schlangen-Schnecke *As Naga*. Ganz am Anfang war sie ganz, ganz klitzeklein, noch viel kleiner als diese Schnecke hier, so klein wie hier der innerste Punkt auf dem Gehäuse und zuerst sogar noch viel kleiner. Hier an diesem Schneckenhaus kann man sehr gut sehen, wie diese Schnecken wachsen. Zuerst ist der Schnecken-Wurm so klein, dass man ihn noch gar nicht sehen kann, und dann wird er zu einem klitzekleinen Ei, wie hier in der Mitte. Und in diesem klitzekleinen Ei ist ein klitzekleiner Schlangen-Wurm. An dem Schneckenhaus kann man gut sehen, wie dieser kleine Schlangen-Wurm wächst und wächst und sich dabei ein immer größeres Gehäuse baut. Wenn er müde wird oder Angst bekommt, kann er sich dann in sein Haus zurückziehen und verstecken.

Genauso ist auch der Weltberg entstanden. Ganz am Anfang konnte der Ur-Wurm sein Haus immer größer bauen. Für so eine Schnecke wäre das aber unpraktisch, denn mit einem großen Haus kann man nicht mehr herumlaufen. Die Schnecken stammen von dem Schlangen-Ur-Wurm *As Naga* ab, als er und als die Welt noch ganz klein waren. An diesem Schneckenhaus kann man das noch genau erkennen.

Der Schlangenhügel (Great Serpent Mound), Adams County, Ohio, USA
(s. dazu mehr in Wikipedia ebd.)

Es könnte sich dabei um eine Verkörperung der >Erd-Schlange< („Darm",
Eingeweide = Höhle) handeln, die die Sonne abends verschlingt *und morgens*
wieder ausspeit.

Nachzeichnung nach: Sig Lonegren: Labyrinthe, S. 32

Das Ur-Ei und der Ur-Wurm *U-Uru*

Ganz am Anfang war das Ur-Ei. In diesem Ur-Ei wuchs der Ur-Wurm *U-Uru*. Und als *U-Uru* wuchs, legte der Ur-Wurm selbst ein Ei und dann noch eins und noch eins und noch eins, insgesamt eine ganze Menge Eier, noch viel mehr, als man am Himmel nachts sehen kann.

Aus jedem Ei schlüpfte ein Tier. Die ersten Eier waren noch wie der Ur-Wurm ganz, ganz klein, und aus ihnen schlüpften die kleinen Tiere, wie etwa die kleinen Würmer, die Schnecken, die Fliegen und die Ameisen. Bald wurden die Eier des Ur-Wurms schon größer, und daraus wurden schon größere Tiere wie die Vögel. Dann wurden seine Eier noch größer, und so wurden auch die Tiere, die daraus schlüpften, noch größer, wie etwa die Krokodile.

Sein letztes Ei wurde aber gewaltig groß. Daraus entstand zuletzt unsere Welt.

Kailas ist in der indischen Mythologie das mythische
Bild **Merus**, des großen Berges des Weltalls
Dem Kailas entspringen 4 große Flüsse wie im Eden-Mythos

Der Welt-Berg *Tara Ku*

In der Mitte der Welt steht der Welt-Berg, der >Mutter-Berg<
(Ma) Tara Ku oder auch *Ku Mera*. Ganz oben auf diesem Berg
wohnt unsere Welt-Mutter *Mama Tara*. Von dort kommt *Ma
Tara* abends aus ihrer Höhle, um zu sehen, ob wir gut schlafen.

Diese Höhle stammt von dem Ur-Wurm *Tara Ko,* der sich tief
in die Erde gefressen hat und nun ganz unten in der Höhle lebt.
In diese Höhle fließt zuletzt das ganze Wasser. *Tara Ko* schluckt

151

das ganze Wasser und speit dies oben am Berg wieder sauber aus. Dort kommt es dann aus den Löchern, die *Tara Ko* gegraben hat, und fließt dann den Berg wieder hinunter. So kann sich das Wasser bewegen, und so bleibt das Wasser frisch, und so haben wir gutes Wasser zum Trinken und zum Baden.

Diese Höhle in dem Weltberg *Tara Ku* ist ein ganz großes Abenteuer. In ihr kann man sehen, wie alles auf der Welt angefangen hat und woher das Leben auf unserer Erde kommt. Allerdings passt *Tara Ko* auf alles gut auf. Da muss man sehr vorsichtig sein, denn wenn dieser riesige Ur-Wurm *Tara Ko* wütend wird, dann wird es sehr gefährlich. Der schluckt einen wie das Wasser, und wir sind für *Tara Ko* nicht mehr als eine kleine Beere.

Wenn da richtige Idioten kommen und *Tara Ko* ärgern, dann kann es für alle ganz gefährlich werden. Wenn *Ko Tara* tobt, dann fängt die Welt an zu beben und zu wackeln, und vielleicht spuckt dann *Tara Ko* auch noch *Feuer, Qualm* und *Steine,* und hinterher bricht dann ein Stück Welt ein, wie auf der Insel *Tara (Thera - San Torin)*.

Tara Ko ist nicht böse, sondern wichtig und gut für uns. Er passt auf, dass die Welt in Ordnung bleibt und spuckt frisches Wasser. Wenn er sieht, dass man nichts kaputt machen will, dann lässt er einen auch schon mal in die Höhle und zeigt uns seine Geheimnisse. Das ist ein großes Abenteuer. Aber es ist sehr gefährlich in dieser Höhle. Wenn man da hineinwill, muss man erst einiges lernen. Sonst kann es passieren, dass man sich in diesem Labyrinth verirrt und nicht wieder aus dieser Höhle findet.

„Weltenbaum auf einer sölku-pischen Schamanentrommel. Der Baum wurzelt in der drei-schichtigen unteren Welt, die oberen drei Astpaare bezeich-nen die Himmelsschichten. Der Baum ist zugleich Achse eines kosmischen Gesichts mit Sonne und Mond als Augen."

Text und Nachzeichnung nach: Mihály Hoppál: Schamanen, S. 158

„**Weltachse** (lat. axis mundi), ein weit verbreitetes Bild der kos-mischen Architektur bei altertümlichen Kulturen. [...] Der ima-ginäre Stützpfeiler der Himmelskuppel wird als eine sich spin-delartig drehende Achse aus kristalliner Substanz gedacht oder statisch als stützender Weltenberg oder kosmischer Baum. Die Weltachse wird bei Völkern mit schamanistischen Trance-Kul-turen auch als der Verbindungsweg angesehen, auf dem der Schamane die anderen Ebenen des Weltenbaues erreichen kann, um dort mit über- und unterirdischen Wesen (Göttern, Dämo-nen) im Dienste seiner Gemeinschaft zu kommunizieren. [...] Auch der heilige Pfahl, der Menhir und der Obelisk sind ur-sprünglich Ausdrucksformen dieses archaischen Weltbildes." [10]

---

[10] Hans Biedermann: Knaurs Lexikon der Symbole, *Weltachse,* S. 480 f.

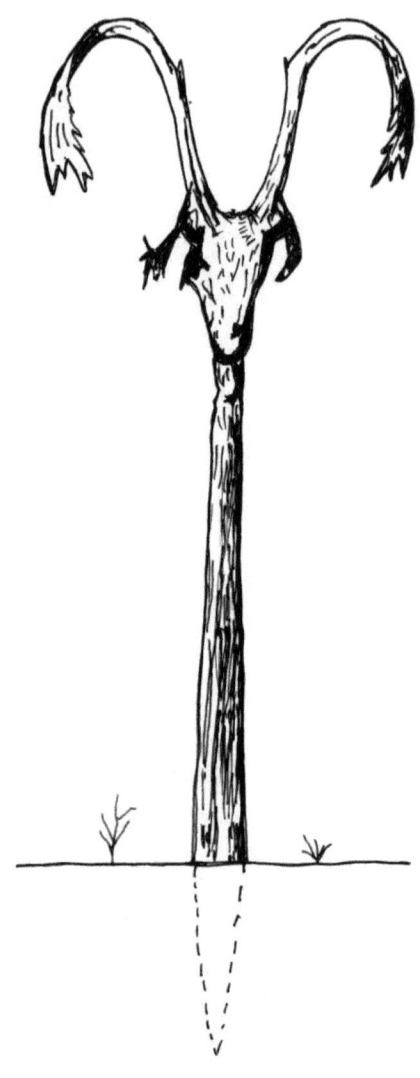

Nachzeichnung: Rekonstruktion des Kultpfahles von Stellmoor bei
Hamburg (um **11.000 v. Chr.**). S. dazu Alfred Rust, in: Propyläen
Weltgeschichte I, S. 214 f.

Der Weltenbaum *Tara Tri*

Ganz in der Mitte des Weltberges *Tara Mera* steht der Weltenbaum *Tara Tri*. Dieser Weltenbaum ist ungeheuer riesig.

Seine Zweige reichen bis in den Himmel, und seine Wurzeln reichen bis tief in die Unterwelt. Er ist die Achse der Welt, um die sich unsere Erde dreht, und er ist die Säule, die das Welt-Zelt in der Mitte trägt.

Dieser Baum ist stark, denn er trägt das Weltzelt. Ganz oben hat auch der Ur-Vogel *Ulu Vulu* sein Nest. Dort legt er seine Eier, von denen man manche im Dunkeln sehen kann.

Tara Tri wächst ganz oben auf dem Weltberg *Tara Mera*. Man muss schon sehr hoch klettern, um ihn zu sehen.

Allerdings ist da oben das Reich von Mutter *Ma Tara*. Da darf man nicht so einfach hin. Dort lebt auch *Uri*, der Drache, der passt dort auf wie ein Löwe und wie ein Wolf. Erst muss einem Mutter *Ma Tara* erlauben, in ihr Reich zu kommen. Ohne ihre Erlaubnis kommt man dort nicht hinein.

Manche dürfen auf den Gipfel des Weltberges *Tara Ku*. Von dort aus kann man über die ganze Erde sehen. Doch den Weltenbaum *Tara Tri* besteigen, das dürfen nur die *Pow*. Nur die haben auch die *power* dazu. Für die anderen ist das zu gefährlich. Denn wenn man hoch auf den *Tara Tri* klettert, wird es einem leicht schwindelig, und wenn man abstürzt, ist man tot. Doch wenn die Not groß ist, dann klettert der *Pow* dort hoch zu Mutter *Ma Tara,* um ihre Hilfe zu holen.

Das Ur-Huhn *Ori KuKu*

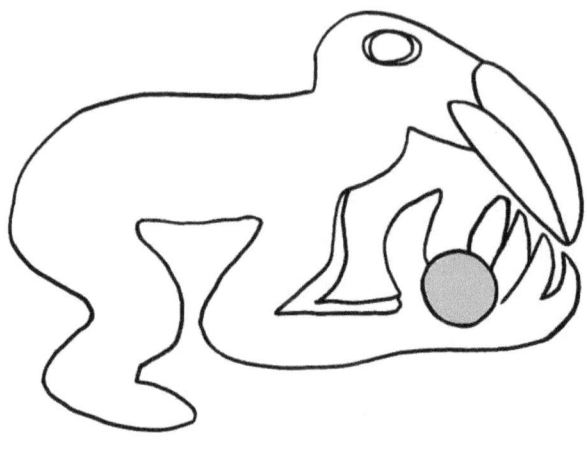

Makemake der „Vogelmensch" der Oster-Inseln [11]

Ganz am Anfang, da war noch tiefe Nacht. Alles war dunkel und schwarz, und man konnte noch nicht sehen und nichts hören. Da legt das Ur-Huhn *Ori Ku* ein Ei, das zu leuchten begann. Aber es war immer noch sehr dunkel, und so legte *Ori Ku noch* mehr Eier. Das war schon besser, aber es war immer noch sehr dunkel. Da dachte sich das Ur-Huhn: ich muss ein größeres Ei legen, das kann viel stärker leuchten. Und tatsächlich, genau so war es auch. Sein großes Ei leuchtete hell in der dunklen Nacht, und alle waren von dem wunderbaren Ei beeindruckt, wie es so hell so leuchtet.

---

[11] Nachzeichnung nach: Biedermann Knauers Lexikon der Symbole, S. 464

Das Ur-Huhn *Ku Ori* war sehr stolz auf sein tolles Ei. Doch die Schlange *Anga Naga* sah das Ei und dachte: toll, da habe ich ja richtig was zu fressen. Jeden Tag fraß die Schlange *Anga Naga* einen guten Bissen von dem Ei. Das Ei war jeden Tag etwas kleiner und leuchtete immer weniger. Dann hatte die Schlange *Anga Naga* das ganze Ei verschluckt, und die Welt war wieder ziemlich dunkel. *Ku Ori* legte ein neues großes Ei, genau wie vorher, und so wurde es wieder hell. Aber die Schlange *Anga Naga* freute sich: das ist ja toll, da habe ich ja wieder was zu fressen, und sie kam, und fraß das Ei. Jeden Tag war das Ei etwas kleiner, und das Ei konnte immer weniger leuchten, und dann hatte die Schlange *Anga Naga* das Ei verschluckt, und die Welt war wieder ziemlich dunkel. Das Ur-Huhn legte wieder ein neues großes Ei, und die Welt wurde wieder hell. Doch darauf hatte die Schlange *Anga Naga* nur gewartet. Sie kam und fraß das Ei, und die Welt war wieder dunkel.

Bei den Schlangen muss man gut aufpassen, denn sie können sehr gefährlich sein und einen beißen und fressen. Die Schlangen sind dünn und schlank. daran kann man sie erkennen, und weil sie schlank und lang sind, nennen wie sie Schlange.

Was unser Ur-Huhn *Ori* angeht, so legte es ein neues großes Ei, aber die Schlange kam wieder und fraß es auf. Das Ur-Huhn *Ori Ku* legte wieder ein neues Ei, aber die Schlange kam wieder und fraß es wieder auf, und so ging dies immer weiter.

Als das zum 12. Mal passiert war, dachte sich das Ur-Huhn: ich muss versuchen, ein goldenes Ei zu legen, das noch viel heller und ganz heiß ist, dass es die Schlange *Anga Naga* nicht fressen kann. Das Ur-Huhn kroch in seine dunkle Höhle, wo es niemand sehen konnte, und tatsächlich, es gelang. Das Ur-Huhn hatte es geschafft, ein goldenes Ei zu legen, und das Ei begann sofort zu leuchten.

Ori Ku rief ganz aufgeregt: Ku-Ku, Ku-Ku, ganz laut, dass es alle hören konnten, denn alle sollten sein tolles Ei sehen. Und tatsächlich, die Welt wurde heller als je zuvor. Bald konnte man das goldene Ei sehen, das langsam in den Himmel zu steigen begann. Alle wachten von dem lauten Ku-Ku, Ku-Ku auf und rieben sich die Augen. Denn plötzlich sah die Welt ganz anders aus als vorher, so richtig bunt, und es wurde auch schön warm, dass man aufstehen und sich die Welt ansehen wollte.

Und so kam es, dass man hören und bald auch sehen konnte. Denn die Mond-Mutter *Ama Nana* nahm zwei kleinere Eier von dem Ur-Huhn, und setzte sie ihren Menschenkindern ein, und so wurden sie zu Augen, die auch gleich zu leuchten begannen. Die Nacht und der Schlaf waren nun vorbei, und alle wollten sehen, was es in der wunderbaren Welt, die *Ana Mama* extra für ihre Menschenkinder gebaut hatte, zu entdecken gab. Seitdem rufen die Hähne jeden Morgen Ku-Ku, Ku-Ku, genau, wie es das Ur-Huhn ganz am Anfang der Welt getan hat, als es das goldene Ei gelegt hat.

Aus einem frühen Ei im Dunkel schlüpfte die Eule, die nun nachts aufpasst, dass uns nichts passiert (Bild nach einer antiken Münze aus Athen)

Die Stufe 2

Die Stufe 2 entspricht in ihrem Kern dem Alter der (früheren) Kindergarten-Zeit von etwa 3 – 6. Sie ist die eigentliche Stufe der >Märchen< als der Grundlage der ursprünglichen Mythologie (HS).

Wenn die ursprünglichen Märchen HS insgesamt auch von der Anlage der ursprünglichen Mythologie und Sprache HS bestimmt sind, so unterscheiden sie sich doch davon, dass sie als Geschichten für sich selbst stehen.

Auf dieser Stufe 2 der kindlichen Sprach- und Bewusstseins-Entwicklung ist es für die Kinder noch kein Widerspruch, wenn die eine Geschichte erzählt, dass es das Ur-Huhn war, das das Ur-Ei legte, aus dem die Welt entstand, und die andere Geschichte, dass das Ur-Huhn aus dem Ur-Ei schlüpfte. Das Kind ist in seinem Denken und seiner sprachlich geprägten Bewusstseins-Entwicklung noch nicht so weit, groß über die jeweiligen einzelnen Geschichten hinauszudenken. Dies beginnt erst mit Stufe 3, und auf ihr entstünde die Frage, wie es sich mit diesem Widerspruch verhält. Auf der Stufe 2 liefert jede Geschichte für sich selbst dem Kind wichtige Anhalte, das Leben, wichtige Momente seiner Umwelt, sich selbst und seine Gemeinschaft geistig, emotional und sprachlich (mit entsprechenden Wortbildungen) erfassen zu lernen.

Einige Motive werden schon auf Stufe 1 eingeführt. Auf Stufe 2 werden sie nun weiter entfaltet. Entscheidend für Stufe 2 ist, dass die Geschichten das Kind wirklich >erreichen<: interessieren und anregen, und zwar möglichst umfassend. Es ist diese

Stufe, auf der sich das Motiv des >Osterhasen< einführen lässt und auf der dieses Motiv für das Kind von Interesse werden kann.

Auf Stufe 3 ließe sich ein solches Motiv kaum noch einführen. Das Interesse der Kinder ist auf Stufe 3 schon deutlich stärker auf die Realität und das Praktische ausgerichtet. Auf Stufe 3 werden solche Motive wie vom >Osterhasen< uninteressant und verfallen dann – sofern ihnen nicht auf einer höheren Ebene eine weitere Relevanz zugesprochen wird, wie dies bei dem Motiv des >Drachen< der Fall ist. Auf dieser Stufe beginnt die eigentliche Systematik der (ursprünglichen) Mythologie.

Die Geschichten auf Stufe 2 müssen keine solche Reichweite entwickeln. Sie können auch recht spontaner Art anlässlich einer Gegebenheit oder auch eines schlichten Einfalls sein. Das Verständnis der Mythologie bietet auf der Erwachsenen-Ebene genügend Motive wie auch die Konzeption der Ursprungs-Mythologie, um auf Stufe 2 alles Mögliche in einer die Kinder interessierenden Form zu erwählen.

Auch als >Märchen< können die Geschichten nach der Stufe 2 immer noch von Interesse bleiben. Doch ist dann schon deutlich, dass es sich um erzählerische Geschichten handelt, die etwa als >Poesie< und/oder von einem psychisch ansprechenden Hintergrund interessant sind. Dies ist von den eigentlichen mythologischen Geschichten, in denen es - wenn auch in neuropsychogrammatischer und kultureller Hinsicht – um die Vermittlung von Realität geht, zu unterscheiden.

Zunächst werden die Geschichten jeweils für sich und je nach Anlass, Situation oder Nachfrage erzählt. Freilich geht es schon auf die Stufe 3 über, wie hier nun die Geschichten an sich und auch in dieser systematisch konzipierten Reihung erzählt werden.

Die Geschichte von der Großen Kosmischen Spinne

Liebe Kinder! Heute möchte ich Euch die Geschichte von der Großen Kosmischen Spinne erzählen. Wer Lust hat, die Geschichte von der Großen Kosmischen Spinne zu hören, soll gleich zu mir in das Zelt kommen. Da werde ich die Geschichte von der Großen Kosmischen Spinne erzählen. Das ist eine wirklich tolle Geschichte, die Ihr Euch mal hören solltet! Gleich erzähle ich sie Euch.

So, seid Ihr jetzt alle da? Sitzt Ihr richtig gut? Macht es Euch erst mal gut bequem, denn die Geschichte dauert schon etwas. Wenn man gut sitzt, dann mag man besser zuhören.

Schön, dann ich will Euch jetzt mal die Geschichte von der Großen Kosmischen Spinne erzählen. Sie hieß übrigens *Ba An* oder auch *Ba Na*, woher auch unsere Wörter *Band, binden* und *spinnen* kommen.

Am Anfang der Zeit, als es noch keine Erde und auch noch keine Menschen gab, da saß die Große Kosmische Spinne *Ba Ana* auf dem Mond. Als sie so eine Zeit da saß, da bekam sie so langsam Hunger, na klar, denn ja schließlich muss man mal was essen. So wie sie da herumsaß, ließ sich allerdings keine Fliege fangen, und da der Hunger langsam, aber sicher immer stärker wurde, sagte sich die große kosmische Spinne: jetzt muss ich mir wirklich mal was einfallen lassen. So kriege ich ja nie eine Fliege, und mein Hunger wird immer stärker und stärker. Mein Magen ist schon am Knurren, und wenn ich mir nicht bald mal eine Fliege fange, dann wird es wirklich unschön.

Plötzlich kam eine Fliege geflogen. Der Spinne lief das Wasser schon im Mund zusammen, und sie dachte sich: wenn ich sie nur fangen könnte! Die Fliege schwirrte immer um sie herum, und so lief der Spinne schon so richtig Wasser im Mund zusammen vor lauter Appetit auf diese fette Beute. Doch wie die Große Kosmische Spinne auch immer ihre Vorderbeine ausstreckte – das sind die Arme der Spinnen -, sie konnte die Fliege einfach nicht fangen. So wurde das Wasser in ihrem Mund langsam klebrig vor lauter Durst und Hunger.

Auf einmal hatte die Fliege genug, weil dort einfach nichts los war, und sie flog auf und davon. Da saß die Große Kosmische Spinne da in ihrem großen Elend, mit richtig großem Hunger und einem ganz klebrigen Mund, wo der Speichel schon Fäden zog.

So saß die Große Kosmische Spinne da, und sie saß und saß. Nichts passierte, überhaupt rein gar nichts, und vor allem kam keine Fliege angeflogen. So saß sie da und saß und saß und wurde trotz des riesigen Hungers langsam müde. Als sie nun einschlief, da sah sie im Traum eine Fliege kommen, und diese Fliege schwirrte um sie herum, und sie konnte sie einfach wieder nicht fangen. Da ärgerte sich die Große Kosmische Spinne in ihrem Traum und dachte: du blöde doofe Fliege, und sie spuckte vor lauter Ärger nach der Fliege, und in ihrem Traum traf sie die Fliege dabei auch. Selbst in ihrem Traum war ihre Spucke klebrig, und so zog die Spucke einen langen Faden, und als sie die Fliege mit ihrer Spucke traf, da klebte die Fliege an dem Faden fest, und so hatte sie die Fliege gefangen. Endlich hatte sie etwas zu fressen, und so schlief sie glücklich ein.

Als die Große Kosmische Spinne aber wieder aufwachte, da musste sie leider sehen, dass sie gar keine Fliege gefangen hatte. Der Magen knurrte noch mehr als am Tag zuvor. „*An*, fang Dir eine Fliege“, ging es *Ba An* immer durch den Kopf, „*An*, fang, *An*, fang!“

Und deswegen sprechen wir auch von >Anfang<, weil es so anfing, dass sich *Ba An* eine Fliege fangen wollte. Und weil das gar nicht so einfach war, sondern *Ba an* erst einmal richtig nachdenken musste und ganz, ganz viel Geduld haben musste und sie dann die richtige Idee bekam, deswegen wurde dieser Anfang dann doch noch eine ganz, ganz große Sache.

Es hatte damit angefangen, dass sie in dem Traum auf die richtige Idee gekommen war. „Einen Faden spinnen, das ist doch immerhin eine Idee, wie ich Fliegen fangen könnte", dachte sich die Große Kosmische Spinne *Ba Ana*. „Damit will ich gleich mal anfangen", und so fing sie an, aus ihrer ziemlich trockenen Spucke einen Faden zu spinnen, und tatsächlich, das klappte sehr gut, weil die Spucke wirklich schon ziemlich trocken war und sehr gut klebte.

Sie spann und spann und spann. Sie hatte ja auch sonst nichts zu tun, und wie sie da herumgesponnen hatte – wer weiß wie lange –, da war am Himmel ein großes Netz entstanden. Aber es kam noch keine Fliege. Da hatte *Ban An* noch eine Idee. Um die Fliegen anzulocken, hängte sie da eine Menge Lichter in ihr Himmelsnetz, wie man heute immer noch sehen kann. Tatsächlich kamen nun die Fliegen, die mal sehen wollten, was da los war. Aber sie hatten nicht mit *Ba An* gerechnet. Mit diesem Trick fing sie nun immer genug Fliegen, und so hatte sie genug zu essen und musste sich keine Sorgen mehr machen, wie sie satt werden könnte.

Das haben wir von der Großen Kosmischen Spinne gelernt: wenn man sich Seile spinnt oder sich Netze knüpft, kann man sich Tiere und Fische fangen. Das war wirklich eine gute Idee!

So, wer von Euch hat Lust, die Große Kosmische Spinne zu spielen? An Bäumen oder an Felsen kann man wie eine Spinne herumkrabbeln. Oder wollen wir uns Nesseln besorgen und mal versuchen, kleine Netze zu knüpfen?

(Fortsetzung in der Geschichte von der >Spinnen-Frau< unten)

Wie Mutter *Ama Ti An* die Tiere erträumte

Ausschnitt einer Vasen-Malerei, Fund in der Gegend von Theben
(GR), um 700 – 675 v. Chr. [12]

*Eine Parallele zu der Weltenbaum-Symbolik mit den 3 Stockwerken, wobei
hier die Wölfe die Tiere symbolisieren dürften, die die Toten in den (neolithischen) Unterwelt-Himmel brachten.*

---

[12] Nachzeichnung nach: Marija Gimbutas: Die Sprache der Göttin, S. 259

Ganz, ganz am Anfang der Zeit, als es noch keinen Mond und keine Sonne und keine Erde und noch überhaupt nichts gab, was man irgendwie hätte sehen können, da träumte Mutter *Mama Ti An* so einfach vor sich hin, und sie träumte und träumte. Sie träumte die ganze Zeit.

Plötzlich merkte *Ama Ti An* in ihrem Traum, dass sie Kinder haben wollte. Aber natürlich sollten ihre Kinder es gut und eine schöne Welt haben, wo sie sich an ihrem Leben freuen könnten. Sonst machte das Ganze ja keinen Sinn, und dann soll man besser im Bett bleiben und weiter vor sich hinträumen.

Wie Mutter *Ana Ti An* an die Kinder dachte, die sie einmal haben wollte, da hatte sie einen Traum von einer wunderbaren Welt mit einem schönen See und einem schönen Strand und einer schönen hellen warmen Sonne und mit vielen schönen Bäumen. Ja, dieser Traum gefiel Mutter *Ama Mama*, und so träumte sie weiter, dass sie da bei schönster Sonne mit etwas Schatten von den Bäumen auf einem schönen Sandstrand an einem schönen See mit herrlich blauem Wasser läge, und das Wasser plätscherte bei einer leichten Windbrise herum. Ach, war das schön! Und so träumte sie und träumte und lag in ihrem schönen Traum da so herrlich herum. Es war sehr schön warm, aber nicht zu heiß, und da auf dem Sand, da konnte man herrlich liegen, und so lag sie da und träumte so vor sich hin.

Und wie sie so die ganze Zeit da herumlag, da bekam sie mit der Zeit doch das Gefühl, dass das vielleicht doch noch nicht alles wäre.

„Vielleicht," dachte Mutter *Titi Ana*, „kann man sich das Leben auch noch besser vorstellen". So fing sie bei ihren Träumereien an nachzudenken, was ihr noch besser gefallen könnte. Und als sie in ihrem Traum so nachdachte, da fiel ihr auf, dass sich nichts so richtig bewegte, nichts krabbelte, nichts herumlief, nichts schwamm, nichts tanzte und einfach nichts passierte. Es war wohl alles sehr schön, aber doch mit der Zeit etwas langweilig. Ja, das war es, was in ihrem Traum noch fehlte: es müsste sich

165

noch was bewegen und herumkrabbeln. Dann wäre die Welt doch viel lebendiger.

Und wie sie so in ihrem Traum bei schönster Sonne mit etwas Schatten von den Bäumen auf einem wunderschönen Sandstrand an dem See mit dem herrlich blauen Wasser lag, da strich sie in ihrem Traum über den schönen Sand von dem Strand, und – *plötzlich* -, da krabbelte ihre Hand mit den Fingern über den Sand. *Plötzlich* hatte sie die Idee. Ja, genau, so könnte das gehen. Ich baue Tiere genau wie meine Hand.

Weil ihre Idee von den Tieren von ihrer Hand herkommt, so kommt es, dass die ersten Tiermodelle, die ihr so einfielen, auch vier Beine und in der Mitte einen Hals haben. Denn das war ihre Hand, wie sie mit ihren Fingern so herumkrabbelte. Das ist schon eine witzige Geschichte, dass es so losging mit den Tieren, nicht wahr?

Ja, so im Traum kriegt man oft gute Ideen. Deswegen müssen kleine Kinder auch viel schlafen, damit sie richtig gute Ideen für ihr späteres Leben bekommen, damit das Leben spannend wird. Und deswegen ist ja auch das Spielen so wichtig. Spielen und gut Träumen sind sehr wichtig für ein gutes Leben. So hat es ja auch angefangen, damals, bei Mutter *Ma An*, ganz am Anfang der Zeit, und so geht das seit damals so, noch bis zum heutigen Tag.

Ausschnitt von S. 164

166

Das Weihnachtsfest

Die Weihnacht stammt noch ganz vom Anfang der Zeit, als alles noch ganz dunkel war und Mutter *Titi Ana* schlief und vor sich hinträumte. Plötzlich zuckte es wie ein Blitz in ihren Schlaf. Da wusste *Nana* auf einmal, dass sie Kinder wollte, und sie dachte sich: ich werde einen wunderschönen Garten Erde bauen, damit es meine Kinder richtig gut haben und sich freuen und schön spielen können.[*] Als sie genug geträumt hatte und nun genau wusste, wie der Garten Erde werden sollte, stand sie auf.

Als erstes fing sie an, ein Feuer anzuzünden, damit man etwas sehen konnte und damit es schön warm wurde. Denn wenn es eisig kalt ist, möchte man lieber unter der warmen Decke im Bett bleiben, und wenn man gar nichts sieht, dann kann man auch nichts Richtiges machen, nicht wahr?

Deswegen fing sie zuerst damit an, ein Feuer anzuzünden, damit man etwas sehen konnte und es schön warm wurde. Aus diesem Funken, den sie dabei machte, entstand der Weihnachtsstern *As Tara,* und damit fing es an.

Bald merkte die Mond-Mutter *Ana Nana,* dass sie schwanger war und ein Kind in ihr wuchs. Da dachte sich *Ana Nana*: es ist gut, wenn ich jetzt erstmal genug Beeren, Nüsse, Früchte, Pilze usw. suche und sammele. Wenn ich genug Vorrat habe, dann mache es mir gemütlich, und dann kann mein Kind kommen.

So wurde es auf der Erde wieder dunkler und dunkler und auch kälter und kälter, doch die Mond-Mutter *Nana Ti Ana* hatte es in ihrer Zelthütte gut und gemütlich. Sie hatte genug Vorräte und

---

[*] Deswegen bringt die Weihnachts-Mutter *Ulu* ihren Kindern in dieser Nacht auch oft kleine Geschenke.

kochte sich aus Kräutern einen leckeren Tee, und sie freute sich auf ihr Kind.

Als die dunkelste Nacht gekommen war, da kam die Mond-Mutter *Mana Nana* in der Nacht mit ihrem ersten Kind nieder. Das war genau ein Jahr nach der ersten Weihnacht, und wieder leuchtete der schöne Weihnachtsstern *As Tara,* und so begann es wieder heller und wärmer zu werden.

Mit der Weihnacht begann der erste Schöpfungstag, wo alles anfing. Zu dem ersten Weihnachtsfest ein Jahr später kam nun das erste Kind von *Mana Mama* zur Welt. Das war das Weihnachtskind.

Dieses Weihnachtskind nannte die *Mana Mama Ulu Lulu* oder zur Abwechslung auch *Holla,* wenn *Holla* mal wieder mit ihrem Schwung vorbeikam.

Wie *Holla Ulu* immer größer wurde, wurde es auch immer heller und wärmer. Als sie groß war, da wurde sie zur Sonnen-Mutter. Sie wurde eine große Hilfe für *Mama Mana,* um die Welt zu bauen. Sie strahlte viel Licht und Wärme aus, und die Sonnen-Mutter *Ulu Holla* übernahm es, am Tag dafür zu sorgen, dass im Garten Erde alles wuchs und in Ordnung blieb.

Doch mit dem Weihnachtstag fing alles an. Deswegen feiern wir diese Nacht als heilig und zünden uns dabei im Dunkeln Licht an. Das ist immer noch so wunderbar wie damals, als mit dem Traum von *Mutter Ama,* dem zum Weihnachtsstern gewordenen Funken und ein Jahr später dann auch mit *Ulu Holla* das Leben begann.

Der Schnee

Seht mal Kinder, wie es schneit. Jetzt schüttelt die Sonnen-*TiTi Holla Di Ulu* ihr Bettzeug aus.

Didi Ulu ist aufgestanden. Gleich wird sie in die Welt hinausziehen, um in ihrem Garten Erde zu arbeiten, und dann wird die Welt wieder hell und warm, und die Blumen werden wieder blühen, und die Tiere, die Schafe und die Vögel werden Junge kriegen, weil sie dann wieder richtig zu futtern haben.

Und wenn die Sonnen-Mutter *Hollo Lulu* mit ihrer Arbeit fertig ist und man leckere Beeren ernten und Pilze pflücken kann, dann geht sie nach Hause und macht es sich gemütlich. Dann wird es draußen wieder kälter und dunkler. Vielleicht bekommt sie auch wieder ein Weihnachtskind.

Wenn *Ala Lala* müde wird, legt sie sich in ihr Lager, um zu schlafen, und wenn sie genug geschlafen hat, steht sie wieder auf. Zuerst isst sie von ihren leckeren Beeren, Früchten, Nüssen und Pilzen, die sie sich im Herbst gesammelt hat und macht sich einen heißen Kräutertee. Bevor sie dann wieder in ihren Garten Erde geht, um ihn wieder schön zu machen, schüttelt sie erstmal ihr Bettzeug aus. Dann schneit es kräftig bei uns.

Was für uns ein ganzes Jahr ist, das ist für die Mutter *Didi Ulu* ein einziger Tag. Ja, *Di Olo* ist groß und *oll* (alt), eine wirkliche Riesen-Mutter ist sie. Für sie ist ein Jahr nur ein einziger Tag.

Aber sie braucht ja auch viel mehr Zeit als wir. Die muss ja sehen, dass alles im Frühling wieder wächst und alle genug zu essen haben, auch die Schafe und auch die Vögel, wenn sie Kinder kriegen. Ja, wenn Mutter *Holo* ihr Bettzeug ausgeschüttelt hat, dann fängt sie an, ihren Garten Erde zu bestellen. Bald ist es wieder soweit. Dann fangen die Blumen an wieder zu blühen, und die Tiere, die Schafe und die Vögel kriegen dann ihre Kinder. Das wissen wir, wenn der Schnee kommt. Dann wissen wir, Mutter *Ulu Lulu* ist aufgestanden und wird gleich ihren Garten Erde machen. Jetzt schüttelt sie ihr Bettzeug. Sie ist schon aufgestanden, und bald geht es wieder los.

Jetzt aber kommt erst mal die Schneezeit. Noch ist es, genau wie damals, viel dunkel und noch kalt. Es braucht noch etwas Zeit, bis alles warm wird. Wenn der Oster-Hase kommt und das Oster-Ei bringt, dann ist es so weit.

Wir aber wollen uns jetzt erstmal an dem Schnee freuen. Mit dem Schnee lässt sich auch toll spielen. Mit dem Schnee kann man tolle Schneefiguren oder auch eine Schneehütte bauen, und es lässt sich auch toll Rutschen [*je nach Gelegenheit: Schlitten fahren, Ski laufen, Schlittschuh laufen usw.*].

Jetzt gehen wir mal los um zu sehen, wie das alles mit dem Schnee aussieht und was wir damit machen wollen. Wer hat Lust mitzukommen?

Der Oster-Hase

Es war der Oster-Hase, der das Oster-Ei fand. Am Anfang der Welt war alles noch recht dunkel. Es war zwar schon nicht mehr ganz so dunkel wie ganz am Anfang, als man noch gar nichts sehen konnte. Es gab schon einige Eier, die im Dunkeln leuchteten, aber diese waren noch sehr klein, dass man nicht viel sehen konnte. Es war noch wie mitten in der Nacht.

Der Oster-Hase grub sich eine Höhle, um besser schlafen zu können. Und als er sich so einen Bau grub, da stieß er plötzlich auf das Oster-Ur-Ei, das *U-Uru* in die Erde gelegt hatte. Dieses Oster-Ei war größer als alle anderen Eier, und es leuchtete auch viel heller.

Das ist ja super, dachte der Oster-Hase. Endlich habe ich etwas, was der Mond-Mutter *Nana Ulu* bei ihrer Schöpfung hilft. Dieses wundersame Ei muss ich sofort *Nana Ulu* bringen, und so machte er das auch. Und als er das Ei aus dem Boden grub, da begann das Ei immer mehr zu leuchten. Es wurde zwar noch nicht so hell wie das goldene Ei. Doch es wurde schon viel heller, als es bis dahin je gewesen war. Man konnte jetzt schon alles recht gut sehen.

Als der Oster-Hase dieses Oster-Ei der Mond-Mutter *Nana Ulu Ba* gab, da begann das Oster-Ei erst recht zu leuchten. Da wussten alle: die dunkle und kalte Zeit ist jetzt vorbei, jetzt wird es Morgenfrühe, jetzt wird es Frühling. Die Blumen und die Tiere begannen, aus ihren Eiern zu kommen, die Osterglocken und die Tulpen, die Ameisen, die Schnecken und die Bären. Und die Tiere begannen, selbst Eier zu legen, die Vögel, die Fliegen, die Schlangen, die Frösche und die Schildkröten. Die Bäume, Gräser und Sträucher begannen grün zu werden und vor lauter Freude schön zu blühen.

So fing das Leben auf unserer Welt an. Das meint Ostern, nämlich >Ursprung<. Ostern ist, wenn der Oster-Hase kommt. Dann ist das Frühlingsfest, wo alles wieder neu beginnt, so wie es ganz am Anfang geschah. Ostern ist dann, wenn das große Frühlings-Mond-Ei voll und rund geworden ist [13] und wieder hell strahlt. Dann kommen die Pflanzen und die Tiere aus ihren Eiern, und die Vögel legen Eier, aus denen bald die Küken kommen, und der Oster-Hase bringt den lieben Kindern leckere und schöne Oster-Eier.

Dieser Oster-Hase, der das erste Oster-Ei gefunden hat, war *Nana Bo,* der Mond-Vater *Manu.* Als *Nana Bo* der Mond-Mutter *Nana Ba* dieses tolle Oster-Ei brachte, da wurden beide so glücklich, dass sie und alles zu leuchten und zu leben begannen. Sie wurden warm und liebten sich und sollten bald selber Kinder kriegen. Neun Monde später, genau zu der Weihnacht, war es dann so weit. Da kam das Weihnachtskind *Holla Ulu.*

Nana Bo malte vor lauter Glück das große Gesicht auf den Mond, und *Nana Ba* malte den Hasen, und zwar so, dass das Gesicht und der Hase eins wurden, wie sie selbst eins wurden. Das können wir noch heute sehen.

Der Hase, den *Ulu Mana* auf den Mond malte, erinnert uns an das erste Ostern, als der Mond-Vater *Manu* der Mond-Mutter *Mana Ba* das Oster-Ei brachte. Denn damit ging es auf der Welt los. Und dabei haben *Mana* und *Manu* auch die Liebe (*Minne*) entdeckt, und in dieser Liebe wurden sie zu den *Ur-Ahni* der *Many - Menschen.*

---

[13] bei uns heute an dem Sonntag danach

Die Geschichte des Ur-Wurms *U-Uru*

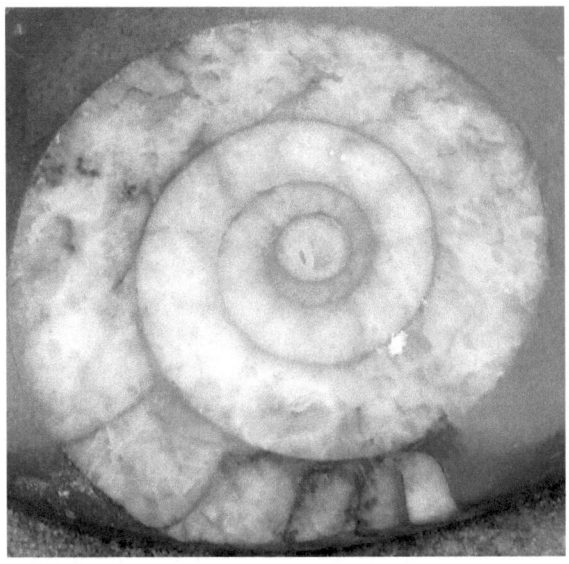

Ganz am Anfang der Zeit, als es noch keine Menschen, kein Tier und auch noch keine Welt und keinen Himmel gab, da entstand zuerst ein winziges Ei, so klein, dass man es noch gar nicht sehen konnte.

Dieses Ur-Ei war der Ursprung. Deswegen heißt es auch *Ei*, weil dies früher >Ur (-sprung)< bedeutete. Es kommen ja auch viele Tiere aus dem Ei, so etwa Vögel, Fliegen, Schildkröten, Krokodile, Schlangen, Würmer und so weiter.

Doch in dem ersten Ur-Ei wuchs zuallererst der Ur-Wurm *U-Uru*. *U-Uru* bedeutet *Ei-Ur-Wurm*. Das Wort *Wurm* kommt von *U-Uru*. Das war der erste Ur-Wurm.

Wir hatten ja schon bei dem Schneckenhaus der Schnecke, die auch von dem Ur-Wurm abstammt, gesehen, wie das ging. In der Mitte ist das Ei, und daraus wuchs der Wurm, größer und größer. Auf dem Foto kann man einen Ur-Wurm sehen, der hinterher zu Stein geworden ist, als die Welt richtig fest wurde.

Der Wurm ist das Ur-Tier, das aus dem Ur-Ei entstand. Zuerst war es der *Ei-Ur*-Wurm *U-Uru*, der aus dem ersten Ur-Ei wuchs. Als er größer wurde, legte *U-Uru* selber Eier, aus denen alle möglichen Tiere stammen, auch die Fliegen und die Vögel, die Krokodile und die Drachen-Schlangen.

Als der Ur-Wurm *U-Uru* immer größer wurde, wurde er auch immer länger. Aus einem Ei, das er nun legte, stammt die Ur-Schlange. Manche Schlangen bauen sich ein Haus, die nennen wir dann Schnecken. Manche Schlangen sind auch dünn und schlank, dann nennen wir sie Schlange oder *linni, lana,* weil sie wie eine *lang* wie eine *Linie* und *Leine* (*Liane, Schlinge*) sind.

Alle Tiere und auch die Körperformen des Menschen stammen von diesem Ur-Tier ab. In allen Tieren und auch in uns Menschen steckt immer noch diese Schlange. Es ist da nur mehr Körper drumherum gewachsen.

Am Anfang ging das noch gar nicht. Da gab es ja noch gar keinen Mond und keine Erde zum Herumlaufen. Am Anfang war alles noch winzig klein, und die Welt war noch gar nicht fest. Der Ur-Wurm musste erst einmal viel Erde machen, damit sie groß genug für die Tiere und die Menschen wurde, und er baute mit seinem Schneckenhaus den Weltberg, damit die Erde richtig fest und stabil wurde.

Die Würmer wie zum Beispiel die Regenwürmer, die sehr früh von dem Ur-Wurm abstammten, die sind noch immer dafür da, die Erde für den Erdboden zu machen, damit in der Erde etwas wachsen kann. Ohne die Würmer wie die Regenwürmer könnte sonst gar nichts in der Erde wachsen. Und manche Würmer kauen dafür auch Steinchen klein. Denn auch die Pflanzen brauchen ganz feines Steinmaterial, damit sie stabil werden, und wir kriegen feste Knochen davon, wenn wir die Pflanzen essen oder Tiere, die Pflanzen gefressen haben. Ohne das Steinmaterial blieben wir sonst weich wie ein Wurm. Das müsst Ihr mal bei Babys sehen, wie weich die noch sind. Weil sie noch nicht viel Steinmaterial gegessen haben.

Der Ur-Schlangen-Wurm ist das Ur-Tier. Alle Tiere und Menschen stammen von dem Ei-Ur-Wurm ab. In allen von uns steckt noch immer dieser Ur-Wurm. Nur haben wir mehr Körper da herum. Damit wir schön herumlaufen und springen und klettern können. Dafür sind Arme und Beine schon sehr gut. Doch in uns drinnen ist noch immer das von dem Ur-Wurm.

Das müsst Ihr Euch mal bei einem toten Tier ansehen, zum Beispiel bei einer Kuh, was da für eine lange Schlange in so einem Bauch ist, eine richtige Riesen-Schlange. Die Schlange, die in uns Menschen drin ist, ist so lang wie eine Boa.

Der Mund mit den Lippen ist der Anfang von der Schlange in uns. Und am Ende der Schlange in uns kommt alles wieder heraus. Bei den Jungen und Männern kann man das noch besser sehen, da kommt vorne noch etwas mehr von der Schlange heraus. Bei den Mädchen sieht man eher nur die Lippen von der Schlange in uns. Das spritzt wie eine Quelle.

Auch in dem Erdboden und in den Quellen spritzen die Schlangen-Würmer das Wasser heraus, damit alle: die Tiere, die Pflanzen und wir Menschen zu trinken haben. Die Schlangen haben das Wasser geschaffen, und auch die Flüsse sind von den Ur-Schlangen gemacht worden. Deswegen bedeuten auch viele Flussnamen >Schlange<, wie *Schlinge, Selenga, Sulina* oder wie *Linni, Lana* etwa *Lenne, Leine, Lahn, Lena* oder auch *Wurm* und *Würm*. Die Flussnamen wie *Nidder* und *Oder* stammen von *Natter* und *Otter*.

Der Ur-Knall

Am Anfang gab es nur Geist. Aus diesem Geist entstand zuerst wie ein Tau-Tropfen das ganz, ganz winzige Ur-Ei, das aus Fruchtwasser bestand. Als dieses Ur-Ei wuchs, wurde das Fruchtwasser zum Ur-Meer.

Zuerst gab es noch nicht das Feste der Welt. Das Leben war Geist und wie Luft und Nebel. Alles schwebte noch in der Luft, genau wie der Mond und die Ur-Eier. Die Ur-Tiere waren zuerst noch wie die Wolken. Die Formen waren noch nicht fest, und manchmal sahen die Ur-Tiere aus wie Kühe, dann wieder wie ein Vogel und dann wie ein Löwe. Die Mond-Mutter probierte noch aus, welche Tiere ihr am besten gefielen und wie die Kühe aussehen sollten und wie die Vögel. Das war ein tolles Theaterspiel. Die Ideen und auch die Formen der Tiere wurden immer besser.

Als die Formen fester wurden, da entstand eine Ansammlung vieler Wolken. Die Wolken wurden immer dichter und immer dunkler. Zuerst war es noch ein riesiger Wolkenberg in Weiß, vielleicht so groß wie der Weltberg *Tara Mera*. Das sah sehr schon beeindruckend aus. Dieser Wolkenberg strahlte in glänzendem Weiß. Doch der Himmel wurde immer dunkler, die Wolken wurden grau und dann fast schwarz. Das wirkte sehr gefährlich, man hatte das Gefühl, gleich würde was passieren, so schwarz, wie der Himmel wurde. Die Drachen-Schlange *Uri* spuckte schon kleine Feuer-Blitze. Es wurde immer dunkler. Nur kurz leuchteten die Schlangen-Blitze über den Himmel. Immer mehr Wolken sammelten sich zusammen. Jetzt spuckte der Drache auch noch Donner, immer lauter und immer lauter. Das klang schon richtig gefährlich.

176

Und plötzlich war es auch passiert. Es machte richtig >krawumm<, das war ein Blitz und ein Donner, wie man es noch nicht gehört hat. Da merkte man erst so richtig, wie gewaltig der große Drache war, und man fühlte sich klein wie ein winziger Wurm, und man konnte nur hoffen, dass der Drache nicht aus Versehen auf einen drauf trat oder einen aus Versehen mit seiner Donner-Keule traf. Das hätte der Drache nicht einmal gemerkt, so wild wie er tobte und so klein wir für ihn sind. Da muss man schon gut aufpassen, wenn der Drache tobt. Und dann kam ein Regen, so heftig, als wenn ein großer Fluss wie ein Wasserfall über einen hereingebrochen wäre.

Was damals passierte, das war noch viel heftiger, als wir es jemals erlebt haben. Das kann man sich gar nicht richtig vorstellen, aber zum Glück gab es uns ja auch noch nicht.

Denn was damals passierte, war, dass das große Oster-Ei mit einem gewaltigen Krach explodierte. Das Oster-Ur-Ei, das der Oster-Hase gefunden und der Mond-Mutter *Mana Ulu* gebracht hatte, war immer weiter gewachsen und immer größer geworden, bis es einfach nicht mehr ging. So explodierte das Oster-Ei mit einem gewaltigen Knall, dem so genannten Ur-Knall, mit dem die Welt, wie wir sie kennen, begann.

Das Oster-Ei hatte nämlich eine Schale. Deswegen konnte das Oster-Ei auch besonders groß werden, weil die Schale das Ei zusammenhielt. Aber weil diese Schale nicht wie bei dem Schneckenhaus offen war, sondern nach allen Seiten wie ein Vogel-Ei geschlossen war, musste das Oster-Ei beim Wachsen auch irgendwann platzen und explodieren.

Doch diese Explosion war der Anfang unserer Welt. Aus dem Oster-Ei kamen alle möglichen kleineren Eier, vor allem aber auch der Drachen-Vogel *Tara Vulu* und die Spinnen-Mutter *Baba Nana*. Aus dem Gelben des Eies wurde die Sonne. Ein Stück Schale wurde zum Mond. Deswegen sieht der Mond auch mal rund wie ein Ei aus, dann aber auch schmal wie eine Schale, je nachdem, welche Seite man sieht.

Auf dem unteren Teil der Schale entstand unsere Welt. In diese Schale floss sehr viel Wasser des Ur-Eies. Das wurde zuerst zum Meer. Als dann die Spinnen-Mutter *Baba Nana* die Schildkröte *Ma Kui* aus zwei Stücken Schale baute, wurde diese Schildkröte zuerst wie eine große Insel. Endlich gab es einen festen Boden, wie es die Menschenkinder brauchten, die ja bald kommen sollten.

Im Meer und am Strand findet man auch heute noch viele kleinen Schalen. Manche Schalen stammen noch von dem Oster-Ur-Ei, manche auch von den ganz kleinen Eiern aus dem Oster-Ur-Ei. In diesen kleinen platten Eiern wächst eine Art von Ur-Würmern, die auch diese Art von Eiern legen. Wir nennen sie nach diesen Schalen *Muscheln*.

In diesem neuen Meer lebte auch der Schlangen-Wurm *As Naga*. Er baute sich aus den vielen Schalenstücken sein Schneckenhaus, groß und immer größer, so groß, dass daraus zuletzt der Weltberg wurde.

Seit dieser Zeit, als das Oster-Ur-Ei platzte und der Ur-Wurm nun unsere Welt auf dem unteren Teil der Schale des Oster-Eies aufbaute, gibt es nun richtig feste Formen. Es gibt einen festen Boden, wie wir Menschen es brauchen. Auf ihm können wir stehen, laufen und tanzen. Erst jetzt war auch ein fester Körper möglich, auch bei den Tieren. Erst jetzt gab es Steine und feste Baumstämme, und so war es möglich, Hütten zu bauen.

Seit dieser Zeit gibt es auch die drei Grundebenen der Welt: die Ober-Welt über uns, die Mittel-Welt, in der wir leben, und die Unter-Welt unter uns. Seit dieser Zeit braucht es auch zum Fliegen Flügel. Das Ur-Huhn brauchte noch keine Flügel, aber in unserer Welt kann das Huhn nicht richtig fliegen. Die Tiere, die richtig fliegen wollten, ließen sich deswegen Flügel wachsen. Jetzt ging es bald für uns so richtig los.

Die Spinnen-Frau *Nana Ba*

Die Spinnen-Mutter *Nana Baba* stammt auch aus dem Oster-Ur-Ei, das explodierte. Sie lebte bis dahin von dem klebrigen Fruchtwasser im Ei.

Als nun dieses Ur-Ei platzte, lernte sie, das klebrige Fruchtwasser für sich zu gebrauchen. Zuerst machte sie daraus in ihrem Mund eine klebrige Spucke, die sie zu langen Fäden spinnen konnte. Bald hatte sie entdeckt, dass, wenn sie diese Fäden zu Netzen zusammen spinnt, sie damit gut Fliegen fangen konnte. Fliegen gab es ja genug. Die Fliegen stammen aus ganz kleinen Eiern aus dem Ur-Ei. Die gab es damals schon, die wussten gleich, wie man fliegen konnte.

Doch die Spinnen-Frau *Nana Ba* wollte nicht bloß Fliegen fangen. Sie wollte ihre besonderen Fähigkeiten nutzen, um der Mond-Mutter *Ana Nana* zu helfen, die Welt für ihre Kinder zu bauen. Deswegen nannte sie sich auch *Nana* >Mutter< oder auch kurz *Ba Ná*. Von *Ba Ná* stammen unsere Wörter *Band, binden* und *Spinne, spinnen,* von *ná nähen, Naht* und *knoten, knüpfen.*

Denn *Nana Ba* hat begriffen, wie es ging, Bänder zu spinnen und damit Netze zu binden und zu weben und Sachen zusammen zu nähen. Als das Oster-Ur-Ei geplatzt war, gab es sehr viel Fruchtwasser aus dem Ei, das sie gut dafür gebrauchen konnte.

Als erstes fing sie an, das Welt- oder Himmelszelt zu spinnen. Das war auch für sie selbst sehr praktisch, konnte sie darin für sich immer genug Fliegen fangen. Aber das Himmelszelt war auch für die Welt sehr gut. Denn als das Gelbe aus dem Ei geschleudert wurde, fing es hell an zu leuchten. Aber es war für uns nicht gut, wenn es immer nur hell und heiß war. Deswegen webte und flocht sie für die Mond-Mutter das Himmelszelt, das sie mit dem Mond-Vater abends über die Welt zieht, damit wir gut schlafen und schön träumen können. Ganz dunkel sollte es nicht sein. Also ließ sie viele kleine Löcher in dem Himmelszelt, damit etwas von dem Himmelslicht durchscheinen konnte, und sie nahm auch einige kleinere Stücke von der Schale des Oster-Ur-Eies, die als Sterne wie der Mond in groß leuchten konnte, und band sie oben am Weltzelt fest.

Als nächstes nahm sie große Kröten und band zwei Schalen um sie herum, sodass Schildkröten aus ihnen wurden. Diese Schildkröten sollten in dem Meer mit ihrer Schale fürs erste als Inseln dienen, auf der die Erde mit einem festen Boden gebaut werden konnte, wie wir es brauchen und die Mond-Mutter *Mana* es für uns haben sollten. Die Schildkröten-Mutter *Mama Kui* hat bei diesem Bau kräftig mitgeholfen. Sie tauchte sehr viel Schlamm von dem Meeresboden, dass auf ihrem Schild Bäume, Sträucher und Kräuter aller Art wachsen konnten, damit die Tiere und dann auch die Menschenkinder Nahrung hatten.

Aber das war nur der Anfang. Denn als es nun mit der festen Welt begann, wusste *Mama Nana* noch nicht, wie sie das Problem lösen sollte, dass nicht nur alles wie Luft, Wasser und Gelee, aber auch nicht nur fest wie Holz und Stein war. Es war die Spinnen-Frau *Ba Ná,* die die richtige Idee hatte. Sie nahm kleine Stücke von der Schale des Ur-Eies, und band sie mit Fäden zu Gelenken zusammen. So waren nun die *Bein*-Knochen (*bana – bone*) einerseits stabil, aber auch beweglich. Dann baute sie ähnlich wie ein Zelt ein Gerippe und band die *Beine* und Arme daran fest. Für den Kopf nahm sie passende Eierschalen, drückte ein paar Löcher für die Augen, den Hals, die Ohren, die Nase und den Mund-Bereich hinein. All das *band, spann* und *webte* sie zusammen. Für das Innere nahm sie eine Schlange. Um diese Knochen mit ihren Sehnen und die Schlange im Inneren spann sie ein ganzes Gewebe, das bei den Tieren und bei uns der Körper wurde. Weil sie es schick fand, nahm sie zum Abschluss noch ein Bündel von Fäden, die sie als Haare an uns band.

Der Geist und unsere menschliche Form stammen von *Mama Nana,* aber es war die Spinnen-Frau *Ba Ná,* die das Problem mit dem Bau unseres Körpers gelöst hat, und sie war es auch, die uns zeigte, wie man Kleider näht, Netze für den Fischfang und Körbe und Haare flechtet. Wie man sieht, war die Spinnen-Frau *Ba Ná* von sehr großer Bedeutung für uns.

Von dieser Zeit am Anfang unserer Welt, wo die Spinnen-Frau *Ba Ná* und all ihre Kinder und Kindeskinder halfen, all die verschiedenen Körper zu spinnen, zu nähen und zu weben, kommt es auch, dass die Spinnen recht gerne in unseren Hütten mitwohnen. Zumal die Idee von dem Himmelszelt und dem Bau der Hütten und Zelte ja auch von den Spinnen stammt. Wir müssen den Spinnen dankbar sein, aber zu viele Spinnen in unserer Hütte – das kann auch nervig werden, wie alles, was zu viel ist – auch bei uns Menschen.

„Abdruck eines Stempelsiegels aus Tell Sabi Abyad. Das Motiv wird als stilisierte Wiederholung des Spinnenmotivs vom Göbekli Tepe gedeutet [...].“ Zitat + Nachzeichnung nach: Klaus Schmidt: Sie bauten die ersten Tempel, S. 206

Der Ur-Drachen-Vogel *Ari Vulu*

Wisst Ihr auch, wie es dazu kam, dass das Kosmische Oster-Ur-Ei explodierte?

Nun, das Ei wuchs ja nicht wie ein Luftballon. Es war ja etwas in Ei innen drin, und das, was in dem Ei drinnen war, das wuchs und wuchs und wurde immer größer und immer mehr. Das drückte gegen die Schale und platzte dann wie ein Luftballon, den man zu sehr aufbläst. Das habt Ihr ja bestimmt schon mal gesehen, wie so ein Luftballon immer größer wird und dann auf einmal mit einem lauten Knall platzt, wenn man ihn zu sehr aufbläst.

In diesem Kosmischen Ur-Ei war auch der Drachen-Vogel (= *Tara Vulu*) *Ara*. Er war nun soweit herangewachsen, dass er anfing sich vorzustellen, wie es außerhalb des Eies sein würde und er toll herumfliegen könnte.

Zuerst war das ganz praktisch gewesen mit der Eierschale. Es gab genug zu futtern, und *Ari Vulu* fühlte sich in dem Ei wie in einer Zelthütte gemütlich und sicher. Das war schon eine tolle Sache mit der Eierschale. Man muss nicht arbeiten, man hat immer genug zu futtern, und mit der Eierschale konnte einem fast nichts passieren.

Mit dieser Schale wirkte das Ei wie ein runder Kieselstein, und wenn man nicht zu fest dagegen schlägt, ist so ein Ei sehr stabil, und man denkt, das wäre ein Stein. Doch in Wirklichkeit ist da erstmal nur klebriges durchsichtiges Wasser mit etwas Gelben drin. Das kann man trinken. Daraus kann man Brei machen und Kuchen backen. Doch wenn man lange genug wartet, kommt daraus ein Küken oder eine Schildkröte oder auch ein Krokodil.

Das ist schon ein ganz großes Wunder. Dieses Wunder kommt von dem Drachen-Vogel *Vulu Ari*. Der hat dieses Wunder mit den Eiern erfunden. Das größte Wunder aber war das Kosmische Ur-Ei. Da war nicht nur der Drachen-Vogel *Ari Vulu* drin, sondern noch viel, viel mehr.

Inzwischen war *Vulu Ari* schon sehr groß geworden. So langsam wurde es ihm in dem Ei zu eng, und so langsam hatte er auch keine Lust mehr, immer nur in dem Ei zu liegen und bloß vor sich herum zu träumen. So langsam fühlte er sich nicht mehr von dem Ei beschützt, sondern in ihm eingesperrt und gefangen. Er spürte große Kraft in sich und wollte sich endlich mal austoben. Er wollte fliegen und die Welt kennen lernen! Er fühlte sich nun stark genug, sich selbst zu beschützen.

Doch so einfach ging das gar nicht. Er drückte und stemmte sich gegen die Eierschale, aber sie war ganz schön hart. Er versuchte es ein paar Mal, aber es ging nicht, und da dachte *Ari Vulu*: „Na ja, es ist doch auch ganz gemütlich in meinem Ei. Hier hab ich genug zu essen und zu trinken, und das ist ja auch sehr gut." Doch wenn er satt war und genug geschlafen hatte, dann dachte er wieder: „Ich will mich mal richtig bewegen, ich will aus meinem Ei heraus, herumfliegen und etwas erleben und die Welt kennen lernen."

Und dann reckte er sich und streckte sich und drückte gegen die Eierschale und klopfte mit seinem Schnabel daran. Doch er konnte sich kaum noch bewegen, dass er nicht richtig mit seinem Schnabel hacken konnte, und die Eierschale war schon ziemlich hart.

Auf einmal hörte *Ari Vulu* die Drachen-Schlange *Uri* draußen donnern und pochen. Blitzspeere trafen das Kosmische Ur-Ei mitten in den düsteren Wolken. Dabei war das gar keine Absicht von *Uri*. Er konnte das Ei in der Mitte der düsteren Wolken gar nicht sehen. Er wollte die Wolken nur zum Regnen bringen, wie es seine Aufgabe von der Mond-Mutter *Nana* her so war.

Als wieder so ein Blitzspeer von *Uri* das Kosmische Ei getroffen hatte, da wusste *Vulu Ari* auf einmal ganz genau: jetzt würde es passieren oder aber nie.

Er nahm alle Kraft zusammen und drückte mit seinem spitzen Schnabel ganz fest gegen die Eierschale. Da passierte es. Sein Drücken von innen und ein Blitzspeer von außen trafen genau dieselbe Stelle der Eierschale, dass ein Durchbruch und eine große Explosion entstanden. Mit einem regelrechten Ur-Knall brach das Kosmische Ur-Ei auseinander, und der Drachen-Vogel *Vulu Ari* flog in die Freiheit seines großen Abenteuers. Endlich konnte *Ara Vulu Tara* fliegen und fliegen, und er flog gleich bis zu den Enden der Welt – und natürlich zur Mond-Mutter *Ulu Nana,* und beide freuten sich, sich zu sehen. Die Mond-Mutter war sehr erstaunt, wie groß *Ara Tara* geworden war und wie stark und wie toll er fliegen konnte. So begann für *Vulu Ara Tara* sein großes Abenteuer.

Doch als der Drachen-Vogel *Ari* endlich aus dem Ei ausbrechen konnte, da war das ja nicht das Einzige, was dabei passierte. Als das Kosmische Ur-Ei mit dem lauten Ur-Knall explodierte, da begann ein neuer Tag in der Schöpfung von *Ani Ma.*

Die Sonne ging auf, und es wurde wieder hell. Das Gelbe in dem Ei war zu einem hell leuchtenden Kugel-Ei geworden.

Doch ebenso wichtig war, dass der untere Teil der Schale des Kosmischen Eies zum Boden für unsere Welt wurde. In dieser Schale sammelte sich viel Wasser zu einem riesigen Meer. Darin begann nun der Schlangen-Wurm *As Naga* zu wachsen und sein Schneckenhaus zu bauen, größer und immer größer, bis daraus der Weltberg wurde.

Die Geschichte der Ameisen

Ganz am Anfang, da war die Welt noch ganz klein. Ganz am Anfang, da war die Welt so klein wie Sandkorn. Das kann man sich gar nicht vorstellen, dass alles am Anfang so klein war, auch Du und Du und auch ich, und selbst die Riesen, die Drachen-Schlange und auch die Mond-Mutter *Ama Titi* waren am Anfang ganz klein, so klein, dass man gar nicht sehen konnte. Aber war es doch schon etwas da.

Alles fängt ganz klein an, und dann wächst es, bis es die richtige Form hat und es für einen gut ist. Dann hört man auf, größer zu werden, und sieht, dass man aus dem, was geworden ist, gutes Leben schafft. Manche möchten dann selbst Kinder haben, weil Kinder etwas Tolles sind. Aber das geht erst, wenn man nicht mehr größer werden will, sondern mit seiner Form zufrieden und fertig ist. Erst wenn man mit seiner Form fertig und zufrieden ist, kann man Kinder bekommen. Und so kam es auch, dass alles sehr unterschiedlich wurde auf der Welt. Die Elefanten wollten sehr groß werden, manche Schlangen wollten riesig lang werden, die Hunde wollten ganz schnell laufen können, und die Vögel liebten es zu fliegen. Die Ameisen fanden es aber sehr praktisch, ganz klein zu bleiben. Alles hat seine Vorteile, ganz je nachdem, was man gerne möchte. Wichtig ist zu finden und zu erreichen, was gut zu einem passt. Dann kann das gute Leben entstehen, sonst ist es noch nicht so weit.

Als die Welt noch kleiner als ein Sandkorn war, da begann der Ur-Wurm, sein Schneckenhaus zu bauen, und er baute es immer größer und größer.

Der Ur-Wurm war noch dabei, sein Schneckenhaus zu bauen, und das war noch nicht größer als ein kleiner Hügel. Das ist natürlich schon riesig für ein Schneckenhaus, sogar für ein Menschenhaus, aber doch noch nicht sehr groß für eine ganze Welt. Mutter *Ama Ti Ana* wusste, dass eine so kleine Welt für uns

Menschen doch bald langweilig würde. Es hätten da auch nur ein paar wenige Menschen leben können, aber *Ama Ti Ana* wollte doch mehr Menschen haben.

Als es nun nach dem Ur-Knall mit unserer festen Welt begann, da war sie so groß wie die Ur-Kuh *Ori Go*. Deswegen konnte ja auch die Ur-Schildkröte *Mama Kui* mit ihrem Schild dazu dienen, dass es einen festen Boden gab.

Die tote Ur-Kuh *Ori Go* bot schon mal einiges Material für den ersten Bau unserer Welt. Ihre Knochen dienten als Stütze und Felsen. Das Fleisch ließ sich als Nahrung gebrauchen, was sich dann auch zu Erde verdauen ließ. Die vielen kleinen Würmer halfen dabei. Sie legten auch Eier, und so entstand neues Leben.

Um aber die Welt oberhalb der Unter-Welt zu bauen, nahm Mutter *Ama Ti* zunächst die Gestalt einer Ameise an. Das war genau die Größe, die für diese damalige kleine Welt gut passte. So krabbelte Mutter *Ama Ti* als Ameise über den kleinen Hügel der toten Ur-Kuh *Ori Go* und begann, Ordnung zu schaffen, die Knochen zu säubern und Material für einen Ameisen-Bau und ihre Ameisen-Kinder zu sammeln.

Die Ameisen, die waren nach den Würmern die ersten Tiere, die hier auf dieser Welt waren, und sie sehen ja auch schon mehr nach einem richtigen Tier aus als so ein Wurm. Die Ameisen, das waren die ersten Tiere, die *Ama Ti* hier auf dieser neuen festen Welt schuf, weil sie Hilfe brauchte, viele Eier für weitere Tiere und Pflanzen zu schaffen und um den Garten Erde zu anzulegen und zu pflegen. Dafür sind nämlich die Ameisen besonders gut.

Die Ameisen leben heute noch so wie damals, als *Ama Ti* anfing, den ersten Garten Erde aus der toten Ur-Kuh auf dem Schild von *Mama Kui* einzurichten.

Als *Ama Ti* die Ameisen verließ, weil das Ur-Schneckenhaus, aus dem der Weltberg entstehen sollte, inzwischen schon viel größer geworden war und sie nun auch größere Tiere und die Zwerge und die Riesen brauchte, da wählten sich die Ameisen an ihrer Stelle die Größte von ihnen zur neuen Königin.

So ist seitdem die Ameisen-Königin dafür da, die vielen Ameisen-Eier zu legen, aus denen dann Ameisen schlüpfen. Das machen sie genau so, wie *Ama Ti* das zuerst gemacht hat und wie sie das von *Ama Ti* gelernt haben. Deswegen nennt man auch die Ameisen nach *Ama Ti* oder auch *Miere,* das heißt >Mutter< oder auch >Volk der Mutter<. >Ameise<, das kommt von *Ama Ti.* Sie nannten sich nach der Mutter *Ama Ti An,* die die erste Ameise war, und die Ameisen sind immer noch sehr stolz darauf, direkt von *Ama Ti An* abzustammen, und sie geben sich viel Mühe, die Arbeit von *Ama Ti An* fortzusetzen, die Welt in Ordnung zu halten und alles aufzuräumen, was im Weg liegt und vergammelt.

[*Ergänzender Nachtrag auf Stufe 3:*]

Manche meinen, die Menschen stammten von den Ameisen ab, aber das ist natürlich fürchterlicher Unsinn, den die dummen Geister verbreiten. Die Menschen stammen wohl wie die Ameisen von *Ama Ti An* ab, aber in ganz anderer Form.

Bei den Ameisen, ganz am Anfang der Welt, da war noch so viel Arbeit nötig. Da war der Garten Erde, den Mutter *Ama Ti An* für ihre Menschenkinder haben wollte, ja noch nicht fertig. Da brauchte es die Ameisen und dann auch die Zwerge und die Riesen und all die vielen anderen, den Garten Erde zu bauen.

Wir Menschen kamen erst auf diese Welt, als der Garten Erde fertig war, wie es sich *MaMa Ti Ana* als Wunder und Abenteuer für ihre Kinder vorgestellt hatte. Die sollten es richtig gut und schön haben und sich am Leben, an dem Garten Erde und aneinander freuen. Das ist es, was Mutter *Ama Ti* für uns wollte und will. Das ist der Geist von *Mama Ti Ana,* aus dem wir entstanden sind.

Die Geschichte der Welt-Ur-Schlange
Anga As Langa

Ganz am Anfang, als das Kosmische Ur-Ei mit dem gewaltigen Ur-Knall explodiert war, entstand unsere Erde auf dem unteren Teil dieser Eierschale, mit all dem, was auf dieses Stück Schale fiel.

So fiel auch einiges von dem Ur-Wasser aus dem Kosmischen Ei auf diese Schale, woraus das Meer entstand. Ein anderer Teil schwebt nun als Wolken durch den Himmel oder spritzte die >Milchstraße< in den weiteren Himmel. Von dort her kommt seitdem der Regen.

Hierbei fiel auch ein größeres Ei mitten in das Meer unserer Erd-Schale. In diesem Ei wuchs der Ur-Wurm *Anga As Langa.* Da das damalige Meer noch als richtiges Fruchtwasser aus dem Kosmischen Ur-Ei beste Nahrung war, konnte damals alles gut und schnell und größer als später wachsen.

So kam es damals auch zu den Riesen, den riesigen Dinosauriern und Walfischen und der großen Drachen-Schlange. Die haben fast das ganze Fruchtwasser im Meer verbraucht, aber das war auch gut so. Denn da war der Garten Erde fast fertig, und mit diesen Monstern hätten wir nicht gut leben können. Jetzt leben nur noch ein paar Riesen mit den Drachen an den Enden der Welt, wo viel Platz ist. Dort können sie toben, ganz wie sie es möchten. Diese Riesen sind sehr wichtig für uns, da sie, wenn es auf der Erde nötig ist, Gewitter und Regengüsse verbreiten. Außerdem passen sie dort an den Enden der Welt gut auf, dass die Welt in Ordnung bleibt. Das ist ein echtes Abenteuer, mal bis an diese Enden der Welt zu wandern, wo alles ganz anders ist, als wir das hier bei uns haben und kennen.

Auf jeden Fall hatte auch der Ur-Schlangen-Wurm *As Langa* in diesem Fruchtwasser reichlich gute Nahrung, so dass er schnell und kräftig wachsen und dabei ein gewaltiges Schneckenhaus bauen konnte.

Wir hatten ja schon gesehen, wie dieses Prinzip funktionierte. Es beginnt mit dem Ei, das hier aber keine feste Schale hat. Diese Schale baut sich der Schnecken-Wurm selbst um sich herum, aber mit einem Ausgang, wo er herauskriechen und wo er auch weiterwachsen kann. Das Problem bei dem Kosmischen Ur-Ei sollte nicht noch einmal entstehen. Dazu ist auch ein Schnecken-Wurm zu weich, um eine geschlossene Schale aufbrechen zu können. Als musste er es anders anpacken. Die Form des Schneckenhauses war seine Lösung.

Dieses Prinzip war auch äußerst praktisch. Denn so mussten die Schnecken-Würmer niemals auf den Schutz der Schale verzichten, und sie konnten ganz nach Belieben wachsen, und dabei diente diese Schale auch zur Stabilität. So hatte man die Vorteile der Eierschale ohne das Problem.

Im Wasser klappte das noch besser, da auch ein größeres Schneckenhaus nicht zu schwer wird, und deswegen können die Wasserschnecken mit Haus auch einiges größer werden als die Landschnecken mit Haus.

Bald war *Anga Langa* so groß wie ein Walfisch geworden. Er lag mit seinem Schnecken-Wurm-Haus unten auf dem Meeresboden der Erdschale, aber langsam wuchs er mit seinem Haus aus dem Wasser heraus.

Bald war sein Schnecken-Wurm-Haus über Wasser schon so groß wie Hügel. Das war der Ur-Hügel, der aus dem Meer wuchs, und *As Langa* war noch längst nicht am Ende. Er wuchs und wuchs, und so war sein Schnecken-Wurm-Haus bald größer als der Hügel, der aus der toten Ur-Kuh auf der Schildkröte *Mama Kui* gebaut wurde. Die Arbeit auf den Schildkröten-Inseln blieb noch immer wichtig, und manche leben auf den kleinen oder größeren Inseln. Es war jedoch das immer weiter wachsende Schneckenschlangenhaus von *Anga Langa,* aus dem der riesige Weltberg und unser Land entstand.

Inzwischen konnte man bei diesem Schneckenschlangenhaus nicht mehr nur von einem kleinen Hügel sprechen. Es war schon ein stattlicher Berg geworden, der allseits sichtbar aus dem Meer herausragte.

Doch je größer das Schneckenhaus wurde, desto schwieriger wurde sein Bau. Die Wände des Schneckenschlangenhauses mussten immer dicker gebaut werden, damit das Haus nicht zusammenfiel. Es zeigten sich schon immer wieder bedenkliche Risse, doch zunächst konnte *Anga Langa* diese Risse noch gut kitten. Doch dadurch wurden die unteren Höhlen immer enger und das Haus oben immer schwerer.

Man muss anerkennen, dass *Anga As Langa* Enormes geleistet hat. So ein Haus hat noch nie ein Mensch gebaut bekommen. Gegen sein Haus waren auch die großen beeindruckenden ägyptischen Pyramiden winzig. Sein Haus wurde immer noch höher als der höchste Wolkenkratzer-Turm, und es stellte auch die Grundlage für den Weltberg.

Wenn auch *Anga Langa* meinte, es mit seiner Konstruktion besser gemacht zu haben als der Ur-Drachen-Vogel mit seinem Kosmischen Ur-Ei, so hatte er doch zum eigenen Schaden nicht völlig Recht, aber das konnte man damals auch noch nicht wissen.

Das Problem war, dass *Anga Langa* mit seinem Haus zu groß geworden war. Das Haus war nicht nur zu schwer geworden. Ein Problem war auch, dass, je weiter das Haus aus dem Wasser ragte, es immer näher an die Sonne kam. Unten im Wasser war *Anga Langa* gut gekühlt gewesen. Doch je höher der Schneckenhaus-Berg wurde, desto weniger Kühlung hatte er, und je größer das Haus mit diesem Schneckenhaus-Bau-Prinzip wurde, desto größer wurde oben der Krater, in den die Sonnen-Hitze prallte.

Und so kam, was kommen musste. Die früheren Risse hatten es schon angedeutet. Mit dem weiteren Bau kam es immer mehr zu Rissen, die sich dann auch nicht mehr wirklich kitten ließen. Oben in dem Kraterloch wurde es immer heißer. Wohl schnaubte *Anga Langa* viel Nebel, was gut kühlte. Bald war der ganze obere Bereich von einer großen Wolke umgeben. Aber das sollte auf die Dauer nicht die Lösung sein.

Es begann damit, dass Teile des Schneckenhaus-Berges einzustürzen begannen. *Anga Langa* musste alle Kraft aufwenden, um den Zusammenbruch seines Haus-Berges zu verhindern. Doch vor lauter Anstrengung geriet *Anga Langa* immer mehr in Hitze, und er geriet vor lauter Anstrengung immer mehr ins Zittern. Es sammelten sich immer mehr Wolken um seinen Berg, und die Wolken wurden immer heißer. Da braute sich ein starkes Gewitter mit heftigen Blitzen zusammen, und alles kam zum Ausbruch.

Plötzlich traf ein besonders starker Blitz-Speer so tief in die Mitte des oberen Kraters, dass *As Langa* tödlich getroffen war. Als er dabei zuckte, bebte und wackelte der ganze Berg und die ganze Welt. *Anga Langa* brannte, so dass der Berg Feuer, Rauch und Brocken von dem Schneckenhaus spuckte.

Das war das Ende von *Anga Langa,* aber es war der eigentliche Anfang von unserem Garten Erde. Jetzt hatte unsere Welt schon eine gute Größe von dem erreicht, was sich Mutter *Ana Nana* für den Garten Erde vorgestellt hatte. Mit den Brocken des Schneckenhaus-Berges war der Berg auch noch in die Breite im Meer gewachsen, und der Ascheregen und die anderen Reste des Ur-Wurms waren gut dafür, dass daraus Erde für die Pflanzen entstehen konnte.

Jetzt hatte Mutter *Ama Ti An* eine gute Grundlage, ihren Garten Erde zu bauen. Bei dem Feinen halfen die Würmer und die Ameisen und jetzt auch die Zwerge, für das Grobe und Riesige kamen die Riesen Mutter *Ti Ana* zu Hilfe. Die Riesen türmten die großen Berge auf und sorgten, wenn es nötig war, für Gewitter, Regen und Stürme.

Im Meer übernahm ein jüngerer Schlangen-Wurm die Aufgabe, für Ebbe und Flut zu sorgen. Andere Schlangen-Würmer bauten weitere Schneckenhaus-Berge, die zu Inseln und zu Vulkan-Bergen wurden, aber nicht mehr so in groß wie *Anga Langa.* Denn es hatte sich gezeigt, dass der Schneckenhaus-Berg von *As Langa* zu groß für unsere Welt geworden war. Da war eine Grenze erreicht, und das war für Mutter *Ti Anas* Pläne von dem Garten Erde auch groß genug. Noch größer, das hätte nur mehr Probleme gebracht. So wie es nun war, war es genau richtig.

Der Schneckenhaus-Berg von *Anga Langa* wurde die Grundlage für den Welt-Berg *Meru* oder *Ma Tara* oder auch *Matterhor^n,* der >Mutter-Berg<, der im Zentrum des Garten Erde steht, wo oben auf dem Gipfel Mutter *Ti Ana* lebt.

Innen in diesem Welt-Berg ist die Drachen-Höhle. Das ist der >Ort des Ursprungs<, wo alles anfing und wo alles anfängt. Da gibt es noch Gänge aus dem Schneckenhaus von *Anga Langa,* aber nicht mehr so ordentlich wie am Anfang. Dieses Schneckenhaus ist ja eingestürzt. Da ist ein richtiges Labyrinth mit eingequetschten Gängen und Steinbrocken entstanden, wo nicht einfach durchzukommen ist und wo man sich auch verirren kann, dass man nicht mehr herausfindet.

Ganz unten in dieser Höhle lebt nun der riesige Höhlen-Drache, und in dieser Höhle leben auch die ganz alten Geister, die holden Elfen und auch die schrecklichen *Anga*-Geister, die fürchterliche Angst erzeugen können. Dort kann man die Geheimnisse über den Ursprung des Lebens erfahren. Aber dafür darf man kein Kind mehr sein. Dafür muss man erst einiges gelernt haben, damit man sich in dieser Höhle zurechtfinden kann.

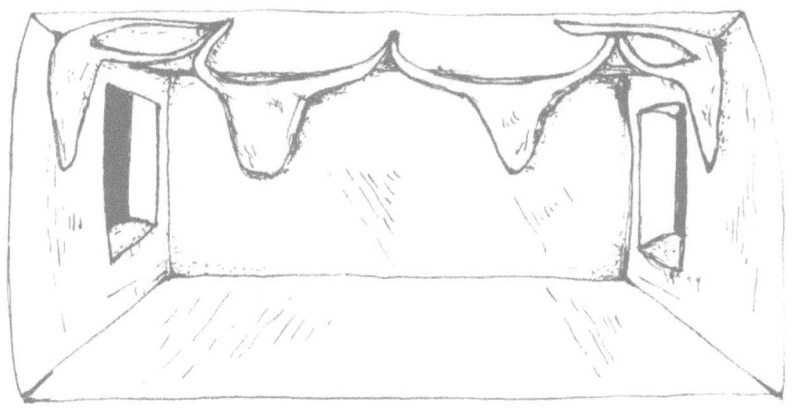

Mit bezeichnender Symbolik (*Ur-Kuh* = *STier* = *UTerus*) in Übertragung der eiszeitlichen Initiations-Symbolik (vgl. S. 50, 58, 200): Grabkammer auf Sardinien, um 4.000 v. Chr. [14]

---

[14] Nachzeichnung nach: M. Gimbutas: Die Zivilisation der Göttin, S. 291

Warum Mutter *Mana Ulu* Jungen und Mädchen wollte

Ganz am Anfang, als die Mutter *Mana Ulu* auf einmal merkte, dass sie Kinder haben wollte, da kam ihr bald die Frage: „Ja, aber was will ich eigentlich für Kinder? Will ich lieber Jungen oder lieber
Mädchen?

So Mädchen, die finde ich richtig klasse. Die Jungen machen ja gerne etwas Unfug, das finde ich nicht immer so gut, aber dafür machen die ganz tolle Sachen und Witze, noch anders als die Mädchen, das mag ich auch sehr gerne. Will ich vielleicht doch lieber einen Jungen? Hm, das finde ich gar nicht so einfach. Manchmal finde ich Jungen und manchmal Mädchen besser. Ich kann mich gar nicht entscheiden."

Und so träumte Mutter *Mana* die eine Geschichte und die andere Geschichte und immer hin und her. Doch im Ergebnis war es immer das Gleiche. Die Mädchen hatten ihre Vorteile, und die Jungen hatten ihre Vorteile. Manches konnten die Jungen besser, manches die Mädchen. Manchmal dachte sie, dass sie lieber ein Mädchen hätte, und dann wieder, dass sie lieber einen Jungen hätte, und so ging das hin und her.

Was findet Ihr denn besser: Jungen oder Mädchen? Und was gefällt Euch an den Mädchen und was an den Jungen?

Je mehr Mutter *Mana* darüber nachdachte, ob sie lieber einen Jungen oder lieber ein Mädchen wollte, da merkte sie, dass sie Beides sehr toll fand und wollte: Mädchen und Jungen.

Da begriff *Ana Mama,* dass der wirkliche Witz doch erst in der großen Abwechslung lag. Sie stellte sich nicht nur Jungen und Mädchen vor, sondern auch ganz verschiedene Mädchen und ganz verschiedene Jungen, auch mit ganz verschiedenen Hautfarben und Haarfarben, mit glatten, mit welligen und mit krausen Haaren; in groß, in klein und mittel, dicker, dünner und mittel, und mit unterschiedlichen Temperamenten, so eine richtig bunte Schar. Dann kann sich der Geist besser entfalten.

Alles hat seine Vorteile, und alles ist auf seine Weise gut und schön. Der eine mag lieber dies, und die andere lieber dies. So hat dann jede und jeder seine Auswahl, und alle können sich zu einer guten Gemeinschaft ergänzen.

Manche können besser Geschichten erzählen, manche besser tanzen. Manche können besser singen und Musik machen, manche können besonders gut basteln. Manche sind darin besonders gut, etwas Außergewöhnliches zu finden und zu entdecken, besondere Steine oder Pflanzen, besondere Spiele, Kunstwerke oder Werkzeuge. Manche können gut klettern, manche besonders schnell laufen, um ein Tier zu erbeuten, und manche können besonders gut mit dem Speer oder einem Pfeil treffen. So hat jeder und jede auf seine eigene Weise etwas ganz Besonderes, und jede und jeder ist ganz einzigartig, und jeder und jede bekommt von Mutter *Ama Nana* eine ganz besondere Gabe und Eigenart, dass jede und jeder etwas ganz Besonderes und Einmaliges ist.

Genau das ist es, dachte *Nana Ama.* Ich muss den Garten Erde so richtig bunt und mit ganz viel Abwechslung machen, mit allen möglichen Blumen, mit Bergen, Wäldern, Wiesen, Meer und Strand, mal heiß, mal kalt, mal Nacht, mal Tag. Und dazu will ich jetzt auch noch ganz verschiedene Tiere schaffen. Dann werden meine Menschenkinder einen tollen und spannenden Garten Erde haben, an dem sie sich freuen und wo sie richtig viel zu erleben haben. Und genauso machte sie es auch.

Wie Mutter *Ma An* die Tiere schuf

Als sich Mutter *Ma An* ganz am Anfang der Welt überlegte, was sie denn eigentlich gerne für ein Tier hätte, da dachte sie zuerst: „Ich glaube, ich hätte am liebsten ein ganz starkes Tier."

Und so schuf sie einen großen starken Löwen, und das war vielleicht ein großer starker Löwe, und wie der brüllen konnte! Und der brüllte auch und brüllte, um so richtig zu zeigen, wie er stark er war.

„Das ist vielleicht ein tolles starkes Tier!" dachte Mutter *Ma An*, und da fühlte sich der Löwe ganz toll und brüllte und brüllte, so laut er brüllen konnte. „Ja, das ist sehr gut", dachte *Ama Ti An*, „so toll, wie der brüllen kann. Der ist wirklich stark und gefährlich, der ist wirklich schön und der kann auch richtig schnell laufen."

„Aber", dachte Mutter *Ti An*, „ich probiere doch auch noch mal was Anderes. Dann kann ich ja sehen, was mir am besten gefällt."

Und so schuf Mutter *Ma An* einen Bären, einen richtig großen starken Bären. Und der hatte vielleicht Kraft! Der hätte Euch platt hauen können wie Mücken. Und selbst der große starke Löwe hatte Respekt vor dem Bären, so groß und stark, wie der war. Nicht dass der Löwe jetzt Angst bekommen hätte, das nicht, denn er war ja schließlich ein großer starker Löwe, der richtig brüllen konnte, viel lauter als der Bär. Aber der Bär hatte auch seine Vorteile. Wenn der sich aufrichtete, dann wurde er doch erschreckend riesig, noch viel größer als ein großer Mann, und er hatte sehr viel Kraft und auch gefährliche Tatzen. Nein, auch für einen so großen starken Löwen empfahl es sich nicht, mit

196

diesem Bären anzulegen. Doch auch für den Bären empfahl es sich nicht, sich mit dem Löwen anzulegen.

„Ja", dachte Mutter *Ti An*, „das ist vielleicht ein toller Bär, so groß und so stark, wie der ist. Der ist mir wirklich gut gelungen." Und so sah sie sich den großen starken Bären an und war sehr begeistert.

Und wie sie sich eine Zeit den Bären angesehen hatte und dann wieder den Löwen sah, da dachte *Ama Ti An*: „Ja, dieser Löwe und dieser Bär, das sind schon tolle Tiere. Die sind mir wirklich gut gelungen. Aber ich probiere auch noch mal etwas Anderes, mal sehen."

Was nun aus ihren Versuchen herauskam, war ein Pferd, ein richtig starkes und schnelles Pferd. Wie sie mit dem Pferd fertig war, da sprang das Pferd herum und wieherte und zeigte, was es für ein starkes und schnelles Pferd es war. Und als der Löwe neugierig herbeikam, um zu sehen, was da jetzt auf die Welt gekommen war, da stellte sich das Pferd auf die Hinterbeine und trat mit seinen Hufen nur so um sich, dass der große starke Löwe gleich sah, dass es sich nicht empfehlen würde, das Pferd von vorne anzugreifen, und schneller als das Pferd war er auch nicht. Allein würde er das Pferd nicht erbeuten können. Doch auch der Löwe brauchte keine Angst vor dem Pferd zu haben. Denn das Pferd fraß lieber frisches Gras und hatte überhaupt keine Lust, den Löwen oder den Bären zu ärgern. Nein, das Pferd war auf eine ganz andere Weise stark, und das gefiel Mutter Ma An auch sehr gut.

„Ja", dachte Mutter *Ma An*, „das ist vielleicht ein tolles Pferd geworden, so stark und so schnell, genau, wie ich mir das vorgestellt habe. So ein Pferd, das ist doch etwas wirklich Tolles. Das ist sehr hübsch und sehr lieb und trotzdem groß und stark. Auf dem Pferd, da kann ich mal reiten, und wenn ich mal was schleppen muss, dann kann mir das Pferd tragen und ziehen helfen. So ein Pferd ist wirklich etwas Tolles."

Und so sah sich Mutter *Ma An* das Pferd an, wie das herumrannte und herumsprang, und sie konnte sich erst einmal gar nicht satt sehen.

„Das ist ja toll!", dachte *A Ma Ti An*, „jetzt habe ich ja schon einen kleinen Zoo, mit einem großen Löwen, der richtig brüllen kann, und einem großen starken Bären und einem schönen schnellen Pferd. Das ist schon wirklich gut. Aber vielleicht wäre es gut, wenn ich auch mal ganz was Anderes versuche."

Und so machte Mutter *Ti An* ein Tier, das ein bisschen ähnlich war wie ein Pferd, aber kleiner. Das sollte einfach nur schön aussehen. Das wurde das Reh. Und das wurde vielleicht ein schönes Reh! „Hey!", sagte sich Mutter *Ma An*, „das ist mir ja auch wirklich super gelungen. Genau so habe ich mir das vorgestellt. Es ist wirklich wunderhübsch geworden. Ich glaube, das mit den Tieren macht mir sehr viel Spaß. Ich brauch nicht nur ein Tier, ich will viele ganz verschiedene Tiere. Ich werd' mal sehen, was mir noch so einfällt."

Das nächste Tier wurde ein Fuchs. Der war nicht so groß wie der Löwe und konnte auch nicht so brüllen, aber dafür wurde er umso schlauer. Der Fuchs, das ist ein richtig schlaues Tier. Der weiß, wie man die Dinge dreht, auch wenn man nicht so groß und nicht so stark ist wie ein Löwe und ein Bär. Dem Fuchs, dem fällt immer was ein. Der kennt die Tricks und ist richtig schlau. Deswegen sagt man auch von Menschen, die besonders schlau sind: „Der ist schlau wie ein Fuchs!"

Dann baute Mutter *Ma An* einen Elefanten. Der Elefant, der bekam einen richtig großen Kopf. Die Elefanten, die behalten einfach alles in ihrem Kopf, was sie gehört und gesehen und erlebt haben. Die Elefanten sind gut, um sich alles zu merken, und man kann zu ihnen hingehen, wenn man mal was vergessen hat.

Jetzt wollte Mutter *Ti An* mal ganz kleine Tiere probieren. Zuerst wurde es ein Meerschweinchen und dann, noch kleiner, ein Mäuschen. Die sollten so richtig süß aussehen, und das ist Mutter Ma An auch gut gelungen. Die waren richtig süß.

Bei ihrem nächsten Versuch entstand ein Affe. Den Affen fand Mutter *Ma An* auch besonders gut gelungen. Dieser Affe, der konnte wirklich toll klettern, und der sprang so herum und war so witzig und konnte so toll spielen und war so lieb. Der kam zu Mutter *Ma An*, kletterte an ihr herum und spielte mit Mutter *Ma An* und streichelte sie und gab ihr ein Küsschen. Das hatte bislang noch kein anderes Tier getan, und da spürte Mutter *Ma An* plötzlich ihr Herz.

„Ja", dachte Mutter *Ma An*. „Das mit den Tieren ist wirklich eine tolle Sache. Die passen alle sehr gut in meinen Garten Erde. Und ich habe noch viel mehr Ideen für Tiere. Ich will noch Schmetterlinge machen und Käfer und Bienen und Hunde und Katzen und Hasen und auch noch Fische und Echsen und noch viel mehr. Jedes Tier ist auf seine Weise gut und interessant, und ich will auch so richtig viel Abwechselung auf der Welt. Es ist wirklich sehr gut, dass es so ganz verschiedene Tiere gibt. Erst dann passt alles richtig zusammen, und was noch fehlt und nicht gut passt, das lässt sich immer noch verbessern.

Jetzt ist der Garten Erde weit genug für die Kinder, die ich möchte, meine lieben Menschenkinder. Ich glaube, dass ihnen der Garten Erde wirklich gefallen wird und dass sie sich freuen werden, ihn mal zu erleben. Im Garten Erde kann es ihnen gut gehen. Es gibt genug zu essen und zu trinken, genug Abwechslung, genug zu spielen, genug zu sehen, genug Wunder, Schönes und Abenteuer und auch genug Grund für die Liebe. Jetzt sollen meine Kinder kommen."

>Kuh< für >Bauch: Berg, Raum, Höhle: Uterus, schwanger<

Prähistorische Felsmalerei von Hati Thol (Raisen, Indien)
Nachzeichnung nach E. Anati, Höhlenmalerei, S. 50

Kuh	>(Gebär-) Mutter [-Tier]< (z.B. *Elefantenkuh*) vgl. **S. 58**
kyéō	griech. >schwanger, trächtig sein< [Γ]
kojka	sibir. Nganassanen >Mutter<, *djalü~* die >Sonnen-Mutter< [15]
*koke	**gesamt-altaische Wurzel** für >Brust, Herz, saugen<
køky-	altmongolisch >säugen< (EWD > **Köcher**)
*koka, kaka	germ. „wohl für Speise, Brei" (Duden 7 > **Kuchen**)

Neu – new – 9 – Nanna

niu	chinesisch >**Kuh**<
*Niü-**Kua***	chinesische Göttin, die die Menschen formte [16]
NYÜ = chi, chichi	japanisch >Muttermilch, Brust<
chichu', nan	Quiche-Maya >Frau< [die **gleiche** Parallele!]
ñu-ñu (n'yoo-n'yoo)	Quechua (Inka) >Milch<

---

[15] Mihály Hoppál: Schamanen, S. 112, mit Abbildungen.
[16] Helma Marx: Das Buch der Mythen, S. 325

Warum Mutter *Ani Ma* auch gefährliche Tiere schuf

Inzwischen war der Garten Erde so weit fertig, dass die Mond-Mutter *Ani Ma* dachte, dass es nun wunderbar wäre, wenn nun die Kinder, die sich *Ani Ma* wünschte, endlich in diesen Garten Erde kommen würden. Denn schließlich hatte *Anna Mama* diesen Garten extra für ihre Menschenkinder gemacht, damit sie in ihrem Leben mal etwas wirklich Tolles und richtige Abenteuer erleben könnten.

Als Mutter *Ama Ti An* angefangen hatte, als Ameise mit ihren Ameisen-Kindern die Welt zu bauen, hatte sie bald gemerkt, dass diese Welt nicht zu klein bleiben dürfte, weil es sonst bald zu langweilig geworden wäre. Da haben ihr die Zwerge beim Bau der Welt geholfen, und als die Welt schon sehr viel größer war, da kamen die Riesen, die nun mithalfen. Und wenn die Erde zu trocken wird, dann kommen die Blitz-Riesen heute immer noch mit ihren Drachen-Pferden von den Enden der Welt, um richtige Gewitter zu spucken.

Doch Mutter *Ti Ani* hatte bald gemerkt, dass allein die Größe der Erde noch nicht reicht, damit das Leben richtig spannend ist. Aus diesem Grund hat sie ja auch die verschiedenen Tiere geschaffen. Dabei hat sie gemerkt, dass auch die großen Bären, die wilden Löwen und die gefährlichen Krokodile und Schlangen und vor allem auch die Drachen interessant und wichtig sind, damit das Leben gut und spannend wird.

Wenn Ihr mal die Löwen richtig brüllen hört, dann merkt Ihr schon, was die für eine Energie haben und wie gefährlich die werden können. Oder wenn Ihr mal einen riesigen Mammut-Elefanten seht, den wir erbeutet haben, dann könnte Ihr Euch schon vorstellen, wie gewaltig sie sind. Wenn Ihr größer seid und es für Euch nicht mehr zu gefährlich ist, mit auf eine solche Jagd zu gehen, dann könnt Ihr das erleben, wie die toben. Das muss man erst richtig lernen, sonst hat man da keine Chance. Und mit dem Drachen in der Weltberg-Höhle ist das noch viel schlimmer.

Ja, die Bären, die Löwen, die Krokodile, die Schlangen und auch die Elefanten und die Bisons können auch für uns gefährlich werden. Doch wenn wir richtig aufpassen, dann haben wir kein Problem.

Mama Ti An hat die Bären, die Löwen, die Krokodile, die Schlangen und auch den Höhlen-Drachen nicht gemacht, damit sie Menschen fressen. Die alle haben genug anderes zu fressen. Wenn wir richtig aufpassen, haben wir kein Problem. Die Bären und die Löwen wissen schon, dass sie aufpassen müssen, wenn sie auf uns Menschen stoßen, und ziehen dann auch lieber ab.

Aber man muss schon aufpassen. Wenn wir Euch sagen: „Vorsicht! In diesem Fluss sind Krokodile oder in diesem Wald sind Bären", dann ist es besser, wenn Ihr auf uns hört und nicht einfach in den Fluss oder in den Wald geht. Das kann wirklich gefährlich werden. Denn die Krokodile, die im Wasser lauern, fressen auch einen Menschen genau wie einen Gnu. Auch die Löwen tun das, wenn man alleine durch die Gegend läuft und man noch nicht den Drachen-Geist hat. Bei den Bären weiß man nie, ob sie uns gefährlich werden.

Auch auf die Skorpione und die Schlangen muss man aufpassen. Manche Schlangen können bitter beißen, da tut schon überaus weh. Wenn wir *naga* rufen, dann ist da eine solche Schlange, und wenn Ihr eine seht, dann ruft Ihr *naga,* damit wir Bescheid wissen.

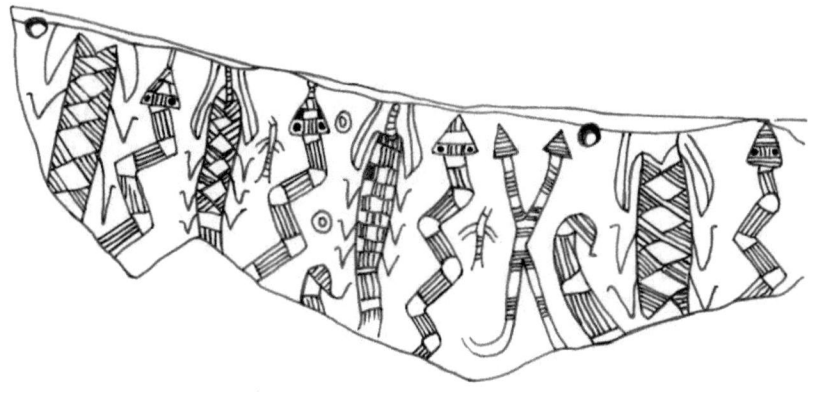

Schlangen und Skorpione

hier als evtl. >magische< Zeichnung zwecks Abschreckung, historisch im Kontext von Göbekli Tepe) 9500 – 8500 v. Chr.

„Vom Körtik Tepe stammen zahlreiche ritzverzierte Steingefäße. Ein Bruch-stück [s.o.] zeigt Schlangen und Skorpione." Zitat und Nachzeichnung nach: Klaus Schmidt: Sie bauten die ersten Tempel, S. 188

Fotos und Zeit-Angabe in: Badisches Landesmuseum Karlsruhe: Vor 12.000 Jahren in Anatolien, S. 102, 303

Ja, wenn da mal ein ganz böser Unfall entstanden ist, dann denkt man: warum musste Mutter *Ani Ma* die Löwen, die Schlangen und vor allem den Höhlen-Drachen machen?

Doch wenn man richtig nachdenkt, dann begreift man, dass das alles zusammengehört. Wenn Mutter *Ma Ani* gesehen hätte, dass die Löwen nicht wichtig für die Welt gewesen und nicht toll wären, dann hätte sie sie nicht gemacht. Sie hätte sie wie die Dinosaurier nicht für ihren Garten Erde behalten.

Vor allem funktioniert das Leben ohne den gefährlichen Höhlen-Drachen nicht. Ohne den Höhlen-Drachen würden die bösen Geister zu gefährlich. An sich sind die bösen Geister nur so etwas wie Mücken, aber ihre Stiche können krank machen, die zu kranken Gedanken führen können. Die kranken Gedanken sind das Gefährlichste überhaupt, viel gefährlicher als die Löwen und die Schlangen.

Ihr braucht da keine Angst haben. Mutter *Ana Nana* hat den Garten Erde genau so eingerichtet, dass wir mal ein Leben voller Wunder und Abenteuer erleben können. Mutter *Ti Ana* passt auch auf, dass uns nichts passiert, und wenn unsere Zeit auf diesem Planeten vorbei ist, dann kommen wir wieder zu ihr in den Mond-Himmel, wo wir uns alle wiedersehen. Und wenn wir Lust haben, können wir dann wieder in den Garten Erde neu geboren werden, um noch einmal viele Wunder und Abenteuer erleben zu können.

Aber wenn man nicht schläft oder träumt, dann ist es gut, die Augen richtig aufzumachen. Dann passiert einem nichts, und dann kann man auch viele Wunder sehen und Abenteuer erleben. Jede Blume ist ein Wunder, und wenn wir gut spielen, haben wir immer wieder ein Abenteuer. Man muss dafür nur die Augen öffnen und sehen lernen.

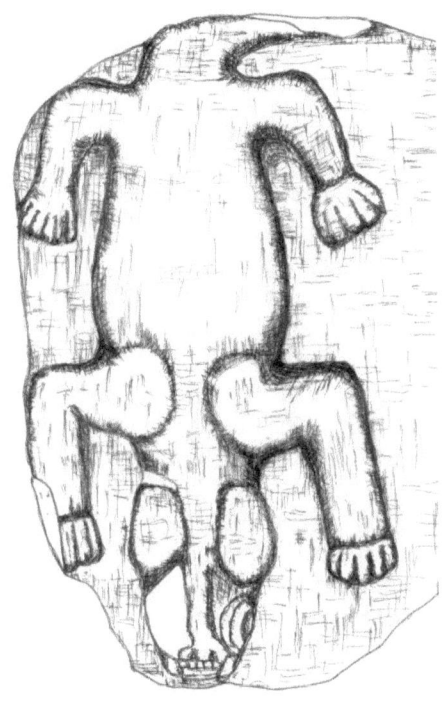

Länge der Skulptur 47 cm, Göbekli Tepe (Türkei), Alter ca. 11.000 Jahre

„Bei diesem Hochrelief wirkt das Tier nun eindeutig reptilien-, fast drachen-artig. Das aufgerissene Maul und die gefletschten Zähne bedrohen den Be-trachter regelrecht [*von oben schlecht zu sehen*]. Versucht man eine Deutung der dargestellten Tierart, so denkt man unwillkürlich an ein Krokodil. Nach Auskunft der Archäozoologie gab es jedoch an Euphrat und Tigris zu keiner Zeit derartige Tiere, weder Drachen noch Krokodile."

Text und Nachzeichnung nach: Klaus Schmidt: Sie bauten die ersten Tempel, S. 95 ff.

Der Drachen-Vogel *Tarko Ulu*

Ganz am Anfang der Welt, da gab es hier auf dieser Erde noch gar keine Menschen. Das begann erst, als der Garten Erde so weit eingerichtet war, wie es sich die Mond-Mutter *Ana Nana* vorgestellt hatte.

Da sagte *Nana Ti Ana* zu ihrem Mann, dem Mond-Vater *Nana Bo*: „Nana Bo, ich denke, der Garten Erde ist nun so weit eingerichtet, dass von jetzt an unsere Kinder auf die Erde kommen können, oder was meinst Du?" *Nana Bo* fand, dass sie Recht hatte, und meinte: „Wenn irgendetwas noch nicht optimal ist, dann können wir das immer noch verbessern, und die Menschen sind auch schlau genug, dass sie sich es selbst besser einrichten können, denn sie haben ja unseren Geist. Sie können helfen, den Garten Erde noch weiter zu verbessern."

Da rief *Ama Ti An* den großen starken Drachen-Vogel *Tarko Ulu* zu sich und sprach zu ihm:

„Hör mal, *Ulu,* Du bist der große Drachen-Vogel, der beste Flieger, den es gibt. Du kannst besser, schneller und höher fliegen, als jeder andere Vogel, weil Du ein Drachen-Vogel bist. Dir kann nichts passieren, auch wenn Du meine Menschenkinder fliegst. Du kannst bis in den Himmel zu mir fliegen, und Du bist stark genug, meine Menschenkinder zur Welt zu bringen und sie hinterher, wenn sie genug von dem Garten Erde gesehen haben, wieder zu mir heim in den Himmel holen. Bei Dir sind meine Menschenkinder für diesen Flug in den besten Händen, die es dafür gibt. Wärst Du so gut, das für mich und unsere Menschenkinder zu tun?"

Der Tarko-Vulu *Ara Ulu* war sehr stolz, dass Mutter *Ama Ti An* ihn mit dieser ganz besonderen Aufgabe betrauen wollte. Da, wo der Mond-Vater und die Sonnen-Mutter am Himmel wohnen, ist es sehr weit hin, noch hinter den Enden der Welt und auch noch hinter dem Mond und hinter der Sonne, noch oberhalb von dem Himmelszelt. Das ist schon ein enormer Flug, den *Tarko Ulu* da jedes Mal unternehmen muss, aber er ist damit schneller als jeder andere Vogel, viel schneller als all die Vögel, die bei uns herumfliegen.

„Aber selbstverständlich", sagte er zu *Nana Ti An,* „das ist mir eine große Ehre, das für Dich und Deine Menschenkinder tun zu dürfen. Ich werde mein Bestes geben, Deine Menschenkinder gut und sicher zur Welt zu bringen und sie hinterher wieder gut und sicher zu Dir in den Himmel zu holen."

„So soll es dann geschehen, lieber *Ulu.* Ich weiß, dass Du das kannst, und ich vertraue Dir. Es soll jetzt bald los gehen, denn der Garten Erde ist nun schon gut eingerichtet."

Tarko Ulu heißt nicht umsonst *Tarko,* denn *tarko* bedeutet nicht nur >Drache<, sondern auch >stark<. Auf *Ulu Tarko* lässt sich fliegen, wie man auf einem Pferd reiten kann, nur noch viel besser. Ihr werdet das sicher erleben, wenn Ihr später mal zu dem Drachenberg gehen werdet, wo der Drachenvater und die Drachenmutter leben. Die haben auch einige Drachen-Kinder bei sich, mit denen man fliegen kann, wie man mit einem Pferd reitet. Auf diesen Drachen-Vögeln kann man bis in den höchsten Himmel und bis an die Enden der Welt fliegen. Das werdet Ihr noch erleben und nicht bloß einmal. Das ist ein richtiges Abenteuer, das Ihr nie vergessen werdet, genau wie wir das auch erlebt haben. Die Drachenmutter und der Drachenvater zeigen Euch, wie das geht. Aber diese Drachen-Vögel gibt es nur an dem Drachenberg. Dort leben sie, und nur hinter dem Drachenberg ist bis zu den Enden der Welt genügend Platz, wo sie richtig frei fliegen können, so schnell und so hoch, wie Ihr wollt. Wenn Ihr groß genug dafür seid, werden wir Euch mal zu dem Drachenberg bringen.

Tarko Ulu ist der erste und beste unter den Drachen-Vögeln. Deswegen hat er die Aufgabe bekommen, die Kinder auf die

Welt zu bringen und sie hinterher wieder zu den Mond-Eltern in den Himmel zu holen.

Allerdings zeigt *Tarko Ulu* den Kindern dabei nie seine eigentliche Gestalt. Das würde den Kindern zu viel Angst machen. Man muss es wirklich erst lernen, sich mit den Drachen vertraut zu machen. Ihre Augen funkeln wie Blitze, und sie kucken auf eine Art, die leicht Angst macht.

Insofern zeigt sich *Tarko Ulu* hier immer in der Art eines Vogels, wie es sie hier gibt, meistens als ein größerer Vogel, wie etwa ein Geier oder ein Storch. Nachts ist es meist in Form einer Eule, die dann auch >hu – hu< ruft, *hallo.*

Bei uns ist der Storch dafür bekannt, die Kinder zu bringen. Deswegen heißt er auch *Storch.* Das kommt von *Tarko,* dem *Starken.* Aber der Storch, der die Kinder bringt, ist nur die Form, die *Tarko Ulu* dabei annimmt. Tatsächlich ist es immer *Tarko Ulu,* der die Kinder bringt, und manchmal hat man auch das Gefühl, dass es kein normaler Storch ist, der da fliegt, sondern *Tarko.*

Ihr werdet das alles noch sehen und erleben. Der Garten Erde ist extra dafür gemacht, viele Wunder, Abenteuer und schöne Sachen zu erleben. In Wirklichkeit sind auch jedes Kind und jeder Mensch ein Wunder und ein Abenteuer, nicht nur die Liebe. Doch manche Wunder und Abenteuer muss man erst entdecken lernen. Das wirklich Schöne muss man erst sehen lernen. Man muss erst begreifen, wie die Spiele funktionieren, damit sie spannend werden.

Jetzt haben wir erstmal genug Geschichten gehört und wollen mal sehen, was es zu spielen oder was es zu entdecken gibt. Zu was habt Ihr Lust? Wollen wir runter an den Fluss (Bach, Strand) gehen und mal sehen, ob wir etwas Tolles finden?

3. Stufe

Die Stufe 3 ist etwa für das Alter der (früheren) Grundschul-Zeit anzusetzen, also etwa vom 6. bis zum 10. Lebensjahr.

Auf den ersten Eindruck mag es als Widerspruch erscheinen, dass es hier gleichzeitig ins Praktisch-Reale und noch stärker ins Mythologische geht. Doch tatsächlich ist Beides Ausdruck der geistigen Entwicklung des Kindes.

Man beachte, dass es bei der Mythologie (ursprünglich) um die Ebene der Selbst-Steuerung des Verhaltens geht. Entsprechend setzt sie auf dieser Stufe schon eine Grundlage an Kenntnissen und Erfahrungen wie an Reflexionsvermögens voraus. Insofern geht es auf dieser Stufe nun darum, einen Gesamtzusammenhang in den Motiven und in seinem Denken herzustellen. Diese Sicht des Gesamtzusammenhangs ist die Voraussetzung für eine vollgültige Selbst-Steuerung wie für Kultur im eigentlichen biologischen Sinn.

In der anderen Hinsicht werden die bislang erzählerisch eingeführten Stoffe der Pflanzen- und Tierkunde, der Geologie und Ökologie usw. nun vom Sachlichen und Praktischen her weiterentwickelt.

Es ist wohl vorstellbar, dass auch in der eiszeitlichen Sprache HS (auf der höheren Ebene) einiges völlig eigenständige Vokabular bestand, doch sprachlich scheint dies nicht effektiv von Bedeutung gewesen sein. Unsere eigenständigen Sachbegriffe stammen alle aus dem historischen Kontext, die zuerst jedoch noch unter dem Eindruck der eiszeitlichen Symbolik gebildet wurden.

Insgesamt deutet sich in dem etymologischen Kontext an, dass das eiszeitliche Vokabular HS über die Sprachspiele und Geschichten entwickelt oder zumindest eingeführt werden. Ein Beispiel wäre das Motiv des >Weltenbaums<, das bei uns für >Baum< das Element *-ter wie dt. *Teer* und engl. *tree* enthält, das dann in Baumnamen wie *Flieder, Rüster, Holunder, Wachholder* usw. erscheint.

Der Komplex dieser Weiterentwicklung wird hier nur angedeutet. Seine Weiterentwicklung ist nicht das Thema dieses Buchs. Dabei geht im Eigentlichen auch nicht um Geschichten und Erzählen, sondern um Erläuterungen im funktionellen Gebrauch von Vokabular und Grammatik, ganz wie wir das kennen. Das Vokabular selbst scheint, wie gesagt, als Ableitungen von den Sprachspielen und mythologischen Geschichten, was dann in Verbindung mit anderen Wörtern wie bei uns etwa *Nadelbaum, Buchsbaum* oder *Rotbuche, Rotkohl, Blumenkohl* usw. zu jeweiligen Bezeichnungen ausgeformt wird.

„Stickerei auf dem Band der Kopfbedeckung eines ewenkischen Schamanen. Dreifacher Schamanen-baum (*turū*) im Opferhain, darüber Adlervögel. Das dreistufige Gestell war einmal ein typisches Bauwerk der heiligen Haine."

Text und Nachzeichnung nach Mihály Hoppál: Schamanen, S. 160

Man beachte auch die **Drei**-Symbolik (→ *Tri*)

210

Zu dem Weltenbaum *As Tara Tri*

Als die Mond-Mutter *Lili Mama* für ihre Menschenkinder das Himmelszelt, das die Spinnen-Frau *Ba Ná* gewebt hatte, aufstellen wollte, baute sie zuerst den Weltenbaum *As Tara Tri* oder (dänisch) *Træ*, der als zentraler *Trä*ger dienen sollte.

Manche meinen, dieser Weltenbaum wäre eine Eiche gewesen. Tatsächlich hat die Eiche unter unseren Bäumen ein besonders stabiles Holz, das man hier vorzugsweise zum Bauen (bei den Fachwerkhäusern) benutzte. Andere sprechen von der >Weltenesche<. Doch wie alle ihre eigene Sprache benutzen, so nahm hier jeder die Baum-Art, die in der eigenen Vorstellung am besten den Weltenbaum repräsentierte. Das konnte auch eine Buche oder eine Tanne oder auch ein Mammutbaum sein. In Wirklichkeit ist nur gesagt, dass es sich bei dem Weltenbaum um einen *Baum* handelte, der besonders riesig war. Es war schließlich auch der erste Baum, den es gab. Er war auch eine Erfindung von Mutter *Nana Ili Lili,* als sie diese Stütze für das Himmelszelt brauchte. Bis dahin hatte es noch keine Bäume gegeben.

Dieser Baum musste groß und stark genug sein, um das Himmelszelt stützen zu können. Das zeigt noch, wie klein damals noch unsere Erde war, dass so ein Baum als Stütze für das Himmelszelt in Betracht kam, das doch die ganze Welt umfassen sollte. Aber dieses Himmelszelt wurde auch schon bald danach aufgestellt, als das Kosmische Ur-Ei mit dem Ur-Knall explodiert war und das Gelbe aus dem Ei so grell und heiß zu leuchten begann.

Dieser Weltenbaum wurde auch deswegen *Tara Tri* genannt, weil er die **drei** Weltebenen umfasst: mit dem Stamm unsere Mittel-Welt, mit seinen Wurzeln die Unter-Welt unter uns und mit seinen Zweigen die Ober-Welt oder >Himmel< über uns.

Dieser Weltenbaum wurde zur Achse, um die sich die Erde *dreht*. Dieses Drehen der Welt stammt noch von der Explosion des Kosmischen Ur-Eies, wie auch das Drehen der Sonne, der Mond-Schale und der Sterne.

Weil sich das alles dreht, deswegen gibt es Tag und Nacht, Wochen, den Mond-Monats- und den Sonnen-Jahres-Zyklus mit ihren vielen Sternzeichen. Das ist sehr wichtig für uns, weil jede Jahreszeit ihre unterschiedlichen Anforderungen hat. Wenn wir diese Himmelszeichen und das Drehen unseres Himmelszelten kennen, dann können wir uns in den Richtungen der Welt und auch in den Tages- und Jahreszeiten orientieren. Dann wissen wir, was zu tun ist und wie weit und spät es ist.

Ganz oben im Himmelszelt ist der Polar- oder Polstern. Den nennen wir so, weil er der obere Pol der Weltenachse ist, um die sich die Welt dreht. Dort lebt auch die Große (Ur-) Bärin. Sie bewacht das zentrale Loch in dem Himmelszelt und passt auf, dass sich die Erde richtig dreht. Der untere Pol liegt übrigens ganz unten in der Drachen-Höhle in dem Weltberg *Tara Ku*.

Da oben am Himmel leben auch die Venus, der große Jäger Orion, die Plejaden-Schwestern, der Mars, Merkur, Uranos, Jupiter und viele andere alte Riesen, und auch die große Schlange, der Himmelsstier, der Oster-Hase, auch die zwölf Monats-Tiere wie der Widder, Krebs, Löwe, Skorpion und viele andere Ahnen und Tier-Seelen mehr.

Neben den zwölf Mond-Monats-Tieren ist für uns auch der Mond-Monatszyklus von besonderer Bedeutung. Dieser Zyklus ist in die Wechsel zwischen Neumond und Vollmond aufgeteilt. Das sind 14 Nächte. Heute sagen wir dafür auch zwei Wochen mit jeweils 7 Tagen (nach den 7 „Planeten) Sonnentag, Mondtag, Tiustag, Wotanstag, Donarstag, Freiastag und Saturnstag.

Die Traumzeit-Wesen

Ganz am Anfang, da gab es noch überhaupt nichts. Mutter *Ama Ti An* lag im völligen Dunkel und schlief und schlief, und es passierte rein gar nichts. Alles war nur dunkel, man konnte nichts sehen und nichts hören, nichts riechen und nichts spüren. Mutter *Mana Ti An* war wie unsichtbare Luft. Sie bewegte sich nicht einmal, und es gab nicht einmal einen Hauch. Sie schlief und schlief, und wir wissen nicht, wie lange.

Vielleicht habt Ihr das auch schon mal erlebt, dass Ihr nachts wach geworden seid. Ganz so dunkel wie ganz am Anfang ist es heute auch nachts nicht mehr. Diese Dunkelheit, wie sie ganz am Anfang war, könnt Ihr nur ganz tief unten in der Drachen-Höhle erleben, wenn der Höhlen-Drache seine Augen geschlossen hat. Doch Ihr wisst schon, wie dunkel es in einer Nacht sein kann, wenn der Mond nicht scheint, und nichts ist los, weil alle schlafen. Das kann schon ein sehr komisches Gefühl sein.

Doch weil *Nana Ti An* richtig tief schlief, merkte sie nicht einmal, dass sie schlief, und sie wusste selbst nicht, wie lange sie schon geschlafen hat. Doch auf einmal bekam sie einen Traum, in dem sie merkte, dass sie Kinder wollte, und mit diesem Traum fing alles an. Aus diesem Traum entstand der Geist und aus diesem Geist dann alles, was lebendig wurde. Alles, was lebt, basiert auf Geist, ob das nun Wolken sind, Glibber, den man nicht fassen kann, oder einen festen Körper hat wie wir, oder ein Stein. Auch ein Stein basiert auf Geist, der genau wie die Eierschalen und das Schneckenhaus mit der Zeit fest wurde.

Ganz am Anfang war aber noch nichts fest. So konnten die Geister ihr Aussehen und ihre Gestalt verändern, wie man das auch bei den Wolken sehen kann, und von daher kommt es auch, dass die Kinder dieser Geister, die schon fester wurden, auch so unterschiedlich aussehen.

Mutter *Ata Ti An* wollte, dass der Garten Erde, den ihre Menschenkinder einmal erleben sollten, ganz viel Abwechslung haben sollte. Stellt Euch vor, es gäbe nur einzige Tierart, nur eine einzige Sorte von Blumen, und das ganze Land sähe überall gleich aus. Das wäre doch blöde, nicht wahr? Selbst wenn es das schönste Tier und die schönste Blume wären, da fehlte einfach die Abwechselung, und so würde es auf die Dauer langweilig, wenn es nur eine Tierart und nur eine Blumensorte gäbe, selbst wenn sie noch so schön wären.

Dieses Problem hat Mutter *Ama Mama* gleich gemerkt, als sie wach wurde. Es sah aus wie der Nachthimmel ohne Mond und ohne Sterne, ohne Wolken und ohne einen Lufthauch. Nein, dachte sich *Ana Nana,* das kann so nicht bleiben, das macht mir und meinen Kindern gar keinen Spaß. Das gibt nur schlechte Stimmung und dann Streit. Meine Kinder wollen etwas erleben und schön spielen, und dafür braucht es einen Garten Erde mit ganz viel Abwechslung.

Für diese viele Abwechslung waren zuerst die Traumzeit-Wesen sehr praktisch. Sie konnten ständig ihre Form wechseln, genau wie Wolken, und auf diese Weise entstanden dann die unterschiedlichsten Ideen und Formen, die unterschiedlichen Tiere und unterschiedlichsten Landschaften und später auch die unterschiedlichsten Menschenkinder mit unterschiedlichen Hautfarben und Haarfarben und glatten und welligen und krausen Haaren, dass es richtig viel Abwechslung gab. Alles war auf seine eigene Weise schön, wichtig und gut. Jede und jeder konnte etwas Anderes besonders gut, und jeder und jede konnte sich etwas aussuchen, was ihm und ihr am besten gefiel.

Auch wenn man das bei diesen Unterschieden nicht immer gleich erkennen kann, so waren doch alle miteinander verwandt. Alle stammten zuerst von *Ama Ti An* und dann von ihren Geister-Kindern ab, sogar unsere Erde, die Luft, das Wasser und die Steine selbst. Denn die Erde wurde ja aus der Ur-Kuh geschaffen. Das Meer war ihre Milch, die Steine waren ihre Knochen, und die Bäume machte Mutter *Ana Nana* aus ihren Haaren. Die Kühe haben auch einen ähnlichen Körper wie wir. Das kann man gut bei einer toten Kuh sehen. Sie hat einen Kopf, ein Herz, Blut, einen Darm und viele Knochen genau wie wir. Der Darm stammt bei der Kuh, bei uns und vielen anderen Tieren von der Ur-Schlange, mit der wir also auch verwandt sind.

Dass wir Menschen alle miteinander und auch mit den Tieren verwandt sind, kann man nicht immer auf Anhieb erkennen. Doch wenn man das weiß, dann kann man das auch sehr feststellen. Aber manche haben das vergessen.

Nehmen wir zum Beispiel die Fische. Wir können ja ganz gut sehen, dass die Fische alle miteinander verwandt sind. Aber die Fische selbst haben das vergessen. Der Goldfisch denkt: „Ich hab doch nichts mit dem Hering zu tun, ich seh doch so schön golden aus, und ich mag auch überhaupt kein Salzwasser. Nein, ich bin ein völlig anderes Tier." Und so denken der Lachs und die Forelle und die Aale und die Rochen und die Haifische und die Guppis. Nur weil sie etwas unterschiedlich aussehen und vergessen haben, dass sie verwandt sind.

Es kann aber auch daran liegen, dass man sich viel sieht. Wenn man sich kennt, können wir uns sehr gut auseinanderhalten. Deswegen denken wir, dass die Menschen so unterschiedlich aussehen. Da gibt es Jungen und Mädchen und Kleine und Große, mit verschiedenen Haaren und Hautfarben, und wir denken: wie kann man uns verwechseln? Aber die Fische denken: „Die Menschen sehen doch alle gleich aus."

Und so gesehen haben die Fische wirklich Recht, denn es gibt viel größere Unterschiede bei den Fischen als bei uns Menschen. Die Menschen sind miteinander viel mehr verwandt als die verschiedenen Fische.

Genauso ist das auch bei den Vögeln. Da denkt der Adler: „Ich bin doch etwas ganz Anderes als die Meise. Ich bin doch viel, viel größer, und ich kann viel höher fliegen." Und die Eule denkt: „Ich bin doch etwas ganz Anderes als die Ente. Ich sehe doch ganz anders aus, und ich fliege nachts herum, und außerdem ich kann richtig heulen." Und die Schwalbe denkt: „Ich bin doch etwas ganz Anderes als ein Huhn. Das Huhn, das kann doch gar nicht fliegen. Das ist doch gar kein richtiger Vogel, wie ich es bin." Das stimmt schon, aber wir wissen, dass das alles Vögel sind und dass sie alle verwandt sind. Bei dem Pinguin kann man das Problem schon besser verstehen. Da denkt man nicht so einfach, dass das ein Vogel ist, aber der Pinguin ist auch ein Vogel.

Auch die Katzen und die Hunde und die Pferde und die Kühe sind alle miteinander verwandt, und sie alle sind auch mit uns Menschen verwandt. Das ist schon sehr erstaunlich, nicht wahr? Aber es ist so.

Manche Unterschiede, wie auch bei uns Menschen, gibt es schon immer, weil Mutter *Ama Ti An* für uns eine große Abwechslung wollte. Manche Unterschiede sind aber daraus entstanden, dass die gemeinsamen Vorfahren schon länger her sind. So sind die gemeinsamen Vorfahren bei manchen Vögeln noch nicht so lange her – deswegen sehen sie dann ähnlich aus -, aber bei den Hühnern, die nie fliegen gelernt haben, und bei den Pinguinen ist das schon länger her. Bei den Stier-Kühen und den Bisons kann man die Verwandtschaft auch noch besser erkennen als bei den Elefanten-Kühen und den See-Kühen. Und die Verwandt-schaft zu uns Menschen ist noch länger her.

Aber die Geister, die Tiere und wir Menschen: wir alle sind Ge-schwister. Wir alle stammen von Mutter *Mama Ti An,* und sie hat den Garten Erde so gebaut, dass alles gut zusammenpasst und wir uns alle brauchen. Natürlich gibt es schon mal Streite-reien, nicht alle wollen das Gleiche. Auch gibt es Leben und Tod. Trotzdem ist es gut zu begreifen, dass wir alle Geschwister sind und dass alles zusammengehört. Wenn man das versteht, dann bleibt der Garten Erde in bester Ordnung, und dann hat man ein gutes Leben.

Über die Ur-Tiere

Auch wenn man das vielleicht nicht denkt, aber das aller-erste Ur-Tier war das Ei. Alles körperliche Leben beginnt als Ei, alle Tiere und auch wir Menschen. Das Ei ist die erste Form, in der der Geist Form annimmt. Dies war auch bei dem Ur-Ei so, aus dem das Ur-Huhn *Ori*, das goldene Sonnen-Ei, der Himmel und die Sterne, das Ur-Meer und die vielen Ur-Eier stammen, in denen alle möglichen Tier-Formen entstanden.

Das erste Ur-Ei war noch ein richtiges Geist-Ei. Deswegen konnten aus dem Ur-Ei noch die unterschiedlichsten Formen entstehen, nicht nur Tiere, sondern auch das Sonnen-Ei, die Sterne, und auch das Ur-Meer entstand daraus.

Von diesem ersten Ur-Ei stammt auch das zweite Ur-Ei. Auch das zweite Ur-Ei war noch ein Geist-Ei. Doch von dem ersten Ur-Ei stammen auch die Sonne, der Mond, die Sterne und der Boden unserer Welt. Von dem einen zweiten Ur-Ei stammen die Ur-Eier, von denen nun die verschiedenen Lebewesen herkommen, die Vögel, die Schlangen-Würmer, die Kröten, die Fische, die Muscheln, die Ameisen, die Kühe und auch wir Menschen.

Bei diesen Ur-Eiern waren die Formen schon fester angelegt. Die Kröten-Eier sehen schon sehr anders aus als die Vogel-Eier oder als die Muscheln und die Schneckenhäuser, und bei den Kühen kann man gar kein Ei mehr sehen, weil das Ei in dem Bauch der Kuh-Mutter wächst. Der Bauch der Kuh-Mutter ist eine neue Form der Eierschale, und hier ist das Baby noch viel besser geschützt und kann auch in dem Mutter-Bauch viel besser wachsen als etwa bei einem Vogel-Ei. Ein Vogel-Ei kann nicht größer werden und auch nicht weglaufen wie eine Mutter, wenn eine Schlange kommt und das Ei frisst. Insofern war es eine ganze tolle Erfindung der Kühe, ihre Eier in ihrem eigenen Bauch zu behalten, damit ihre Kleinen schon mal ein gutes Stück wachsen können, bevor sie auf die Welt kommen.

Weil bei dieser Art der Ur-Eier die Formen schon fester angelegt waren, kommt es, dass in den Vogel-Eiern auch nur Vögel, in den Krokodil-Eiern auch nur Krokodile und in den Kühen auch nur Kühe wachsen. Das war bei den älteren Ur-Eiern noch anders. Bei den älteren Ur-Eiern war die Form noch nicht so festgelegt.

Doch auch bei den frühen Vogel-Eiern war die Form noch nicht ganz festgelegt. Deswegen konnten hier noch die verschiedensten Vögel-Arten aus diesen Eiern schlüpfen, die Hühner, der Drachen-Vogel, die Eule, der Adler, der Kuckuck, die Papageien, die Sittiche, die Meisen und auch, Ihr glaubt es nicht, die Pinguine. Auch die Pinguine sind Vögel. Die Pinguine stammen genau wie die Hühner und die Drachen-Vögel aus der ganz frühen Zeit, als das Ur-Ei platzte. In dieser ganz frühen Zeit brauchte es noch keine Flügel, um zu fliegen. Deswegen können auch die Wolken fliegen. Deswegen können auch die Sonne, der Mond und die Mondfähre fliegen, aber das stammt auch noch von der Explosion des Ur-Eies her. Daran kann man sehen, was das für eine gewaltige Explosion war.

Erst später brauchte es Flügel, um fliegen zu können. Das Ur-Huhn hat das nie gelernt und meinte auch, dass ihm das zu anstrengend wäre. Es ist, wie auch die Kühe, lieber auf dem Erdboden geblieben. Die Pinguine versuchten es wohl zuerst mit dem Fliegen, aber als sie ein bisschen flogen, sah das Wasser von oben so schön aus, und so entschieden sie sich, lieber tauchen zu lernen. So wurden aus ihren Ansätzen von Flügeln Flossen wie bei den Fischen, und so denkt man, zumindest wenn sie tauchen, es wären Fische.

Genau das Gleiche gilt auch für die Wale und die Delphine. Die stammen nämlich von den Kühen ab und sind auch keine Fische. Sie fanden es besser, im Wasser zu leben als auf dem Land, und so bekamen sie eine Ähnlichkeit mit den Fischen. Doch weil sie in Wirklichkeit Kühe sind, müssen sie immer wieder auftauchen und Luft holen, genau wie wir beim Tauchen. Das brauchen die Fische nicht.

So sehen wir schon bei diesen Beispielen, warum aus den ersten Ur-Tieren, die aus den Ur-Eiern stammen, dann so verschiedene Formen entstanden. Das war die Folge aus der Explosion des Ur-Eies und des nachfolgenden Baus des Gartens Erde.

Wie schon erwähnt, stammen die verschiedenen Ur-Tiere aus den verschiedenen Ur-Eiern. An diesen verschiedenen Formen kann man die Entwicklung unserer Erde erkennen. Die Ur-Hühner mussten noch nicht fliegen, aber viele ihrer Vogel-Kinder lernten das Fliegen, und so wurden daraus die Störche, die Geier und die Eulen. Aus dem Ur-Wurm wurden die Regenwürmer, die Schnecken und die Schlangen usw.

Als nun der Garten Erde eine erste feste Form annahm, da entstanden die drei Welt-Schichten: die Ober-Welt mit den Vögeln, die Mittel-Welt mit den Kühen und uns Menschen und die Unter-Welt unter uns. Bei der Unter-Welt gibt es im Erdboden die Würmer, im Wasser die Fische und in den Sümpfen in Mischung von Beidem die Kröten und die Krokodile und andere Echsen.

Diese drei Welt-Ebenen zeigt auch der Weltenbaum. Seine Zweige reichen bis in den Himmel, und in diesen Zweigen bauen die Vögel ihre Nester. Der Stamm ist unsere Welt auf dem Boden. Hier leben wir und die Tiere von der Art der Kühe. Seine Wurzeln gehen bis tief in die Unter-Welt, wo der Weltberg im Boden den richtigen Halt gibt und wo der Weltenbaum sein Wasser trinkt. Ganz unten in der Unter-Welt lebt der Drachen-Wurm. Er passt von unten her auf, dass die Welt in Ordnung bleibt, wie die Mond-Mutter und der Mond-Vater in der Ober-Welt von oben aufpassen. So können wir gut in der Mitte der Welt in unserem Garten Erde leben.

In unserer Mittel-Welt sind die Kühe die besonderen Ur-Tiere. Das lässt sich an ihren Hörnern erkennen. Die Kuh-Hörner-Tiere sind von daher auch das besondere Symbol für den Stamm der Menschen. Die Ur-Kühe tragen die Mond-Sichel und den Himmel wie eine Krone als Zeichen für die Mond-Mutter und den Mond-Drachen-Vater auf dem Haupt. Wenn die bösen Geister kommen, dann wird die Himmels-Kuh zornig und stößt mit ihren Hörnern gefährlich zu. Dann suchen die bösen Geister das Weite.

Auch die Giraffen-Kühe tragen ganz oben Hörner. Sie sind damals mit der Erde weiter in den Himmel gewachsen. Die Nashörner konnten besser mit den Hörnern auf der Nase kämpfen. Die Elefanten-Kühe entwickelten ihre eigene Form, vor allem, indem sie riesig groß wurden, bis hin zu den Mammuts. Wie schon erwähnt, zogen es die verschiedenen See-Kühe, die Delphine, die Wale usw. es vor, im Wasser zu leben. Dort konnten sie, wenn sie wollten, auch besonders groß werden, wie man an den Walen sehen kann.

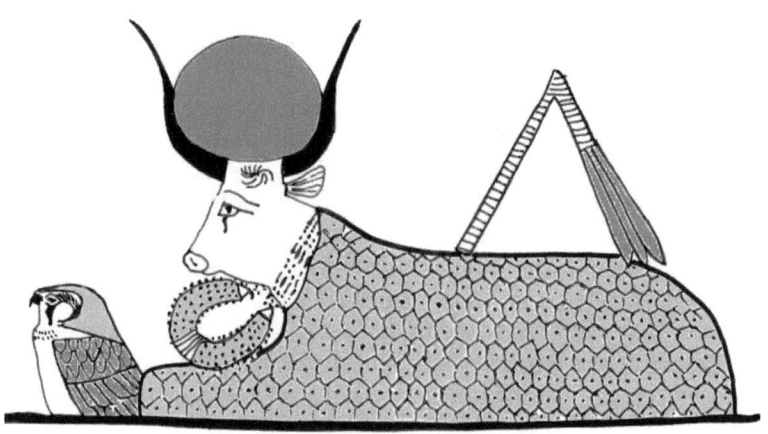

Ägyptisch: die „Kuh" = >Göttin< *Hathor* trägt mit ihren **Hörnern** den Mond bzw. die Sonne. [17] Sie liegt dabei auf dem >Ur-Meer<.

---

[17] Nachzeichnung nach: Rose-Marie & Rainer Hagen: Ägypten, S. 181

Die Ur-Welt und die Ur-Wesen

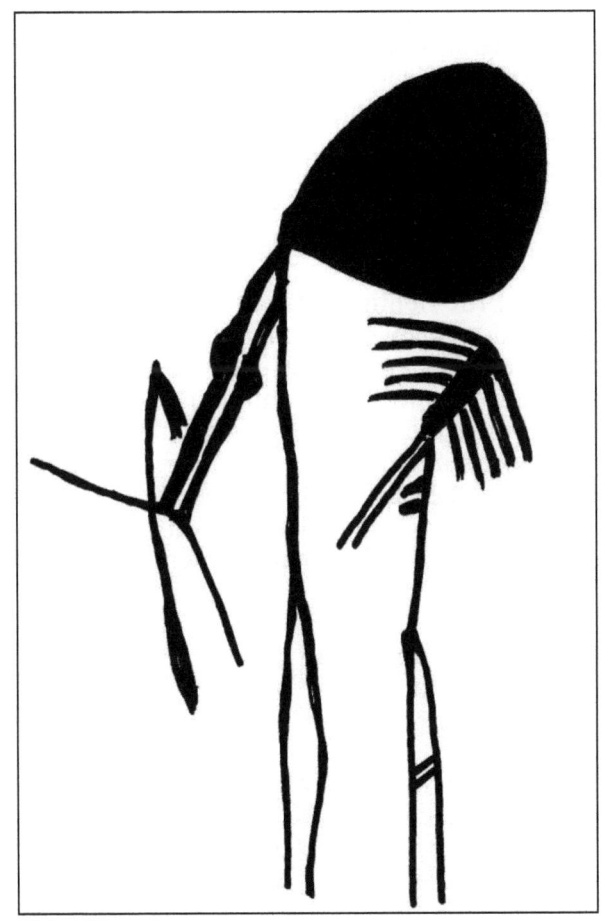

Australien: ein Mimi-Geister-Paar
(Nachzeichnung nach Anati: Höhlenmalerei, S. 373)

Ganz am Anfang der Welt, da war noch nichts fest, noch weniger fest als das Wasser. Alles war zuerst noch Geist, noch dünner als die Luft.

Alles fing zuerst an mit dem Traum von Mutter *Ama Ti An,* als sie spürte, dass sie die lieben Menschenkinder wollte und ihnen dafür einen wunderschönen Garten Erde bauen wollte. So fing alles an, und so begann der Geist zu wachsen und groß und größer zu werden. Wenn gleich alles fest geworden wäre, dann hätte es nicht mehr wachsen können. Dann ist es fest. Wachsen kann es nur, weil es noch nicht richtig fest ist. Dann kann sich der Geist noch weiter entfalten, neue Formen erfinden und schaffen und immer größer und schlauer werden.

Weil der Garten Erde richtig groß werden sollte, damit wir viel erleben können, deswegen dürfte nichts zu schnell fest werden. Deswegen können Kinder auch so viel wachsen und so schön spielen. Da kann sich der Geist entfalten. Da entwickelt man viele Ideen, was man alles Schöne und Spannende im Leben machen will, und wenn man genug gespielt und schöne Ideen hat, dann sollen die Ideen eine feste Form bekommen, und der Körper hört dann auf zu wachsen. Dann bekommt man nicht mehr so viele Ideen, aber dafür man kann aus seinen Ideen mehr machen als vorher.

Genauso war das auch am Anfang, als es mit der Welt begann. Alles war noch viel mehr Geist, aber zuerst war alles auch noch nicht sehr fest.

Zuerst war alles eine Traumzeit-Welt, und zuerst war alles Geist. Aus dieser Zeit stammen auch die ersten Geister. Mutter *Mana Ti An* war natürlich der ganz große Geist, und er vermischte sich mit dem Mond-Vater. Aus dieser Verbindung entstand, wie Ihr wisst, das erste Weihnachtskind, die Sonnen-Mutter. Als sie mit dem Sonnen-Vater zusammenkam, entstanden daraus unsere menschlichen Ur-Ahnen, die schon einen festen Körper wie wir hatten.

Aus der ganz frühen Zeit stammen auch noch weitere Ur-Geister, so etwa der Drachen-Schlangen-Wurm, der mit seinem

Schneckenhaus den Weltberg baute, die Spinnen-Frau *Ba Ná,* die das Himmelszelt webte und den Bau des Körper-Gewebes erfand, die Ur-Schildkröte *Mama Kui,* auf deren Schild die ersten Länder des Gartens Erde gebaut wurde und die morgens immer die goldene Sonnen-Kugel wieder aus dem Meer holt, und auch der Drachen-Vogel *Tarko Vulu,* der bis in den höchsten Himmel fliegen kann und von dort die Kinder auf die Welt bringt und uns hinterher wieder in den Himmel zu Mutter und Vater Mana fliegt, wo wir uns alle wiedersehen.

In dieser frühen Zeit entstand aus dem Geist auch das erste Ur-Ei. Zuerst bestand das Ur-Ei noch aus Geister-Stoff. Aus diesem Geister-Stoff entstanden der Himmel, die Luft, das Fruchtwasser und viele ganz winzige Eier. Aufgrund dieses Geister-Stoffs konnte in dem Ur-Ei alles Mögliche wachsen, der Ur-Wurm, der Drachen-Vogel, viele Fliegen und auch die gelbe Kugel, woraus, als das Ur-Ei mit dem Ur-Knall explodierte, die heiße goldene Sonne entstand.

Damit lässt sich also sehen, was es für Formen an Ur-Stoff gibt: die Luft, das Wasser, der Ur-Funke, aus dem die Wärme, das Licht und das Feuer wurde, und die Eierschale, aus der das Feste wie der Schild der Schildkröte, die Krallen, die Knochen, die Zähne und die Steine, Felsen und Berge wurden. Weil dies alles noch zuerst Ur-Stoff war, konnte sehr viel Stoff wachsen und auch die verschiedensten Formen annehmen. Im Ursprünglichen war das alles eins und noch winziger als ein Sandkorn, so klein, dass man noch gar nichts sehen konnte und man gemeint hätte, da ist doch gar nichts. Aber da war schon etwas, das nun anfing. Doch alles hat ganz klein angefangen, auch jeder von uns. Wenn man aber Geist hat, dann kann man wachsen und das Leben zum Wachsen bringen.

Der Geist kann die verschiedensten Formen annehmen, ganz wie er es will und wie es für ein gutes Leben schön und nötig ist. Deswegen nahm *Ama Ti An,* als die Welt noch ganz klein war – noch nicht größer als eine Kuh –, auch die Form einer Ameise an, um den Garten Erde zu bauen. Die Ameisen stammen von damals her.

Doch *Mana Ti An* bekam nach dem Weihnachtskind noch viele weitere Geister-Kinder, und das war sehr gut, weil die alle halfen, den Garten Erde zu bauen und ihn dann in Ordnung zu halten.

Die Zwerge stammen von den ganz frühen Geister-Kindern ab. Deswegen sind sie auch so klein, denn damals war auch die Welt noch sehr klein, schon größer als eine Kuh, aber noch nicht größer als ein Hügel. Es gibt von damals her auch Zwerge in verschiedener Größe. Die ältesten Zwerge waren vielleicht so groß wie eine Maus und wie ein Maki, und dann wurden die Zwerge so groß wie ein Menschenkind. Heute leben die Zwerge vor allem in den Bergen. Der Zwergenkönig Alberix wohnt mit seinem Volk in dem Drachen-Berg, wo auch *Pa Tara,* der Drachen-Vater, und *Ma Tara,* die Drachen-Mutter, der Höhlen-Drache und seine Drachen-Kinder leben, die Ihr später reiten lernen dürft.

In der Drachen-Höhle gibt es tolle Schätze aus der Zeit des Ursprungs, ganz besondere Steine und Gold und Silber. Daraus schmieden die Zwerge in dem Drachen-Feuer den schönen Zwergen-Schmuck, den sie manchen Menschen schenken, die öfters zu ihnen in die Drachen-Höhle kommen. Doch dafür braucht man die Erlaubnis von *Pa Tara,* dem Drachen-Vater, und *Ma Tara,* der Drachen-Mutter.

Von den etwas späteren Geister-Kinder stammen die Riesen ab. Die Riesen waren wichtig, um die Welt in ganz groß zu bauen, die großen Berge und die weiten Landschaften, Seen und Meere. Das haben die Riesen gebaut. Nur die waren dazu in der Lage. So riesige Steinbrocken konnten nur die Riesen tragen und aufeinanderstapeln. Heute leben einige Riesen noch an den Enden der Welt. Da haben sie genug Platz, um zu spielen und sich auszutoben. Dort machen sie auch die starken Winde und Gewitter, wenn die Erde, die Pflanzen und die Tiere mal wieder ganz viel Wasser brauchen.

Vor den Geistern brauchen wir keine Angst zu haben. Sie sind unsere älteren Geschwister, und sie helfen, den Garten Erde zu bauen und in Ordnung zu halten.

Sicher, es gibt hier und da auch gefährliche Geister, genau wie es Löwen, Schlangen, Krokodile und Haie gibt. Man muss schon aufpassen, wenn man durch die Welt läuft oder in größeres Wasser geht. Aber da, wo wir wohnen, passen wir schon auf, dass nichts passiert, und wir sagen Euch, wo es gefährlich werden kann. Wenn wir sagen, geht besser nicht in das Wasser, weil da Krokodile, Haie oder gefährliche Geister lauern, dann ist es gut, wenn wir auf uns hört. Aber sonst braucht Ihr keine Angst zu haben, auch nicht vor den Geistern.

Es gibt auch gute Geister, die uns vor allen möglichen Gefahren schützen. Wenn man geboren wird, bekommt man neben seinem Körper auch einen Schutzgeist. Manche nennen diese Art von Schutzgeist >Engel<. Jeder hat einen Engel, der einen vor Gefahren schützt. Aber diese Engel sind genau wie wir unterschiedlich geschickt und stark. Deswegen ist es gut, dass, wenn man am Ende der Kindheit die Drachen-Energie bekommt, man auch den Drachen-Geist erwirbt. *Ma Tara,* die Drachen-Mutter, und *Pa Tara,* der Drachen-Vater, zeigen Euch, wie Ihr den Drachen fliegen lernt und den Drachen-Geist bekommen könnt. Der Drachen-Geist ist wichtig, wenn man Kinder haben möchte. Mit dem Drachen-Geist ist man stark genug und weiß man genug, um sich mit all den Anderen und seinen Kindern ein wünschenswertes Leben mit schönen Träumen und Ideen und mit tollen Spielen und Abenteuern schaffen kann.

Der Mond-Geist und der Drachen-Geist von der Mond-Mutter und dem Mond-Vater haben den schönen Garten Erde gebaut und sorgen nun dafür, dass es auch so bleibt. Bis auf die bösen Geister, die alles kaputt machen wollen, helfen alle Geister dabei mit.

Die bösen Geister sind aber keine Löwen-Geister und keine Wolfs-Geister, auch wenn sie gerne mal so tun. Die bösen Geister sind nicht wirklich gefährlich, Ihr braucht da keine Angst haben. Die bösen Geister sind eher wie Mücken, die nerven und einen zu stechen versuchen.

Wenn sie einen gestochen haben, ist das meist nicht wirklich schlimm. Das kommt immer mal vor. Das kann wohl ziemlich jucken, aber nach ein paar Tagen ist das dann vorbei und vergessen.

Gefährlich werden die bösen Geister nur dadurch, dass sie mit ihren Stichen dumme Gedanken bringen. Das ist die Form, in der sich die bösen Geister verbreiten. Wenn Ihr merkt, dass Ihr einen Stich bekommen habt, wo Ihr nun ständig mit dummen Gedanken zu tun bekommt, dass man gerne etwas Gutes kaputt machen will, dann müsst Ihr uns das erzählen. Dann lässt sich das gut heilen. Vielleicht müssen wir noch zu einem Heiler gehen, der das genauer untersuchen kann. Wenn man das Problem schnell bemerkt, dann lässt sich das gut lösen.

Gefährlich wird es erst dann, wenn man dumme Gedanken bekommt, die nicht wirklich weggehen, und wo man meint, das darf ich keinem sagen, sonst kriege ich Ärger. Wenn die dummen Gedanken bleiben, die man dann auch nicht erzählen mag, dann kann es passieren, dass die dummen Gedanken sehr gefährlich werden, weil da die bösen Geister dahinterstehen und Beute machen wollen. Wenn Ihr Euch nicht traut, diese dummen Gedanken Mama oder Papa zu erzählen, dann geht zu einem Groß-Vater oder einer Groß-Mutter, die kennen das Problem. Das ist wie eine Krankheit, von der man erwischt wird. Das kommt schon mal vor, weil die bösen Geister Beute suchen und hier und da mal picksen. Wenn ein dummer Gedanke einfach nicht weggehen will, dann ist es wichtig, dass Ihr das jemand mit Erfahrung erzählt. Sonst macht Ihr noch was wirklich Dummes, und dann habt Ihr lange ein Problem mit den bösen Geistern.

Wenn Ihr das aber jemand erzählt, dann lässt sich Euer Geist wieder frei machen, und dann kommen die guten Gedanken wieder zurück, und dann habt Ihr und haben wir es wieder gut.

Von *Ata Mana Ti An*, dem Welten-Geist

Die Mondfrau *Manitodasin* (S. 128)

Ganz am Anfang der Zeit, als es noch nicht den Garten Erde, nicht den Mond und auch noch nicht das Ur-Ei gab, da gab es nur *Ama Ti An*. *Ama Ti An* lag da in der dunkelten Nacht, wo noch gar nichts zu sehen war, und träumte vor sich, bis sie, wie Ihr wisst, plötzlich spürte, dass sie Kinder haben wollte. So entstand und entwickelte sich der Geist, und dieser Geist wurde größer und größer, noch viel größer als unsere Welt. Der Geist wurde alles, das Welt-Alles mit unserem Garten Erde und dem Welt-All.

Der Geist ist die Grundlage von allem, was lebendig ist. Die Welt und auch wir sind eine Form des Geistes. Weil wir Menschen eine – und zwar sehr besondere – Form des Geistes sind, deswegen können wir uns so schöne Geschichten erzählen, schöne Spiele und Kunstwerke machen und ein so schönes Leben leben. Dafür braucht es sehr viel Geist, mehr, als es die Tiere und auch die Riesen haben. Die Tiere und auch die Riesen leben so, wie sie es seit je her gewohnt sind. Sie kennen es nicht anders. Bei uns Menschen ist das anders. Das wir viel Geist haben, stammt von *Ama Ti An* und daher, dass wir seine besonderen Kinder sind.

227

Wenn man sich *Mana Ti An* vorstellen will, dann kann man als Beispiel die Luft nehmen. Die Luft kann man wohl nicht sehen, aber sie ist deswegen nicht nichts.

Manchmal kann man die Luft deutlich spüren, wenn Wind ist oder gar Sturm. Man sieht zwar die Luft des Windes nicht, aber dass sich die Gräser, die Sträucher oder die Blätter an den Bäumen bewegen. Seht mal, wenn ich jetzt ein Blatt oder diese Feder auf den Boden fallen lasse: das sieht ganz anders aus, als wenn ich einen Stein fallen lasse, nicht wahr? Das kommt davon, weil die Luft nicht Nichts ist. Wenn ich zum Beispiel gegen das Blatt blase, dann bebt das Blatt. Blast doch mal ganz kräftig gegen Eure Hand. Merkt Ihr da was? Ja, natürlich.

Man kann sich das schlecht vorstellen, aber wenn da keine Luft wäre, dann könnten die Vögel auch nicht fliegen. Die können nur deswegen herumfliegen, weil die Luft etwas ist. Die Vögel fliegen, wie die Fische im Wasser schwimmen. Wir können auf dem Wasser schwimmen, weil das Wasser viel dicker ist als die Luft. Die Luft ist so etwas wie das Wasser, nur viel dünner, und der Geist ist so etwas wie die Luft, nur noch viel dünner.

Das kann man sehr gut merken, und das wollen wir jetzt mal ausprobieren. Also, macht jetzt erstmal den Mund zu, gut, und jetzt haltet Ihr Euch die Nase zu. Wir sehen mal, wer am längsten die Nase und den Mund geschlossen kann. Ok? Am besten ist es, wenn Ihr noch mal vorher richtig viel Luft holt. Wenn ich gleich >Los< sage, dann halten wir uns die Nase zu. Ok? Also, Achtung – fertig – los!

- Zuerst ist natürlich erst einmal Stille.

So, versucht so lange es geht, die Luft anzuhalten. Wir wollen mal sehen, wie sich das anfühlt. Hey, so langsam fangen ein paar an zu zappeln. Versucht's noch weiter, kommt, kommt. Ganz ruhig bleiben, wir wollen mal sehen, wie lange wir das schaffen. Der X hat schon aufgehört. Was das für ein Gehüpfe wird!

Gut, okay, jetzt reicht es, jetzt atmet erst mal wieder richtig Luft. Das tut doch richtig gut, wieder Luft zu atmen, oder? Das ist genauso, wie wenn man richtig Hunger hat und dann etwas zu essen bekommt, oder wie wenn man richtig Durst hat und dann etwas zu trinken bekommt. Wir brauchen einfach Luft und Wasser und Essen zum Leben.

Atmet mal ganz ruhig und fühlt Euch das Atmen an, wie die Luft in die Nase, durch die Nase und dann ganz tief in den Bauch geht, und wenn Ihr dann ganz langsam ausatmet. Wenn man das richtig macht, dann ist das ein ganz tolles Gefühl, wenn man gute frische Luft in seinen Körper bekommt und sie dann auch wieder herauskommt. Das ist wie ein leckeres Essen, nur viel, viel feiner. Es ist gut, wenn man richtig atmen übt. Dann fühlt man sich gut und leicht, und man wird auch nicht so leicht krank. Richtig atmen, ist sehr wichtig, noch wichtiger als Essen und Trinken. Essen und Trinken, das brauchen wir nun ab und an. Aber atmen tun wir ständig, das brauchen wir ständig. Ja, auch das Atmen kann man üben. Das ist eine schöne und gute Sache. Ein paar Minuten atmen üben, das ist wie leckeres Essen. Das dürft Ihr nicht verpassen!

Dass das so gut ist und so gut tut, das kommt davon, weil in der Luft viel Geist ist, und wenn wir richtig atmen, dann spüren wir den Geist, und dann kommt viel Geist in uns hinein. Die Luft ist nämlich ein Teil von *Ata Mana Ti An*, dem Welten-Geist. Wenn wir atmen, dann sind wir mit *Ata Mana Ti An* verbunden, und das kann man auch spüren. Das ist nicht nur die Luft, sondern auch der Geist in der Luft. Deswegen fühlt sich das Atmen, wenn man darauf achtet, auch so gut an, und man kann darin auch die Liebe von *Mana Ti An* spüren.

Es ist dieser Geist, der macht, dass wir atmen, und wenn jemand stirbt, sagt man: er gibt seinen Geist auf. Er hört nicht nur auf zu atmen. Dann fliegt auch seine Geist-Seele in den Himmel. Diese Geist-Seele nennt man auch den Seelen-Vogel.

Wenn wir atmen, sind wir auch mit dem Geist in der Luft verbunden. Wir nehmen mit dem Atmen Geist auf, und so kann unser Geist wachsen, und mit dem Ausatmen geben wir, wie auch beim Reden (nur hörbarer), etwas von dem Geist in uns ab.

Wenn wir wenig Geist in uns haben, dann können wir nicht viel begeistern, und es wird dann ziemlich langweilig. Wenn wir schlechten Geist haben, dann wird die Welt um uns herum immer hässlicher und gemeiner. Das riechen die bösen Geister, das zieht sie an, da wittern sie gute Beute. Da kommt es hinterher zu Gewalt und vielleicht auch noch Krieg. Dann haben sie, was sie wollen, denn haben sie Beute und können sie sich gut vermehren. Die leben wie die Mücken vom Blut. Sie leben von dummen Gedanken und schlechtem Geist. Da vermehren sie sich, es wird dumm und dümmer und immer böser und gemeiner, und so kommt es dann zu Gewalt, zu Morden und vielleicht auch noch zu Kriegen.

Wollen wir das mal ausprobieren? Wer von Euch möchte mal hören, wie doof er in Wirklichkeit ist? Was für ein Versager er ist, oder wie Scheiße sie eigentlich aussieht? Wer hat Lust, mal so richtig Ärger zu kriegen? Mal so herrlich mit einem Knüppel verdroschen zu werden? Das können wir ja jetzt mal ausprobieren. Dann seht Ihr gut, wie die bösen Geister arbeiten. Die ärgern einen, und dann fängt man an, andere zu ärgern, und die ärgern dann zurück, und es wird immer schlimmer.

Ich denke, Ihr versteht schon. Es ist für uns alle besser, wenn wir gut zueinander sind und uns helfen und uns mögen, selbst wenn mal was schief geht und wir sauer auf jemanden sind. Das kann schon mal passieren, jedem und jeder von uns. Aber statt uns von den bösen Geistern reizen zu lassen, bis sie fette Beute kriegen, ist es besser, sich zu helfen, dass es wieder gut wird. Je besseren Geist wir ausatmen und verbreiten, desto spannender wird das Leben. So ist das, und das kommt von *Ata Mana*, dem Großen Geist *Ama Ti An*. Das ist die Grundlage allen Lebens und Lebendigen. Er geht wie die Luft durch uns hindurch geht, nur noch viel tiefer und noch viel weiter, und er macht, dass wir gute Ideen und ein gutes Leben haben.

*Felszeichnung aus Tansania (Ausschnitt), Ende der Eiszeit
(Nachzeichnung nach Anati S. 193)*

Von der Herkunft der bösen Geister

Die Menschen bekamen von *Mana Ti An* den freien Geist. Dieser freie Geist wächst entsprechend seiner körperlichen Form. Schon die Kinder haben sehr viel freien Geist, und deswegen ist es auch das Beste, ihren Geist richtig frei entfalten zu lassen, indem man gute Geschichten erzählt und die Kinder spielen lässt. Dann haben sie viel guten und frohen Geist, der sich vielfältig entfaltet und gut wächst.

Fertig wird der freie Geist mit dem Ende der Kindheit, wenn er insgesamt die Welt und das Leben kennt. Wenn man die Welt und das Leben kennt, dann kann man seinen Geist frei entfalten und das aufbauen, was für einen richtig wünschenswert ist.

Aber nach der Kindheit ist das nicht mehr kinder-leicht. Es gibt auch Löwen, Schlangen, Krokodile, Haie usw. Und wenn man jetzt mal weiter weg möchte, muss man gut aufpassen, dass sie einen nicht fressen.

Und vor allem kommt nun eine neue Form von Liebe auf. Auf einmal denkt man: mit der oder mit dem wäre ich gerne ein Paar. Da hat man auf einmal mit einem starken Geist zu tun, dass man von dem einen Jungen oder Mädchen träumt und es sich so wunderbar ausmalt, mit ihr oder mit ihm zusammen ein Paar zu sein. Und plötzlich merkt man ein Problem: will die oder will der mich überhaupt? Bin ich überhaupt toll genug? Und wenn das dann nicht schneller klappt, dann fühlt man sich vielleicht sehr schlecht und etwas krank. Vielleicht sieht man, dass die, mit der man gerne zusammen wäre, oder der, mit dem man gerne zusammen wäre, sich für jemand anderes interessiert. Das gibt schon einen bösen Stich. Oder man sieht, dass sich für den, für den man sich interessiert, oder die, für die man sich interessiert, auch noch Andere interessieren. So versucht man nun der oder die Tollste zu sein, aber das ist gar nicht so einfach, weil das ja alle versuchen. Und man kann sogar die oder der Tollste sein, aber der, den man möchte, oder die, die man möchte, interessiert sich dennoch für eine Andere oder einen Anderen.

Das wird auf einmal deutlich, dass das mit dem freien Geist so eine Sache ist. Bei den Tieren ist das völlig anders. Die haben diesen freien Geist nicht. Die haben auch in der Liebe ihre klare Form. Bei den Gorillas gibt es in der Gruppe immer nur ein Männchen, der die Weibchen hat. Die anderen Männchen haben da keine Chance. Wenn man den Kampf nicht gewinnt, ist man Verlierer. Das ist bitter, aber es ist halt so. Dann ist das Leben nicht sehr schön, aber weil ein Tier nicht so viel Geist wie wir Menschen, denkt es nicht ständig an dieses Problem. Vielleicht ergibt sich bei einer Gelegenheit eine neue Chance, aber sonst ist das Thema vergessen, und man stirbt relativ früh.

Mit dem freien Geist ist jedoch die Liebe etwas völlig anderes. Mit dem richtigen Geist kann die Liebe etwas sehr viel Schöneres als bei den Tieren werden, aber wenn das nicht gelingt, dann tut dies viel mehr weh als bei den Tieren. Vor allem kann es bei dem freien Geist zu dem großen Problem kommen, dass sich der freie Geist sehr stark verwirrt. Er kann sehr bösartig werden, neidisch, missgünstig, Streit säen, gewalttätig werden, bis hin zu Kriegen.

Auf diese Weise sind auch die bösen Geister entstanden. Es kam einmal in einer Gegend zu Klima-Problemen, dass man nicht mehr gut zu essen hatte. Da verirrte sich der freie Geist bei einigen, und als es erstmal mit Gewalt und Kämpfen begann, kam man aus diesem Problem nicht mehr heraus. So kam es zu den bösen Geistern.

Die bösen Geister stammen von den kranken Formen des freien Geistes des Menschen. Weil es keine einfache und nur eine kurze Krankheit war, an der lediglich ein paar Personen erkrankten wie sonst, entsprossen aus diesem kranken Geist auch etliche böse Geister, die nun seitdem ihr Unwesen treiben, weil sie immer wieder Beute finden.

Es gehört zu dem freien Geist des Menschen, immer wieder mal in Verirrung zu geraten, vor allem, wenn man kein Kind mehr ist und man mit einer neuen Form von Liebe zu tun bekommt, aber auch, wenn es seiner Gemeinschaft mal richtig schlecht geht. Die bösen Geister riechen es, wenn nicht mehr genug guter freier Geist vorhanden ist und vor allem, wenn der Geist erkrankt ist. Dann wittern sie Beute, und dann kommen sie. An sich können die bösen Geister gar nichts tun, sie haben ja gar keinen Körper. Sie haben nur bei dummen Gedanken eine Chance. Dumme Gedanken sind so etwas wie eine Wunde am Körper. Wo ernsthaft dumme Gedanken sind, kommen sie, und dann versuchen sie, ihre Geister-Eier in diese Wunden zu legen, wo diese dann wachsen können. Sie bringen dann immer mehr Streitereien, Rechthaberei, Angst, Dummheit bis hin zu Gewalt, Morden und Krieg hervor. Denn auf diese Weise können sich die bösen Geister vermehren.

Weil hier ein echtes Problem entstand, kamen *Pa Tara,* der Drachen-Vater, und *Ma Tara,* die Drachen-Mutter, auf unsere Welt, um uns zu helfen. Dort können wir den Drachen-Geist erhalten. Der Drachen-Geist ist der stärkste Geist. Wenn wir den Drachen-Geist haben, brauchen wir vor keinem Geist und vor den bösen Geistern keine Angst mehr zu haben. Gegen den Drachen-Geist haben der Löwen-Geist und auch die bösen Geister keine Chance. *Ma Tara,* die Drachen-Mutter, und *Pa Tara,* der Drachen-Vater, kennen sich mit dem Drachen-Geist ganz genau aus. Bei *Pa* und *Ma Tara* kann man alles lernen, wie man den Drachen-Geist erhalten kann und was man tun kann, wenn man mit einem Löwen-Geist oder mit bösen Geistern zu tun bekommt. Wenn man den Drachen-Geist erhalten und gut geschult hat, braucht man keine Angst mehr zu haben. Mit dem Drachen-Geist wird ein wünschenswertes Leben möglich.

Nein, die Drachen-Geister sind nicht böse, und sie tun nichts Böses. Es sind die bösen Geister, die verbreiten, die Drachen-Geister wären böse und schuld an allem Bösen, nicht sie, wie es in Wahrheit ist. Denn wenn die Menschen Angst von dem Drachen-Geist und keinen Drachen-Geist zur Hilfe haben, dann sind die bösen Geister ihr größtes Problem los. Dann haben sie gute

Chancen, gute Beute zu machen. Kinder brauchen keine Angst zu haben. Bei Kindern können sie sich nicht vermehren. Doch Erwachsene ohne Drachen-Geist stehen in der Gefahr, Opfer der bösen Geister zu werden.

Nachzeichnung nach:
GEO 2/2001, S. 160: Der Tiermensch von Fumane (Italien)
Alter zwischen 32.000 und 36.500 Jahre geschätzt

(Dort auch Foto. Nachzeichnung nach der Vorlage schwierig, da Oberfläche nicht intakt. Das Original scheint mit Ocker gemalt).

Von dem Drachen-Vater *Pa Tara*

Am Anfang war die Welt noch ruhig und klein, und da gab es auch noch keine Probleme. Doch die Mond-Mutter *Ma Ti Ana* wollte für ihre Menschenkinder eine richtig große Welt, damit ihre Kinder richtig viel zu sehen und zu entdecken hatten und es nicht langweilig wird. So bauten sie damals unsere große Welt, und dabei halfen auch die Riesen, die großen Berge und Gelände zu bauen. In dieser großen Welt hatten auch die Tiere richtig Platz und Nahrung, und so wuchsen sie groß und größer. Am Anfang waren die Giraffen nicht größer als ein kleiner Hund, und dann wurden sie so groß wie Bäume, wo sie ganz oben die Blätter fressen konnten. Aus manchen Fischen wuchsen riesige Walfische, manche Frösche wurden so groß wie eine Hütte. Aus den Eidechsen, die auf unsere Hand passen, wurden riesige Dinosaurier, und manche Vögel wurden so groß, dass man auf ihnen fliegen konnte, wie man auf Pferden reiten kann.

So langsam aber wurde es zu wild. Mutter *Ama Mama* fand, dass es jetzt reichte, die Welt noch größer zu bauen. Doch da kam es auf einmal zu einem Problem. Die Riesen waren wohl sehr groß und stark, aber nicht sehr schlau. Sie waren nicht schlau genug, um gut spielen zu können, so wie Ihr das könnt. Denn um gut spielen zu können, muss man wirklich schlau sein. Das können nur die Menschenkinder richtig. Die Riesen konnten nur bauen. Die hatten nur arbeiten gelernt, logisch, denn am Anfang musste ja erstmal die Welt gebaut werden. Jetzt aber war die Welt fertig gebaut, und es waren nur noch ab und an Gewitter nötig, damit alle genug Wasser bekamen. So wussten die Riesen nicht mehr, was sie mit ihrer Riesen-Energie anfangen sollten.

So kam es dann, was kommen musste: sie fingen an, Unsinn zu machen und sich gegenseitig zu ärgern. Zuerst war es noch einigermaßen harmlos. Die Riesen hatten ja auch immer einen Riesen-Appetit. Für sie war selbst ein Elefant nicht viel. Am liebs-

236

ten aßen sie Mammute. Die sahen so aus wie ein Elefant, waren aber noch viel größer. Als sie die Mammute in ihrer Gegend alle aufgefressen hatten, begannen sie, sich auch die Mammute zu nehmen, die andere Riesen als ihre Herde betrachtet hatten. So kam es erst zu einem kleineren Streit, doch als bald nicht mehr viele Mammute vorhanden waren, da wurde aus diesem Streit ein richtiger Krieg: der berühmte Riesen-Krieg. Die Riesen rissen Bäume aus und schlugen mit ihnen aufeinander ein. Andere begannen nun, große Felsbrocken und gewaltige Blitz-Speere zu werfen, und ganze Wälder gerieten in Brand. Ihr wisst ja, wie erschreckend heftige Gewitter sein können, aber die Gewitter, die wir kennen, sind nichts dagegen, was damals aufkam. Das war einfach nur fürchterlich.

Die Mond-Mutter *Ama Mama* war ganz fassungslos. Jetzt drohte, ihre ganze Schöpfung kaputt zu gehen. Am Anfang konnte sie noch einige Riesen beruhigen und zur Vernunft bringen, aber als fast alle Mammute aufgefressen waren, war der Riesen-Krieg nicht mehr zu stoppen. Gerade auch die großen Tiere wurden von den Felsbrocken, mit denen sich die Riesen bewarfen, oder auch von den Blitz-Speeren getroffen. Kein einziger Dinosaurier blieb am Leben, so schlimm war der Riesen-Krieg geworden.

So kam es, dass der Mond-Vater die Gestalt eines riesigen Drachens annahm, denn nur der Drache war stark, schlau und gefährlich genug, dass die Riesen Angst bekamen. Der Mond-Vater tobte als Riesen-Drache, und das kam noch gerade rechtzeitig, bevor der Garten Erde völlig kaputt war. Nur wenige Riesen überlebten ihren Krieg, gerade so viel, wie es für den Garten Erde gut und an den Enden der Welt Platz war. Seitdem leben die Riesen an den Enden der Welt, und wenn es Gewitter braucht, dann bringen sie von den Enden der Welt die Gewitter, die nötig sind. Ansonsten können die Riesen an den Enden der Welt leben, wie es für sie gut ist. Da können sie sich eine riesige Eis-Welt schaffen, wo sie mit dem Schnee toben können, oder den großen Sandkasten *Sa Hara*, so groß, wie es die Riesen so lieben. Denen kann es nie groß und nie wild genug sein. So war es auch am Anfang der Welt, und deswegen lieben sie dies so.

Höhle Gabillou (F) am Ende eines/des engen Höhlengangs, ca. 15.000 Jahre [18]
Im Bein-Bereich ist die rituelle Einkleidung in einem *STier*-Fell zu erkennen.

---

[18] S. dazu mehr: Gerhard Bosinski: Die Stier-Menschen, S. 163 ff., in: V. E. Ščelinkij & Vladimir N. Širokov: Höhlenmalerei im Ural, S. 164.

Seit dieser Zeit kommt der Mond-Vater als Drachen-Vater auf unsere Welt. Damals wurde deutlich, dass es nicht reicht, nur lieb zu sein, sondern dass man auch kämpfen können muss, wenn gefährliche Probleme entstehen. Es geht ja nicht, dass, wenn die Löwen kommen, die Eltern einfach wegrennen und die Kinder den Löwen zum Fraß lassen. Deswegen braucht man, bevor man Kinder haben darf, auch die Drachen-Energie und den Drachen-Geist.

Das ist damals entstanden, als der Mond-Vater als Drachen-Vater *Pa Tara* auf unsere Welt kam. Wenn es ganz gefährlich wird, schickt der Mond-Vater einen seiner Drachen, um seine Menschenkinder zu beschützen.

Und da wir Menschen alle von der Mond-Mutter und dem Mond-Drachen-Vater abstammen, haben wir alle etwas von der Drachen-Energie und dem Drachen-Geist in uns. Das ist das Besondere an uns Menschen. So richtig stark wird das in uns, wenn es los geht, dass wir selbst Kinder haben wollen. Dann kommt auf einmal die Drachen-Energie auf. Dann wird man plötzlich groß, und die Jungen bekommen Barthaare, und die Mädchen bekommen Brüste, damit die Babys das Richtige zum Trinken haben. Da merkt man auf einmal die Drachen-Energie in sich und wünscht sich, mit seinem Drachen bis in den Himmel und an die Enden der Welt zu fliegen. Das ist ein ganz großes Abenteuer. Wenn Ihr das in Euch merkt, dann gehen wir mit Euch zu dem Drachenberg, wo der Drachen-Vater, die Drachen-Mutter und ihre Drachen-Vogel-Kinder leben. Mit dem Drachen-Geist könnt Ihr Euren Drachen reiten lernen, dass Ihr keine Angst mehr zu haben braucht und Ihr die Kinder beschützen könnt.

Der erbeutete Hirsch

Frühgeschichtlich: Spanische Levante (Nachzeichnung nach Anati: S. 295)

Es war einmal ein Mann, der streifte durch einen großen Wald. Natürlich hatte dieser Mann wie üblich neben einem großen Beutel zum Sammeln auch ein Messer und einen Bogen und Pfeile dabei, denn er wollte nicht bloß mal herumlaufen, um sich zu bewegen, und er wollte sich nicht nur an der Landschaft erfreuen und kucken, was es alles so kucken gibt, denn er wollte auch Essen sammeln, Pilze, Beeren und, wenn es sich ergab, vielleicht auch einen Hasen oder am besten: einen großen Hirsch schießen.

Wie nun dieser Mann so durch den Wald läuft und geht und geht und auch schon weit gekommen war, da hörte er plötzlich ein wüstes Geschrei. Er hörte ein höchst ärgerliches und böses Gebrumme von einem Bären und das böse Gefauche und Gekrächze von Raben und ein gefährliches Knurren und Gebelle von Wölfen. Normalerweise würde es sich bei solchem Getobe nun wirklich empfehlen, so still und so schnell es geht, das Weite zu suchen. Denn wenn Bären sauer werden, dann wird es wirklich gefährlich, und wenn man allein mit Wölfen zu tun bekommt, ist das selbst mit Pistolen eine Sache, die man besser nicht so einfach mal ausprobiert.

Schnell das Weite zu suchen, das war dann auch der allererste Gedanke unseres Mannes, und er drehte sich schon um, um sich davon zu machen. Doch da kam ihn jedoch ein zweiter Gedanke: Vielleicht war ja auch ein Mensch in Gefahr! Und so hielt er inne. Das Getobe war noch weit genug weg, es war noch kein Grund zu Panik. Mal Nachdenken, hm. Und so stand er da und hörte das wütende Getobe dieser gefährlichen Tiere. Und wie er da so stand und das wütende Getobe gar nicht aufhören wollte, da dachte er: „Nein, das ist nicht normal, ein Bär, Raben *und* Wölfe. Da muss etwas sein." Und weiter: „Bloß ein Bär oder bloß eine Rudel Wölfe, das wäre zu gefährlich. Aber offenbar streiten die sich auch untereinander. Da muss ich doch mal sehen."

Es hatte sich nämlich in ihm sein Drachen-Geist geregt, und der sagte ihm, er müsse da mal nachsehen. So zog er zwei Pfeile aus dem Köcher und spannte einen direkt auf den Bogen und pirschte sich an das Getobe heran. Je näher er an das Getobe herankam, desto lauter hörte er das Getobe, und das hörte gar nicht auf. So kam er ganz dicht an das Getobe heran, denn die Tiere bemerkten ihn gar nicht. Die waren ganz mit ihrem Streit untereinander beschäftigt, und da sah er dann auch den Grund ihres Streites.

Wahrscheinlich war es so gewesen, dass die drei Wölfe, die hier herumbellten, hinter dem Hirsch her gewesen waren, der jetzt hier in der Mitte tot da lag, aber der Hirsch war auf seiner Flucht dem Bären direkt in die Armen gelaufen, und es war der Bär gewesen, der den Hirsch getötet hatte, und so wollte er ihn jetzt verspeisen. Da waren die Wölfe natürlich sauer, hatten sie doch diesen Hirsch die ganze Zeit gejagt, und sie hätten ihn auch fast gehabt, und außerdem hatten sie auch mächtig Hunger. Ihr Magen knurrte schon mächtig, sie hatten lange genug nichts mehr gefressen. Sollte ihnen der Bär die Beute vor der Nase wegnehmen? Wegnehmen *dürfen*? Es war doch *eigentlich* ihre Beute, und da kommt nun der Bär daher und nimmt sie ihnen weg.

Da liegt die fette Beute direkt vor ihren Augen. Es sind nur ein paar Schritte, und endlich könnten sie mal wieder so richtig futtern und schmausen und satt werden. Doch zu dumm, der Bär ließ sie nicht an den Hirsch heran, und mit so einem Bären war wirklich nicht zu spaßen, auch für drei Wölfe nicht. Doch mit drei wütenden Wölfen war auch für den Bären an ein schönes Speisen nicht zu denken. Drei Wölfe waren schon gefährlich, da musste auch der Bär sich ganz auf Verteidigung ausrichten und sehen, dass die Wölfe Leine ziehen. Auch für den Bären war das ziemlich dumm. Auch er hatte gut Hunger, endlich hatte er sich einen Hirsch gefangen, und der lag nun vor seiner Nase. Doch statt endlich essen zu können, musste er aufpassen, dass ihm die Wölfe nicht in den Rücken fielen. Dann wäre es nämlich vorbei mit ihm gewesen. So standen die Wölfe und der Bär da, und statt schön Schmausen zu können, hatten sie einen bösen Streit, der auch noch tödlich werden konnte, wenn nicht eine Seite nachgab und abzog.

Und wie die Wölfe und der Bär da in ihrem Streit um die Beute gegenüberstanden und, statt an die Beute zu kommen, mit nichts als Streit beschäftigt waren, da waren zu allem Überdruss auch noch drei Raben vorbeigekommen, die hier Beute für sich sahen. Sie flogen um den Bären und die Wölfe herum, um sie zu ärgern und damit zu vertreiben, aber auch die Raben mussten gut aufpassen, dass sie nicht von den Wölfen geschnappt oder von den Tatzen des Bären erwischt wurden.

Inzwischen waren auch die Ameisen schon herangekrabbelt, und auch sie sahen gute Beute. Aber auch sie mussten gut aufpassen. Der Bär konnte sie zertrampeln und platt hauen, und wenn die Raben auch keine besonderen Ameisen-Esser sind, so picken sie diese schon, wenn sich das gerade so anbietet, und man weiß es so als Ameise ja nie. Auch für die Ameisen war es in dieser Situation sehr gefährlich, sich an die Beute heranzumachen, aber die fette Beute vor ihren Augen lockte auch sie natürlich sehr.

So war der Streit war im vollen Brand, und er wollte gar nicht mehr aufhören. Keiner schaffte für sich den Vorteil, und so hatten sie die Beute da liegen, und keiner von ihnen hatte etwas davon. Nur dummen, gefährlichen Streit.

Den heranpirschenden Mann hatten die Tiere überhaupt nicht bemerkt, so beschäftigt waren sie mit ihrem Streit. Der Mann pirschte sich gut versteckt heran und betrachtete das Krakeele und begriff die Situation.

Da nahm er seine Pfeife und blies, so stark er konnte, in die Pfeife hinein und sprang aus dem Gebüsch. Die Pfeife gab einen schrillen Ton, und die Tiere zuckten vor Schreck über den Neuankömmling in sich zusammen, und da war es fürs erste mit dem Getobe vorbei.

Da sagte der Mann: „Liebe, liebe Tiere! Lasst mal Ruhe sein. Hört mir mal zu! Warum müsst Ihr denn so fürchterlich herumstreiten? Es ist doch wirklich für alle genug da. Lasst mich machen, ich werde den Hirsch für euch teilen, und jeder wird seinen Teil bekommen, dass er satt wird."

Das war wirklich die Lösung. So doof waren die Tiere nun auch wieder nicht, dass sie das nicht verstanden, und so wollten sie mal sehen, ob sie wirklich ihren Teil abbekämen, wie es der Mann versprach. Wenn nicht, dann würde man wieder den Kampf aufnehmen, und wenn der Mann ihnen die Beute wegnehmen wollte, dann würde er richtig Ärger bekommen. So ein Bär und so Wölfe, das ist auch für so einen Jäger nicht ohne, vor allem nicht, wenn die so richtig sauer sind.

Der Mann aber trat an den Hirsch heran und nahm sein Messer und schnitt ihn auf. Bei diesem Schneiden fielen schon kleine Stückchen ab, die warf er den Ameisen hin. Für die Ameisen waren das Riesen-Brocken. Dann holte er die Eingeweide heraus und warf davon dem Bären und den Raben etwas hin. So konnten auch die mit dem Futtern loslegen. Dann schnitt er drei Rippen mit Fleisch heraus und gab jedem Wolf eine davon. Da hatten sie nun Fleisch und Knochen zu knabbern.

„So", sagte der Mann, „das war der Anfang. Es gibt für jeden noch mehr. Wer was braucht, muss es nur sagen. Ich schneide den Hirsch jetzt auseinander. Jeder kriegt genug, und für alle wird noch eine Portion zum Mitnehmen übrigbleiben."

Natürlich dauert es etwas, bis man so ein Tier zerlegt, aber die Tiere waren glücklich und zufrieden. Jeder hatte seinen Teil, und endlich gab es richtig was zu futtern. Natürlich brauchten der Bär und die Wölfe noch viel mehr, aber jetzt ging das seinen guten Gang. Jetzt schnitt der Mann die Unterbeine ab. Jeder Wolf bekam eins, und eins war für die Raben. Auch der Kopf war für die Raben. Dann schnitt er eine Keule ab. Die war für den Bär, und dann schnitt er noch ein paar Stücke ab, damit sich die Raben beim Fressen nicht ins Gehege kamen.

Jetzt waren wirklich alle mit dem Essen vollauf beschäftigt. Jeder hatte seine fette Portion und das, was er am liebsten mochte. Der Bär hatte seine Teile, und die Wölfe hatten Knochen, an denen sie schön herumknabbern konnten, wie sie dies so richtig genießen. Jetzt gab es keine Probleme mehr. An dem Rücken und von den Rippen gab es noch genug, und er legte sie bereit, damit sich jeder, wie er wollte, bedienen konnte, und jedem schnitt er nach Bedarf das Passende ab und zurecht. So waren die Tiere glücklich und zufrieden. Endlich gab es Futter, genug und ganz ohne Stress, und sie würden sogar noch was mitnehmen können. Das war auf einmal eine Gemeinschaft, wie sie da zusammen speisten und in dem Essen schwelgten. Das gab's wirklich nicht jeden Tag, das war schon etwas Besonderes, vor allem so gut zubereitet.

Für den Mann war das alles natürlich auch sehr praktisch. Jetzt brauchte er keine Angst vor dem Bären und den Wölfen haben. Deren Hunger war jetzt fürs erste gesättigt. So war der Mann selbst durch die Tiere ganz einfach auch an seine Beute gekommen.

Er schnitt sich die für die Menschen schönsten Teile heraus, etwa die Oberschenkel und dies und jenes Stück vom Rücken und so weiter, was er gerade am liebsten mochte und wie es am besten zum Mitnehmen passte. Da war wirklich genug übrig, mehr konnte er sowieso nicht tragen. So war auch der Mann sehr glücklich, dass er so viel mit nach Hause nehmen konnte, und als er soweit fertig war, da fragte er die Tiere, ob alle zufrieden seien und ob er noch was für sie tun könne.

Da sagten die Tiere zu ihm: „Lieber Mann, Du hast uns wirklich aus der Patsche geholfen und uns bestens bedient. Dafür, dass Du ein solch gut und gerechter Richter warst, sollst Du Deinen Lohn erhalten."

Der Bär sagte, der Mann solle zu ihm her kommen, und er flüsterte ihm den geheimen Namen des Bären-Geistes ins Ohr. „Wenn Du diesen Namen rufst", sagte der Bär, „dann wird der Bären-Geist zu Dir kommen und Dir seine Dienste anbieten."

So taten es auch die anderen Tiere. Die Wölfe versammelten sich in einer Gruppe und flüsterten dem Mann den geheimen Namen des Wolf-Geistes ins Ohr. Die Raben versammelten sich in einer Gruppe und flüsterten dem Mann den geheimen Namen des Raben-Geistes ins Ohr, und das taten auch die Ameisen und flüsterten ihm den geheimen Namen des Ameisen-Geistes ins Ohr.

Auf diese Weise war der Mann ganz plötzlich und unverhofft zu einem Schamanen geworden. Den Drachen-Geist hatte er ja schon, wie ihn alle richtig erwachsenen Menschen haben. Doch nun hatte er noch den Bären-Geist, den Wolf-Geist, den Raben-Geist und den Ameisen-Geist als Hilfsgeister gewonnen, und die waren sehr große Hilfe, wenn er oder seine Leute in eine Gefahr gerieten, vor allem, wenn irgendjemand krank wurde. Denn der Bären-Geist ist als der große Heiler bekannt, als der Beste in Sachen Medizin und Krankheit. Der Wolf-Geist war auf jeden Fall dafür gut, dass ihnen die Wölfe nichts mehr taten, und er konnte helfen, böse Geister fernzuhalten und zu vertreiben, falls es damit mal schlimm wurde. Der Ameisen-Geist, der konnte in die feinsten Ritzen der Erde eindringen und war deswegen der Spezialist für die Unterwelt, der war sehr gut für das Schätze-Finden. Der Raben-Geist, der kam weit herum, der wusste, was auf der Welt vorging und war auch sehr erfahren und sehr, sehr weise. Er konnte gute Ratschläge geben, und man konnte ihn bis an die Enden der Welt schicken, um etwas zu erkunden.

So war dem Mann, weil er Mut hatte und wirklich etwas von Gerechtigkeit und Hilfe verstand, großes Glück für ihn und seine Leute beschert worden. Er kam mit reicher Beute an guten Fleischstücken zurück und mit dem Schatz der geheimen Namen der Hilfsgeister, die sie vor Unheil und Krankheiten beschützen konnten: Es ist natürlich klar, dass es, als er nach Hause kam und von seinem Glück erzählte, erstmal eine super Grillparty gab.

Eiszeitlich: „Bison aus Niaux in schwarzer, die beiden seitlichen Pfeilspitzen in roter Farbe." [19]

---

[19] Text und Nachzeichnung nach: Johannes Maringer: Vorgeschichtliche Religion, S. 152

Die Stufe 4

Die Stufe 4 ist mit dem Vorfeld und der Vorbereitung der Jugendlichen auf die Pubertät und den Abschluss der Kindheit zu verbinden.

Insgesamt kristallisieren sich hier zwei bedeutsame Felder in der Entwicklung der ursprünglichen Mythologie heraus, die ich hier auch in einem jeweiligen Zusammenhang darstelle. Das eine Gebiet (4.1) wird hier halbmythologisch als >Spirituologie< bezeichnet – s. dazu mehr → S. 249. Der andere Bereich (4.2) verknüpft sich mit der Drachen-Mythologie, die sich auf den Komplex der Jugend-Initiation ausrichtet.

Mit diesen beiden Bereichen findet die ursprüngliche Mythologie in den Schulungen und Trainings der Jugend-Initiation ihren Abschluss. Der grundlegende Aufbau der eiszeitlichen Sprache HS in Geschichten und Vokabular ist auf dieser Ebene fertig. Ab jetzt kommt es darauf an, die Geschichten und das Vokabular: Sprache in Selbst-Steuerung und Kommunikation zwecks eines fähigen Beziehungs- und Sozial-Leben (= >Kultur<) beherrschen zu lernen (s. dazu auch → 1.6). Dazu können bei Bedarf im Einzelnen immer noch neue Wortbildungen und neue Motive geschaffen werden, doch ändert dies nichts an der grundlegenden Struktur der eiszeitlichen Sprache und Mythologie HS.

Die ursprüngliche Jugend-Initiation HS dürfte beiden Geschlechtern gegolten haben, wie es sich insgesamt ethnologisch belegt. Doch dürften Teile der Praxis der Jugend-Initiation bei den Geschlechtern unterschiedlich angelegt gewesen sein, insbesondere was die Vermittlung des Bereichs Sexualität angeht. Meiner Einschätzung nach richten sich einige pleistozäne Darstellungen eher an männliche Jugendliche – wird eher auf den weiblichen Körper verwiesen und ist das Faktum, dass Geschlechtsverkehr Folgen haben kann, den männlichen Jugendlichen sicher nachhaltiger zu vermitteln. Doch für Genaueres habe ich bislang noch keine zureichenden Anhalte. Die Handabdrücke in den Höhlen belegen auf jeden Fall, dass auch Frauen dort waren. In Teilen dürften die Handabdrücke mit dem Abschluss der Jugend-Initiation in Verbindung zu bringen sein, doch lässt sich dies nicht pauschal sagen.

Historische Szene aus Bohuslän, Schweden. Hier ist die Initiation zu einer Heirats-Fruchtbarkeits-Konzeption mit entsprechenden Kult-Orten umgedeutet. Die Initiations-Symbolik deutet sich von dem Hand-Motiv her an, das Heiraten – Paaren an den Geschlechtsmerkmalen und dem Punkt, der das Kind symbolisieren dürfte. Weitere Darstellungen (Gravuren) bestärken diese Deutung.
Nachzeichnung *aus: Emmanuel Anati: Höhlenmalerei, S. 276. S. dort insbesondere auch das Foto S. 284 oben sowie S. 289 unten.*

Vom Geist und den Geistern
4.1 Ein Einführungskurs in die Spirituologie

Das mit den Geistern erscheint uns immer leicht interessant, natürlich, weil die Geister einiges können, was wir als Menschen mit einem festen Körper so nicht können. Doch in Wirklichkeit ist das mit den Geistern gar nichts so Besonderes, denn in Wirklichkeit besteht das ganze Leben und unsere ganze Welt aus Geist.

Dass unsere ganze Welt und unser ganzes Leben aus Geist bestehen, das sieht man nur nicht so einfach, und deswegen kommt man nicht so leicht darauf. Nehmen wir unsere Luft. Wir sehen die Luft nicht und denken, da ist doch gar nichts. Aber haltet Euch mal die Nase und den Mund zu, dass Ihr keine Luft bekommt, dann merkt Ihr das ganz schnell. Es gibt Luft, und wir brauchen viel Luft, sonst können wir nicht leben.

So ist das auch mit dem Geist, nur noch viel stärker. Ohne Geist geht gar nichts, ohne Geist gibt es nichts, wird nichts und bleibt nichts. Ohne Geist sind wir tot, und zwar wirklich tot. Solange man noch Geist hat, ist es nicht so schlimm, wenn man seinen Körper verliert. Solange man noch Geist hat, ist man noch nicht wirklich tot und kann man sein Leben fortsetzen, wie man es sich wünscht. Doch ohne den Geist ist man tot, auch wenn der Körper noch eine Weile funktioniert, so ähnlich, wie ein Felsbrocken den Berg hinunterrollt, auch wenn er schon abgebrochen ist und noch rollt. Vielleicht reißt er auch noch einige Bäume um und schafft noch viel Schaden, aber wenn er dann ausgerollt ist, dann war es das. Mit Leben hatte dieses Rollen schon nichts mehr zu tun, auch wenn sich der Brocken noch bewegte. Das Rollen war schon nicht sein eigenes Können, sondern nur das Erbe von irgendeinem früheren Können, vielleicht von dem Schlangen-Wurm *As Naga,* die die Höhe geschaffen hat, von der der Brocken nur noch runterrollte.

Die ganze Welt und das ganze Leben sind Formen des Geistes. Im Ursprünglichen und im Letzten sind sie Formen des Geistes von Mutter-Vater *Mani Ti An = Ur Ani* oder auch = *Ani Ma.*

Wo echter Geist ist, entsteht Leben. Wo Leben ist, nimmt der Geist Form an. Die Form ist Ausdruck des Geistes. Ohne Form wirkt der Geist nicht. Aber die Form ist nur der Ausdruck des Geistes, nicht der Geist selbst. Der wirkliche Geist ist das Leben, noch bevor es die feste Form annimmt. Dieser Geist begann mit dem großen Traum von der wunderbaren Welt als dem Garten Erde für die Menschenkinder.

Das könnt Ihr an dem Schneckenhauses sehen. Ganz am Anfang war der Geist des Traums von der Schnecke mit dem Schnecken-haus. Zuerst entstand aus diesem Geist eine Art Ei aus ganz dün-ner Luft kleiner als das kleinste Sandkorn, eine Energie mit einer sehr bestimmten Form. Das wurde dann in nebeliger Form ein winziger Tropfen. Daraus entstand ein winziges Ei mit Frucht-wasser, und darin entstand der Schnecken-Wurm. Als der Schnecken-Wurm zu wachsen begann, bildete er sich eine Schale als seine Form, um weiter wachsen zu können. Dafür wählte er keine Kugel-Schale, wie es die Vögel tun, sondern eine mit einer Öffnung, damit er in dieser Form weiterwachsen konnte, und wie das geht, können wir bei einem Schneckenhaus ganz genau sehen. Je mehr der Schnecken-Wurm wächst, desto dicker und größer wird sein Schneckenhaus, und genauso ist ja auch, wie Ihr wisst, der Weltberg entstanden.

Die Schnecken-Schlange hat schon sehr früh im ganz Kleinen seine Form gefunden. Das war auch sehr gut, vor allem damals für die Entstehung unserer Welt. Aber wenn erstmal eine feste Form entstanden ist, dann ist das eben auch fest. An diese feste Form lässt sich noch anbauen, und sie lässt sie auch ausschmü-cken. Aber wenn diese Form so fest ist wie ein Schneckenhaus oder ein Vogel-Ei, dann kann sich das nicht mehr so verändern wie die Luft oder das Wasser oder wie Schleim und schon gar nicht mehr wie Geist. So eine Form wie ein Vogel-Ei, so schön sie auch ist, ist darauf angelegt, kaputt zu gehen, wenn das Küken genügend gewachsen ist. Jede feste Form funktioniert nur eine bestimmte Zeit. Dann hat sie ausgedient, und sie zerfällt, auch wenn das immer wieder schade ist. Aber das muss so sein, sonst würde alles Leben zu Stein und Tod. Wo aber der Geist lebendig bleibt, da wechselt er mit der Zeit seine Form, und die vorherige feste Form hat wie ein Vogel-Ei ausgedient und zerfällt.

Als *Mani Ti An* die Welt zu bauen begann, wusste sie, dass es dafür auch Festes brauchte. Denn wenn alles nur Geist, nur Luft, nur Wasser und nur Wackelpudding blieb, könnte daraus kein großer Garten Erde werden, wie es sich *Mani Ti An* für seine Menschenkinder vorgestellt hatte.

Doch wenn alles zu schnell fest geworden wäre, dann hätte das Leben und die Welt auch nicht groß wachsen können. Vielleicht wäre die Schnecke mit ihrem Haus so groß wie ein Walfisch geworden, mit einem Haus so groß, dass ein Walfisch hineinpasst. Das wäre größer als ein Ein-Familien-Haus und für ein Schneckenhaus schon sehr beträchtlich gewesen, aber wenn das alles an Welt gewesen wäre, dann hätte das vielleicht für Ameisen gereicht. Aber für uns Menschen wäre das zu klein gewesen, zu einem regelrechten Gefängnis. Das aber sollte nicht sein.

Insofern machte es *Mani Ti An* wie bei der Ur-Kuh. Das Feste war hier wie ein Gerippe, das das ganze Fleisch tragen konnte, wo aber selbst die Knochen immer noch wachsen konnte, groß und größer, auch bei den Bergen, bis zuletzt die Welt entstand, die wir kennen.

Dabei spielten vor allem der Geist und die Geister eine wichtige Rolle. Der Geist und die Geister waren der Grund, dass unsere Welt nicht nur groß, sondern auch sehr vielfältig und spannend werden und lebendig bleiben konnte.

Wir benutzen hier das gleiche Wort, aber Geist hat sehr viele Bedeutungen. Denn tatsächlich sind die Geister schon eine festere Form des Geistes, der selbst schon fester ist als ein bloßer Traum, wie es bei *Mana Ti An* anfing. Insofern gibt es auch alle möglichen Formen an Geist und an Geistern.

Das ist schon eine große und komplizierte Wissenschaft, und wir können das nicht alles verstehen. Aber wir müssen auch gar nicht alles verstehen. Wichtig sind einige Punkte, die wir in Hinsicht auf *Mana Ti An*, den Ur- und Welten-Geist, die Geister und den Mond-Drachen-Geist der Liebe verstehen müssen, wenn wir ein gutes und spannendes Leben wollen.

Wenn wir das nicht verstehen, können wir den bösen Geistern zum Opfer fallen, und dann haben wir Angst, Stress und ständige Streitereien bis hin zu Morden und Krieg, und alles ist blöde und geht kaputt. Dann freuen sich die bösen Geister, da sie fette Beute haben und sich endlich mal so richtig toll fühlen können, obwohl sie dabei selbst kaputt gehen. Aber da sie keinen richtigen Geist haben, begreifen sie das immer erst, wenn es zu spät ist.

Wer etwas Geist hat, der weiß, dass das nun wirklich nicht sein muss und dass viel Besseren möglich ist, nicht wahr? *Ama Ti An* hat eine wunderbare Welt geträumt, gewollt und auch gebaut, in der seine Menschenkinder für eine jeweilige Lebenszeit ein wünschenswertes Leben haben konnten. Denn allein so konnte der Geist Wirklichkeit werden, lebendig bleiben und weiterwachsen, und allein so bleibt das Leben gut und spannend. Das ist es, worauf es im Leben ankommt und was wir für ein gutes Leben zu verstehen und zu lernen haben. So viel ist das gar nicht, aber manchmal auch nicht ganz ohne.

Die Landschafts-, Baum-, Tier- und Lebens-Geister

Alles, was es im Leben und auf der Welt gibt, ist vom Geist her angelegt und aufgebaut. In allem, was ist, stecken der Große Welten-Geist und seine unterschiedlichsten Geister-Kinder und -Kindeskinder.

Um die Welt so zu entwickeln, wie es in Bezug auf ihre Menschenkinder gedacht war, musste *Ama Ti An* von Anfang an eine doppelte Strategie entwickeln. Es brauchte richtig feste Formen, aber es brauchte auch die verschiedensten Formen an Geist, um das Vorhaben des Garten Erde verwirklichen zu können.

Wenn man die verschiedensten Formen an Geistern und des Festen richtig verstehen will, dann muss man verstehen, wie die Welt von klein auf an gebaut wurde. Aber man kann auch an vielen Formen erkennen, wie das abgelaufen ist, so etwa an dem Schneckenhaus, an dem Ei, an dem Schlangen-Wurm, an dem Körper-*Gewebe* und an der Kuh, in deren Körper wie auch bei uns immer noch die ursprüngliche Schlangen-Form enthalten ist, nur mit sehr viel mehr Fleisch drumherum. In der Drachen-Höhle ist immer noch der *Orcus,* der >Ort des Ursprungs< zu sehen, wo zuerst der Schlangen-Wurm *As Naga* anfing, sein Weltberg-Schneckenhaus zu bauen. Dort ist noch immer die Drachen-Energie enthalten, die Leben schafft: die das Wasser aus dem Weltberg und das Feuer der Liebe speit, aus dem neues Leben entsteht.

Genau wie bei dem Weltberg, so ging jeder Berg aus einem bestimmten Geist hervor, der auch immer noch im und auf dem Berg wirkt und für den Berg und alles, was auf diesem Berg ist, sorgt.

Die Bäume gingen aus dem ursprünglichen Baum-Geist hervor, der zuerst den Weltenbaum hervorbrachte. Durch diesen Baum-Geist konnte dieser Weltenbaum, der zuerst klein wie eine gekeimte Eichel oder noch kleiner und dann so groß wie ein normaler Baum war, immer weiter bis in den Himmel wachsen und so zur Stütze des Himmelszeltes werden, wobei seine Wurzeln bis in die unterste Unter-Welt der Drachen-Höhle wuchsen.

Von diesem Baum-Geist stammen die unterschiedlichsten Baum-Geister ab, so etwa der Tannen-Geist, der Eschen-Geist, der Birken-Geist, der Eichen-Geist usw., die alle ihre eigenen Formen an Bäumen hervorbrachten und manche auch noch entsprechende weitere Kinder. Weil das so war, sprechen wir bei dem Ur-Typ auch einfach von >Baum<. Dieser >Baum< hat ganz einfach einen Stamm, Zweige und Wurzeln. Der >Baum< genannte Geist war noch keine Tanne und keine Eiche – das kam erst bei seinen Kindern auf -, aber er war auch keine >Blume< und auch kein >Strauch<, obwohl es da von einer älteren Zeit Verwandtschaft gibt. Manche Baum-Geister brachten auch ihrerseits weitere verschiedene Geister hervor, die sich von daher deutlich mehr ähneln, so die verschiedenen Eichen- und Nadelbaum-Formen. Und jeder existierende Baum hat auch seinen eigenen Geist, der für diesen Baum sorgt und ihn am Leben erhält. Manche Bäume bieten auch weiteren Geistern Platz und ein Zuhause, so etwa den Misteln, den Vogel-Geistern für ihre Nester usw.

Diese Bäume können nun auf einem Berg stehen. Das bedeutet, dass hier eine besondere Verbindung zwischen dem jeweiligen Berg-Geist und den jeweiligen Baum-Geistern entstehen. Man darf hier also nicht nur den Berg-Geist für sich allein sehen, und man darf hier auch nicht die einzelnen Baum-Geister für sich sehen. Sie alle zusammen entspringen auch einem bestimmten Landschafts-Geist. Wenn die Bäume in einer Ansammlung zusammen stehen, gibt es auch noch einen eigenen Wald-Geist. In dem Wald leben die unterschiedlichsten Tier- und Pflanzen-Geister, und all dies ist auch mit einem bestimmten Wetter- und Klima-Geist verbunden. Alles, was es gibt, steht in einem jeweiligen Zusammenspiel der verschiedenen Geister, die sich mehr miteinander vermischen als die Formen.

Wenn man etwa einen Bison jagen will, dann darf man nicht nur an den VaterMutter-Geist der Bisons und den Geist des jeweiligen Bisons denken. Man muss auch an den Geist denken, wo der jeweilige Bison lebt und wo er sich gerade befindet und wie sich das mit zu den anderen Geistern verhält, die damit zu tun haben.

Das alles wäre überaus kompliziert, wenn man die Gegebenheiten groß ändern wollte. Davon muss man schon sehr viel verstehen, sonst gibt das schnell Chaos und Probleme. Dann kann es passieren, dass auch der Wetter-Geist erzürnt ist und das Gebiet verlässt, und es kann sein, dass es immer kälter oder immer wärmer wird, dass der Regen ausbleibt oder es nur noch regnet und wie aus vollen Eimern schüttet. Vielleicht versinkt dann die Landschaft im Sumpf, dass auf dem Boden nicht mehr viel wächst oder alles in Wäldern überwuchert. Hinterher gibt es vielleicht keine Mammuts oder keine Wollnashörner mehr, oder die Ren-Tiere ziehen weit weg. Nicht auf die Verbindungen der Geister zu achten, kann sich für uns bitter rächen, aber das sind wir dann selbst schuld. Weil wir die Geister, die für die Welt, das Wetter, die Landschaften, die Tiere und die Pflanzen sorgen, nicht geachtet oder sie gar vertrieben haben.

Man muss für alles, was im Leben wichtig ist, seinen Geist schulen und ein genaues Gefühl entwickeln, genau, wie für sich selbst und seine Lieben.

Man kann bei den verschiedenen Gegenden, Bergen, Wäldern, Tier-Arten und Einzel-Tieren spüren, wie es um ihren Geist bestellt ist: ob er gut zu uns ist, uns etwas geben kann und ob er uns guttut, oder wir auch für ihn gut sind; oder ob er selbst genug Probleme hat oder auch von uns in Ruhe gelassen werden will. Wenn die Geister gut gestimmt sind, dann fühlt man sich sehr wohl, inspiriert und begeistert, und man nimmt die Gastfreundschaft gerne an, bis es Zeit ist zu gehen. An manchen Orten fühlt man sich unwillkommen, dass man am besten so schnell es geht weiterzieht.

Wenn wir einen Bison für uns jagen wollen, dann tun wir gut daran, die verantwortlichen Geister zu fragen, ob sie uns das erlauben. Mitunter sagen sie >nein, wir brauchen alle Bisons hier für eine Herde und diese Gegend<, und dann müssen wir uns anders orientieren. Wenn man doch eins jagt, dann kann es sein, dass einem die Geister so schnell kein weiteres Tier mehr abgeben, und wenn man Pech hat, wird einem auch noch übel von dem Fleisch dieses Tiers. Aber die Geister sind nicht geizig. Sie passen nur auf, dass alles gut läuft. Es kann gut sein, dass sie sagen, ja, es sind im Moment ein paar Bisons oder Auerochsen über, die fressen hier sowieso zu viel weg – die könnt Ihr haben. Und so können wir dann eine gute Zeit dort haben und mal wieder richtig Party am Feuer machen.

Das Wichtigste ist, seinen Geist und ein genaues Gefühl zu entwickeln, vor allem und in erster Linie jedoch in Bezug auf sich selbst und die, mit denen man zusammen ist.

Wenn man das nicht tut, dann lockt das die bösen Geister an. Die spüren, wo nicht viel Geist ist und gute Beute zu machen ist. Dann entstehen schnell Streitereien, Öde, schlechte Stimmung und Schlimmeres. Dann lässt man sich von den bösen Geistern beschwatzen, die einem ein gutes Leben vorgaukeln und einen dann töten oder einem den Geist wegnehmen, dass man nur noch tut, was sie wollen.

Wir Menschen sind die besonderen Kinder von *Mani Ti An*. Und haben ihren Geist. Mit diesem Geist ist uns ein gutes Leben und so vieles möglich, was den Tieren nicht möglich ist. Das aber wird nur möglich, wenn wir unseren Geist entwickeln. Wenn wir das nicht tun, können bei uns Probleme entstehen, wie es sie bei den Tieren nicht gibt. Die bösen Geister riechen das, und dann kommen sie, und dann kann es wirklich böse für uns werden.

Geist und Form

Am Anfang war alles nur Geist. Dann nahm der Geist eine erste Form an, und diese erste Form war Raum - Zeit. Dann nahm der Geist noch mehr Form an, und so bildeten sich Licht, Luft und damit die Energie von Wärme und Bewegung. So entstanden Tag und Nacht, und so entstanden Energie und Materie. Die Luft ist die erste Form, wie aus Geist Material wurde. Deswegen ist die Luft auch ein Material, das man noch nicht sehen kann und wo man leicht denkt, da ist doch gar nichts. Aber die Luft ist auch schon Material, viel, viel dünner als Wasser, aber trotzdem auch schon Material.

Als dann die Luft dicker wurde, entstand daraus Nebel, und als der Nebel sehr dicht wurde, wurde aus dem Nebel Wasser. Wo das Wasser immer dicker wurde, da wurde daraus Eis oder auch Schlamm. Aus dem Schlamm wurde Erde, und wo die Erde immer dicker und fester wurde, wurden daraus Eisen und Stein.

Man kann das Eisen und das Eis auch wieder mit Feuer flüssig machen, und wenn man es ganz, ganz heiß macht, dann wird daraus wieder Luft. Das müsst Ihr mal mit Eis ausprobieren, da geht es am einfachsten. Wenn wir Eis haben und es etwas warm machen, dann wird es zu Wasser, und wenn wir das Wasser immer heißer machen, dann wird es wieder zu Nebel, zu Dampf und zu Luft.

So entstand alles aus dem Geist von *Ma An*, und so gab es Geist und Material und Energie, in den unterschiedlichsten Formen. Das war sehr gut, denn so gibt es Abwechselung, und wir brauchen ja auch ganz Verschiedenes: die Luft zum Atmen, das Wasser zum Trinken, etwas Festes zum Essen und für den Boden und unsere Bauten. Wir brauchen Tiere und Pflanzen, Erde und Holz und Steine und Eisen.

Es ist gut, dass es das Feste gibt, einen festen Boden, auf dem wir herumlaufen können, und Stein und Holz, so dass wir daraus etwas bauen können. Und auch einen festen Körper. Denn nur so haben wir Kraft, und nur so können wir Abenteuer erleben und tanzen. Herumliegen und träumen und denken und reden, das ist auch sehr schön, aber wir wollen uns ja auch mal bewegen und was machen, und dafür braucht es etwas Festes. Deswegen schuf der Große Geist *Ma An* auch das Feste, damit man was erleben und was machen kann.

Mit dem Festen gibt es aber ein Problem. Denn wenn etwas ganz fest geworden ist, dann ist es fest. Dann kann sich das nicht mehr groß verändern und nicht mehr wachsen. Wenn eine Form zu fest wird, dann verlässt der Geist die Form. Deswegen gibt es auch den Tod. Damit sich die Welt verändern kann und es nicht zu langweilig und zu böse wird.

Zuerst wird aus dem Geist Luft und Nebel und Wasser oder auch ein Ei. So nimmt das Leben immer mehr Form an. Ohne die Form gibt es kein Leben und kann sich der Geist nicht entfalten. Aber irgendwann ist die Form zu fest, und der Geist braucht eine neue Form. Dann hat die alte Form ihre Funktion erfüllt, und wenn der Geist die Form verlässt, wird sie tot und langweilig.

Wenn die Form ihre Funktion erfüllt hat, dann verlässt der Geist diese Form. Wir kehren dann zu dem Geist von *Mana Ti An* heim, und dann kann unser Geist eine neue Form hervorbringen. So geht es von Leben zu Leben. Der Tod ist ein Teil des Lebens, damit das Leben weitergeht und der Geist weiterwachsen kann.

Es verhält sich mit dem Leben ist wie mit dem Jahr und dem Tag, und das ist auch kein Zufall. Denn genauso hat das Leben auch begonnen, und seitdem wiederholt es sich von Jahr zu Jahr, von Monat zu Monat und von Tag zu Tag. Es fängt an, wenn wir noch schlafen. Dann wachen wir auf, und wir machen, was uns alles so einfällt. Dann werden wir müde, und der Tag geht vorbei. Doch es kommt ein neuer Tag und dann wieder ein neuer Tag und dann wieder ein neuer Tag, und so geht das mit dem Leben immer weiter.

Der Tod gehört dazu. Er kommt, wenn etwas zu fest geworden ist, wenn die Knochen und das Gewebe zu fest geworden sind und man genug gesehen und erlebt hat. Dann muss der Geist wieder frei werden, damit er eine neue Form ausbilden kann.

Der Tod ist der Preis der festen Form wie unseres Körpers. Aber immer nur Geist, das wäre zu langweilig. Das wäre wie immer nur schlafen und träumen. Ohne das Feste bleibt auch der schönste Traum und die beste Idee immer nur Nebel, den man nicht greifen kann.

Und deswegen nimmt der Geist immer wieder einen festen Körper an, damit er mal wieder richtig was machen und richtig was erleben kann. Und wenn der Tag vorbei ist und man genug gemacht und erlebt hat, dann wird man müde und legt sich schlafen. Dann geht man wieder ein in die Geist-Welt. So ist das auch mit dem Tod. Das passt einem nicht immer. Das ist manchmal so, wie wenn man ein Spiel abbrechen muss. Aber es ist nichts wirklich Schlimmes. Das Leben geht immer weiter, am nächsten Tag geht es weiter.

Es ist nichts Schlimmes, solange man sich den Geist bewahrt. Denn nur dann kann es weiter gehen. Ohne den Geist wird es langweilig, ohne den Geist geht alles kaputt. Solange der Geist da ist, ist der Tod nichts wirklich Schlimmes. Er passt einem manchmal nicht, doch solange der Geist da ist, geht es am nächsten Tag weiter. Schlimm wird es nur, wenn der Geist verloren geht.

Solange wir Geist haben, wird das Leben weiter gehen, und der Geist wird sich wieder eine feste Form, einen Körper suchen. Das ist doch gut, dass wir das Feste und unseren Körper haben, oder? Denn nur über unseren Körper können wir das Leben erleben, spüren und erfahren, und so gesehen ist es ein großer Vorteil, dass wir nicht nur Geist sind, sondern für eine ganze Lebenszeit auch einen richtigen Körper haben. Damit wir richtig was erleben können.

So, jetzt reicht es wohl auch erstmal mit nur Geist und dem Denken. Jetzt wollen wir mal wieder etwas mit unserem Körper erleben, oder was meint Ihr?

Mani Ti An

Vielleicht fragt Ihr Euch: wie kann man sich eigentlich *Mani Ti An* vorstellen?

Ist *Maha Ti An* eigentlich eine Frau oder ein Mann oder ein Drachen-Vogel, die Ur-Kuh oder ein Geist oder noch etwas ganz Anderes?

Nun, das ist wirklich nicht einfach zu verstehen, und manches werden wir nie begreifen. *Mani Ti An* ist viel mehr, als wir jemals verstehen können. Es lässt sich gar nicht sagen, dass *Mana Ti An* so und so ist. *Mana Ti An* ist Geist, und zwar noch mehr Geist als die verschiedenen Geister. Wichtig ist, dass wir mit *Mani Ti An* in Verbindung sind, genauso wie mit der Luft beim Atmen. Wenn das so ist, dann werden wir etwas von *Mani Tu An,* dem >Leben< und der Liebe verstehen und lebendig sein.

Tatsächlich sieht *Mani Ti An* auch so aus wie eine Frau *und* wie ein Mann, wie ein Mensch *und* wie ein Tier, wie eine Schlange und wie eine Kuh, wie eine schöne Blume und wie der Weltenbaum, wie der Mond und wie die Sonne, wie der Himmel und wie der Weltberg, wie die Luft, das Feuer, das Wasser, die Erde und ein harter Stein, wie das Licht, Musik, Kunst, Poesie und die Worte. All das stammt von *Mani Ti An,* und in all dem steckt etwas von *Mani Ti An,* auch in uns.

Manche sagen etwa: Du siehst ganz aus wie Dein Vater, und andere sagen: nein, Du siehst aus wie Deine Mutter, und noch andere sagen: nein, Du siehst weder aus wie Dein Vater noch Deine Mutter, sondern eher wie Dein Onkel X oder Deine Tante Y, oder: Du siehst allein aus wie Du selbst, Du bist ganz einzigartig und unverwechselbar.

Das alles ist irgendwie richtig und doch auch anders. Was heißt hier: >ähnlich<? Jeder sieht, was ihm besonders wichtig ist und wie er/sie sehen gelernt hat. Aber man weiß, man ist das Kind von seiner Mutter und von seinem Vater, ob das jemand sieht oder nicht.

Genauso hat die eine *Mani Ti An* als Frau und die andere als Mann erlebt, der eine einen Stier, die andere eine Kuh und noch andere die große Drachen-Schlange. In gewisser Weise stimmt das alles, doch *Mani Ti An* ist eben noch viel mehr: eben Geist. Aber wir wissen, dass wir alle Kinder von *Ama Ti An* sind, auch wenn wir alle etwas unterschiedlich aussehen, die Menschen, die Tiere, die Pflanzen, die Elemente und die Welt.

Ganz am Anfang war *Mini Ti An* das Ur-Ei, noch kleiner als ein Sandkorn. Dann verwandelte sich *Mino* in den Drachen-Wurm, in den Ur-Vogel, in die Ur-Kuh, in die Mond-Mutter und in *Nana Bo,* den Mond-Vater, ganz wie es *Mani Ti An* es einfiel und er es gerade sinnvoll fand. Als der Ur-Vogel legte *Mani Ur An* das Ur-Ei, in dem er als die große Drachen-Schlange wuchs und dann als *Schnecken-Wurm* den großen Weltberg baute. Als Spinnen-Frau baute er das Himmelszelt und spann sie das Körpergewebe, und als die Schildkröte *Mama Kui* holt er jeden Tag die goldene Kugel-Sonne aus dem Meer. Als Regenwurm macht sie aus Schlamm, klein gekauten Steinchen und *KaKa* eine fruchtbare Erde, als Ameise bringt er den Garten Erde in Ordnung und als die Regenbogen-Schlange *Uri* spuckt er Blitze und Gewitter, wie es die Welt gerade braucht, und als Schlangenwurm ist sie Bäche und Flüsse, um den Garten Erde zu bewässern und uns Wasser zum Trinken zu geben.

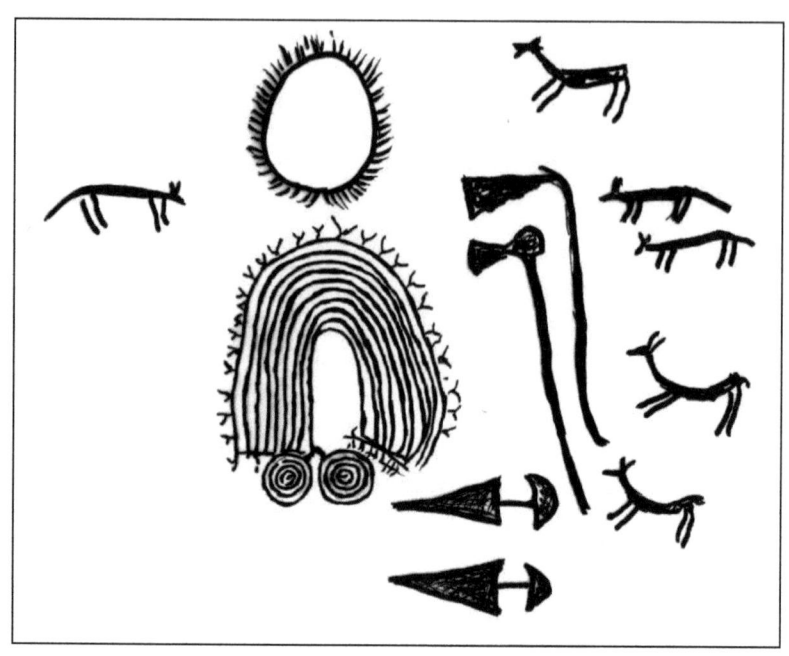

Vermutlich eine Darstellung der >Mutter-Göttin< (Sonne + Mond-Leib),
Valcamonica (Italien Grenze Schweiz), ca. 3200 - 2500 v. Chr. [20]

Mana Ti An nimmt verschiedene Formen an, doch ist sie/er der
Geist dieser Formen. Wo keine Form ist, ist kein Geist, da ist
nicht *Mani Tiu.* Ein Geist ohne Form ist *Maya,* Schein, Gespinst,
fauler Zauber, also etwas, dem Menschen ohne Drachen-Geist
leicht zum Opfer fallen. Aber die Formen sind nicht der Geist,
sondern nur der Ausdruck des Geistes. Überall, wo gutes Leben,
Lebendigkeit und Liebe ist, ist *Mana Ti An,* nicht die Form, aber
in der Form, und in ihr können wir *Mana* erleben, wenn wir
Geist haben und Geist richtig verstehen.

---

[20] Nachzeichnung nach: G. Burenholt: Illustrierte Geschichte der Menschheit
II, S.120. Es dürfte sich hier um die matriarchale „Sonnen"-Symbolik wie bei
uns *die Sonne* und bei → *Jul – Weihnachten* handeln.

Dieses Schneckenhaus hier baute eine Schnecke, als sie lebte. Wir wissen, dass dieses Schneckenhaus von einer Schnecke geschaffen wurde, auch wenn von der Schnecke nichts mehr übriggeblieben und zu sehen ist. Dieses Schneckenhaus ist noch immer schön, weil in ihm noch etwas von dem Schnecken-Geist steckt, und wir können es für eine schöne Kette nehmen. Wenn sich der Geist in dem Schneckenhaus endgültig verflüchtigt hat, dann wird es unansehnlich und spröde, dass es zerbröselt. Dann ist zunächst die Form noch da, aber sie ist inzwischen tot und ohne Geist. Für Menschen mit Geist ist die tote Form tot und es an der Zeit, diese tote Form zu beerdigen und eine neue Form zu suchen. Doch Menschen ohne Geist lieben die toten Formen, da es in ihnen keinen Geist gibt, der sie stören könnte. Für sie sind die toten Formen Geist. Aber dies ist ein Un-Geist, ein Geist, der mit der Zeit anfängt, böse Geister und den Tod zu verbreiten.

Jeder Geist wird erst durch Formen Wirklichkeit. Jeder lebendige Geist braucht Formen und schafft Formen. Insofern reichte es *Mani Ti An* auch nicht, immer nur schön herum zu träumen. Hätte *Mani Ti An* nur herumgeträumt, dann wäre es *Mana* wie einem Küken ergangen, das in seinem Ei geblieben wäre. Er wäre darin gestorben, ohne je die Welt gesehen zu haben und ohne je richtig geflogen zu sein. Es gibt solche Vögel, die sterben, bevor sie richtig angefangen haben zu leben, weil dort zu viel Ungeist existierte.

Doch weil *Mani Ti An* ein starker und lebendiger Geist war und ist, deswegen schuf *Mana* diese Welt und hält sie lebendig. Diese Welt ist seine/ihre Form, und an ihrer Form können wir *Mani Ti An* erkennen, ihren/seinen Geist in all dem, was Leben ist, wenn wir über Geist verfügen. Aber diese Welt ist nicht *Mani Ti An*. Sie ist nur seine/ihre Form und immer auch nur da, wo diese Form lebendig und Leben ist. Diese Riesen-Welt mit den Dinosauriern war eine solche Form. Sie war ein interessantes Experiment, aber es hat sich gezeigt, dass eine solche Riesen-Welt für die Menschenkinder nicht das Richtige war. Deswegen hat *Mino Ti An* diese Form aufgegeben und eine neue kleinere und zärtlichere Form angenommen, die menschliche Form des Gartens Erde.

Die Formen entstehen aus dem Geist. An ihren Formen und Früchten könnt Ihr den Geist erkennen. Aber die Formen sind nur der Ausdruck des Geistes sind und nicht der Geist selbst. Die Formen bleiben immer nur eine Zeit lebendig. Dann verlässt sie der Geist, und die Formen werden starr und tot. So ist das auch mit unserem Körper. Doch solange wir nicht den Geist verlieren, ist das nicht das Problem. Der Drachen-Geist der Liebe ist stärker als der Tod. Wenn der Körper stirbt, sucht sich der Seelen-Geist eine neue Form. Es gibt Menschen, die schon vor langer Zeit gestorben sind und die immer noch zu uns sprechen, noch deutlicher und klarer, als sie es zu ihren Lebzeiten konnten. Diese Menschen waren eine besondere Form von dem großen lebendigen Geist von *Mani Ti An.*

Wir Menschen sind die besonderen Kinder von *Mani Ti An,* nämlich als die besondere Form *Manas* Geistes. Wer Geist hat, kann den Geist auch in der Natur und bei den Tieren sehen. Vom Körperlichen her haben wir Menschen zwar auch unsere Vorteile, aber die Tiere auf ihre Weise auch. Vom rein Körperlichen her sind wir nichts Besseres als die Tiere und ohne Geist auch leicht schlimmer als ein Tier. Die einfachen Affen (Anthropoiden) gibt es schon über 30 Millionen Jahre. Das müssen wir Menschen erst einmal schaffen, bevor wir uns brüsten können.

Doch von unserer geistigen Anlage her sind wir Menschen die besondere Form von *Mani Ti An.* Von daher sehen wir als Menschen in männlicher wie in weiblicher Form in besonderer Weise *Mani Ti An* ähnlich. Insofern können wir uns *Mani Ti An* als *Mensch* vorstellen. *Mani Ti An* ist *Mutter und Vater,* aber das Geschlecht spielt nur als Eros und Sexualität eine wirkliche Rolle. Auch Eros und Sexualität stammen von *Ama Ti An.*

Ama Ti An konnte ihre besonderen Kinder erst auf diese Welt bringen, als der Garten Erde fertig war. Solange der Garten Erde erst noch gebaut wurde, war der Geist stark mit diesem Bauen beschäftigt.

Erst als der Garten Erde fertig war, konnte sich der Geist so richtig voll entfalten. Deswegen schuf *Ama Ti An* die Menschen erst, als der Garten Erde fertig war. Jetzt gab es genug Zeit und Möglichkeiten, so richtig schön zu spielen und die Welt von *Mana Ti An* zu bestaunen, die das ja alles extra für ihre Menschenkinder geschaffen hat.

Deswegen können die Menschenkinder auch so besonders gut spielen und so schöne Geschichten erzählen. Das können die Tiere nicht oder nur ein bisschen. Die Tiere stammen noch aus der Zeit, wo der Garten Erde noch nicht fertig war. Nur der menschliche Geist ist richtig frei. Er kann spielen, singen, basteln, tanzen, Geschichten spinnen, Poesie, Theater, Musik, Kunst, tolle Kunststücke und schöne Kleidung machen, lecker kochen, die Welt bewandern, auf Gipfel und in Höhlen klettern und neue tolle Sachen erfinden – all das, wofür es Geist braucht, wie sie ihn von *Mana Ti An* bekommen haben. Hier darf und soll jede/r seinen Geist in sich entfalten und verwirklichen. Das heißt, *Ama Ti An* in und durch sich zu verwirklichen.

Auf diese Weise entstand auch ein völlig neuer Geist der Liebe. Solche Formen an Beziehungen und auch an Sexualität wie bei uns Menschen, die gibt es bei den Tieren nicht. So nah und so spannend können Beziehungen nur bei den Menschen werden. Denn dafür braucht es sehr viel Geist, und dafür braucht es auch den Drachen-Geist. Sonst ist nicht viel an Nähe und an Spannendem möglich. Wenn man nicht richtig streiten kann und sich nichts zu sagen und zu erzählen hat, kann man auch nicht richtig lieben.

Letztlich ist es auch der Geist der Liebe, warum alles anfing und warum *Mana Ti An* die Welt geschaffen hat und sie Kinder wollte. Ihre Menschenkinder waren die Essenz ihres Geistes. Mit dieser Welt und ihren Menschenkindern verwirklichte sich *Mana Ti An* ihren Geist, ihr Leben und sich selbst. Erst die Liebe machte die Welt und das Leben richtig sinnvoll, geistvoll, wunderbar und lebendig. Dann fühlt man sich gut und wohl und möchte auch gerne Anderen davon gerne abgeben.

Erst wo Liebe ist, mag man schön spielen und entstehen die tollen Ideen. Wirkliche Kunst und Kultur entstehen erst, wo sie mit Liebe gemacht wird. Da kommt es zu Be**geist**erung (und *Esprit*). Das kennt Ihr bestimmt sehr gut, nicht wahr, Ihr Lieben?

Gravierung auf Steinplatte, Lalinde (F), um 11.000 – 9.000 v. Chr.

mit dem >Zwei<-Symbol für >paaren<

Nachzeichnung nach:
Marija Gimbutas: Die Sprache der Göttin, S. 168

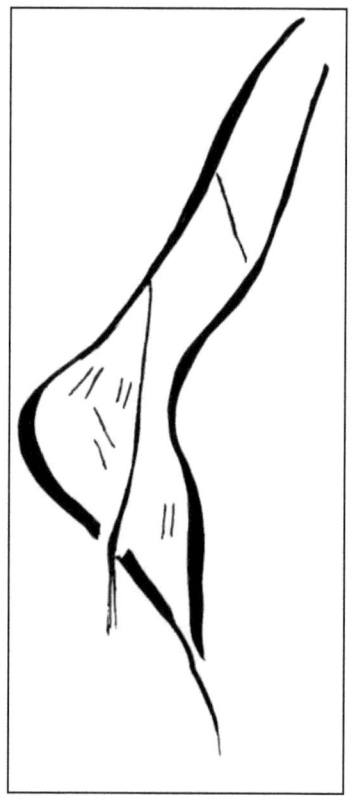

4.2 Über die Liebe, den Drachen, über
Pa Tara und die Drachen-Mutter *Ma Tara*

Das Geheimnis der Liebe ist das allergrößte Geheimnis, das es gibt, und deswegen ist es auch das, was wirklich am aller-allerschwersten zu verstehen und zu erreichen ist. Denn dazu muss man dem fürchterlichen Drachen in die Augen sehen.

Manche meinen, die Liebe, das ist doch etwas ganz Einfaches. Das stimmt auch. Es ist ganz einfach, solange man ein Kind ist. Und die Liebe ist auch später einfach, wenn man den Drachen-Geist hat.

Aber wenn man kein Kind mehr ist und den Drachen-Geist nicht hat, dann wird es nicht nur mit der Liebe schwierig. Wenn man die Drachen-Energie bekommen hat, braucht man auch den Drachen-Geist für die Liebe. Sonst läuft das mit der Drachen-Energie falsch, und dann wird nicht viel aus der Liebe.

Vielleicht traut man sich gar nicht erst an den Drachen heran, und dann kann man auch nie den Drachen reiten. Dann wird das Leben kein Abenteuer, man lernt nie die guten Energien des Lebens kennen. Das Leben bleibt öde, man macht sich ständig unnötige Probleme, und die bösen Geister kommen, weil sie Beute riechen, und vielleicht machen sie auch Beute. Dann gerät man in Probleme, in Streitereien, in Not, und vielleicht kommt es auch zu Gewalt oder gar zu Morden und Krieg. Das kommt von den bösen Geistern und davon, wo nicht genug Drachen-Geist vorhanden ist.

Ohne den Drachen-Geist kann man auch seinen Drachen nicht wirklich reiten. Vielleicht fällt man immer wieder von dem Drachen runter. Das tut sehr weh. Das kann schon mal passieren, aber wenn das ständig der Fall ist, dann gibt man es vielleicht auf, seinen Drachen reiten zu wollen. Das sind die Leute, die dann erzählen, die Drachen seien böse, und die vielen Anderen Angst vor den Drachen machen. Dann wird das Leben dumm, und dann kommen die wirklich bösen Geister und mit ihnen die Probleme.

Manche bleiben auch auf dem Drachen oben auf sitzen, aber ohne den Drachen-Geist kann man ihn nicht lenken. Dann fliegt der Drache, wohin es ihn gerade lockt, aber so richtig interessant wird das auf die Dauer nie. Vielleicht sieht man: ah, da hinten sieht es spannend aus, und denkt: dahin möchte ich jetzt mal fliegen, und man fliegt los. Aber der Drachen fliegt ganz woanders hin, wohin es ihn gerade lockt. Und dann fliegt man immer im Kreis herum und kommt nicht in die wirklich interessanten Gebiete. Ohne den Drachen-Geist kann man den Drachen nicht lenken und kommt man nicht dahin, wo es wirklich spannend wird.

Wenn man so weit ist, dass man die Drachen-Energie bekommt und aufhört, Kind zu sein, dann muss man zu *Pa Tara,* dem Drachen-Vater, und *Ma Tara,* der Drachen-Mutter. Die erklären Euch, wie das mit den Drachen funktioniert. Dort könnt Ihr Euch den Drachen aussuchen, der zu Euch passt, einen kleinen oder einen richtig wilden.

Die Drachen-Mutter und der Drachen-Vater helfen Euch, Euch auf Euren Drachen fliegen zu lernen. Die trainieren das mit Euch. Die halten den Drachen am Halfter, dass Ihr überhaupt erst mal auf den Drachen aufsteigen könnt und nicht sofort wieder runterfallt. Die halten das Halfter fest, dass der Drachen nicht gleich wild losfliegt. Das können nur die Drachen-Mutter und der Drachen-Vater. Selbst wenn Euch der Drachen erst mal abwirft – was schon mal passieren kann -, dann ist das nicht sooo schlimm, weil er noch nicht so weit und hoch geflogen ist.

Der Drachen-Vater und die Drachen-Mutter erklären Euch auch, wie Ihr Euren Weg auf dem Drachen-Flug findet und wo es wirklich spannend wird. Wenn man das versteht und den Drachen lenken lernt, dann bekommt Ihr den Drachen-Geist. Mit dem Drachen-Geist könnt Ihr den Drachen in die richtige Richtung lenken und alle guten Abenteuer des Lebens erkunden. Mit dem Drachen-Geist könnt Ihr die Probleme mit den gefährlichen Geistern und mit den bösen Geistern lösen. Der Drachen-Geist ist der stärkste Geist von allen Geistern, und er hält Euch auf dem richtigen Weg durch das Leben.

Die Drachen-Mutter und der Drachen-Vater erklären Euch alles, was man dabei wissen muss, und sie helfen Euch, Euch mit Euren Drachen zu trainieren, bis Ihr sie selbständig gut fliegen könnt. Die Drachen-Energie ist stark, und sie ist nicht ganz einfach steuern zu lernen. Aber mit Hilfe der Drachen-Mutter und des Drachen-Vaters ist das sehr gut möglich, und dann wird das Leben ein großes Abenteuer, wo Ihr viele tolle Wunder erleben werdet.

Die Drachen sind nicht böse, auch wenn sie am Anfang durchaus Angst machen und weh tun können. Sie werden nur gefährlich, wenn man das Drachen-Reiten nicht richtig lernt und sich nicht von *Ma Tara* und/oder *Pa Tara* zeigen lässt, wie das geht. Die Drachen sind groß und sehr stark. Wenn man sich wie ein Idiot verhält, dann bekommt man leicht echte Probleme. Aber mit dem Drachen-Geist lässt sich sein Drache gut reiten, und dann kann man die Wunder und Abenteuer des Lebens erleben.

Darstellung in der Höhle Les Trois Freres [F]. Nachzeichnung, ca. 13.000 – 14.000 Jahre (nach: M. Ruspoli: Die Höhlenmalerei von Lascaux, S. 89 [dort 2 verschiedene Angaben]). S. dazu mehr auf → S. 353

Dem Drachen in die Augen sehen

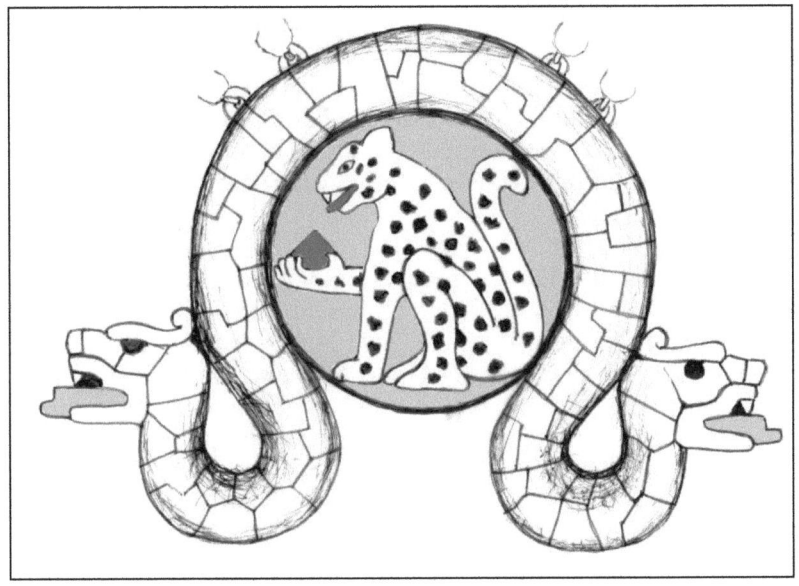

Mittelamerika: Ende und Ursprung

Es wird ja viel über den Drachen erzählt. Manche stellen sich den Drachen wohl recht groß vor, aber sie meinen, sie könnten mit großer Schlauheit, mit Zaubertricks und als tapferer Held mit dem Schwert erfolgreich gegen Drachen kämpfen. Das sind Geschichten für kleine Kinder von Leuten, die sich gar nicht in die Drachen-Höhle getraut haben und gar nichts Wirkliches von dem Drachen wissen und auch nicht wissen wollen. Sonst würden sie nicht einen solchen Unsinn erzählen.

Bei dem Drachen hat man nur eine Chance, wenn man ihm in die Augen schaut, und das ist das Schwierigste, was es im Leben gibt. Wenn Du da als vermeintlich großer Held mit dem Schwert ankommst und toll kämpfen willst, kann es sein, dass Dich der Drache mit solch einer Liebe ansieht, dass man gar nicht mehr kämpfen will. Plötzlich siehst Du da statt dem Drachen eine wunderschöne Prinzessin oder einen tollen Prinzen, wie es immer wieder erzählt wird, und Du willst ihn oder sie einfach nur noch in die Arme nehmen, und vielleicht geht das sogar für einen Moment. Doch auf einmal merkst Du, dass Du in Wirklichkeit mitten in der Tatze des Drachen steckst. Der Drache könnte Dich zerdrücken wie Du eine kleine Mücke. Da lacht der Drache nur, und Du bist so schnell davon, als wäre ein Schwarm Wespen hinter Dir her.

Vielleicht versuchst Du es noch einmal, weil Du meinst, nun schlauer geworden zu sein. Doch kann Dich der Drache auch auf eine Weise anschauen, dass Du vor lauter Angst völlig starr wirst, Dir das Schwert aus der Hand fällt und Deine Zähne nur so klappern, dass Du gar nichts mehr sagen kannst, vor allem auch die Zaubersprüche nicht. Die wirken nicht in Gestotter. Vielleicht siehst Du dann Mitleid bei dem Drachen. Die Angst lässt nach, Du nimmst das Schwert wieder auf und denkst, es muss doch sein! Du siehst den Blick und darin: ach, süßes Mäuschen, das soll jetzt Kampf sein? Geh zu Mama spielen! Mach Dich nicht noch mehr lächerlich!

Oder der Drache schnaubt mal, und Du fliegst ein paar Meter rückwärts. Vielleicht pustet er gar ein bisschen Feuer, da kommst Du gar nicht erst an den Drachen. Oder er lässt Dich mit dem Deinem Schwert wie ein kleines Kind mal wüten. Du schlägst mit aller Wucht auf den Drachen ein, aber es, als würdest Du gegen einen Baum oder einen Felsen schlagen. Da kommst Du gar nicht durch die Haut durch. Vielleicht gelingt es Dir mit einem Stich, aber es ist für den Drachen nur wie ein Mückenstich. Vielleicht lässt er Dich rumwüten, bis Du keine Kraft mehr hast. Wenn es ihm lästig wird, pustet er Dich einfach weg, und wenn er zu sehr genervt ist, pustet er Feuer, dass Du selbst das Weite suchst - wenn es sein muss, mehrmals, bis Du selbst begreifst, dass es absolut lächerlich ist, gegen den Drachen kämpfen zu wollen.

Du hast da keine Chance – niemand hat da eine Chance, zum Glück, denn eine größere Dummheit könnte man gar nicht begehen. Das wäre das schlimmste Eigentor, das es gibt.

Denn der Drache ist der Schutz des Lebens und der Liebe. Wo es den Drachen nicht mehr gibt, dann haben die bösen Geister ihre Chance, und wenn sie sich erstmal irgendwo richtig eingenistet haben, könnte sie nichts mehr aufhalten. Da könnte nur noch der Drache helfen.

Und weil die bösen Geister das wissen, erzählen sie überall, es wäre der Drache, der das ganze Böse verursachen würde, und dass man gegen den Drachen kämpfen muss. Und dann kommen die armen Tropfe, die keine Ahnung haben, und wollen mit ihren Zaubersprüchen, mit ihren Zauberkreuzen und ihren Schwertern gegen den Drachen kämpfen.

Aber der Drache ist nicht böse. Es lässt die verblendeten Drachenkämpfer wie kleine Kinderchen gewähren, bis sie wieder abziehen, weil es zwecklos ist. Doch in den Kreisen, wo die bösen Geister hausen, erzählen sie dann groß und breit, wie tüchtig und toll sie gegen den Drachen gekämpft haben, bis ihm endlich die Augen zufielen. Sie meinen tatsächlich, sie hätten den Drachen getötet. Dabei war er nur aus Langeweile eingeschlafen.

Doch die Leute aus den Kreisen, wo die bösen Geister ihr Spiel treiben, glauben das gerne, weil sie meinen, endlich das Böse vom Hals zu haben, obwohl genau das Gegenteil der Fall ist. Bis dann der nächste große „Drachenkämpfer" kommt, der wieder damit protzt, jetzt wirklich den Drachen erlegt zu haben, und manche Leute glauben das wieder und wieder, weil sie ahnungslos sind und ihnen das wieder und wieder von den bösen Geistern eingeredet wird. Wenn man als Kind in solchen Kreisen aufwächst, wo die bösen Geister ihr Spiel treiben, dann glaubt man diese Geschichten. Doch wenn man weiß, worum es bei dem Drachen wirklich geht, dann weiß man auch, dass schon diese Vorstellungen völlig bescheuert sind.

Wir sprechen wohl vom >Drachenkampf<, aber das meint etwas ganz Anderes. Das hat nichts mehr Speeren und Schwertern zu tun. Wenn man das meint, dann hat man das mit dem >Drachen< und >Drachenkampf< nicht verstanden.

Wer richtig informiert ist, der weiß, dass der große Drachenkampf darin besteht, dem Drachen in die Augen zu sehen, und das ist tatsächlich der fürchterlichste Kampf, den es im Leben gibt. Weil man dabei nämlich der Wirklichkeit in die Augen sehen muss.

Der Drache sieht einen auf alle möglichen Arten an. Ja, er kann einen mit solch einer Liebe anschauen, dass man auf einmal meint, einen Prinzen oder eine Prinzessin vor sich zu haben, die man nun einfach so als Drachenschatz mit nach Hause nehmen könnte, und dazu dann auch noch das passende Schloss bekäme. Das ist etwas für kleine Kinder. Das kann man als Kind schön spielen. Wenn man das Pech hat, als Erwachsener damit Glück zu haben, darf man sich nicht wundern, dass, wenn einem dann wieder die Augen aufgehen, nun zu Hause einen Drachen vor der Nase hat, der einem alle möglichen Schwierigkeiten bereitet.

So ein Drache kann einen auch wie ein Löwe oder ein Wolf ansehen. Auch das ist eine wichtige Probe. Denn wenn ein Löwe oder ein Wolf sieht, dass man Angst bekommt, dann sehen sie in einem Beute. Die Angst merkt ihr Geist sofort, und das reizt sie, einen zu erbeuten. Deswegen ist es wichtig zu lernen, den Drachenblick auszuhalten. Dann bekommt man auch vor Löwen oder Wölfen nicht so leicht eine solche Angst, und wenn man das richtig anpacken lernt, dann suchen der Löwe oder der Wolf das Weite.

Was auch sehr schwierig ist, ist, dass man sich in den Augen des Drachens auch selbst sieht. Da begreift man auf einmal, wie klein man eigentlich ist, auch nicht mehr als eine Ameise. Wenn man bis dahin meinte, wie toll man wäre und was man alles Tolles könnte, dann weiß man plötzlich, wie albern das ist. In Wirklichkeit war man nur Mamis und/oder Papis Liebling. Das ist

274

wohl toll, aber gegen Löwen, Wölfe und gegen den Drachen hilft das nicht. Der Drache könnte einen platt machen, wie wir auf eine Mücke hauen oder auf eine Ameise treten, ohne es überhaupt zu merken. Etwas Anderes und Besseres sind wir auch nicht.

Das zu begreifen, ist schon hart. Doch es kommt noch viel schlimmer. Wir sehen in den Augen des Drachens auf einmal die Realität. Nein, der Garten Erde ist keineswegs bloß das Paradies, das er für uns in der Kindheit gewesen ist, weil wir geliebt wurden, schön spielen durften und uns der Garten Erde als Paradies hergerichtet wurde. Es gibt nicht nur das Schöne im Leben. Es gibt auch die bösen Krankheiten, die Schmerzen und das Alter, den Tod lieber Menschen und dann auch von uns selbst. Es gibt böse Kälte, fürchterlichen Regen, Gluthitze, eine Menge Langeweile und Enttäuschungen, wenn wir auf die Jagd gehen, ewig warten müssen und dann doch nichts fangen. Wenn man eigentlich nicht mehr will und doch weiß, dass man muss, denn die Kinder wollen schließlich etwas zu essen, nicht wahr?

Und selbst die große Liebe entpuppt sich bald als Alltag. Die Liebste stellt harte Forderungen, weil die Kinder etwas zu essen wollen; und der Liebste ist auf einmal gar nicht immer so nett zu einem, sondern abgenervt, gereizt, verärgert, ruppig und grob, und vielleicht schlägt er sogar mal im Ärger zu. Der Liebste und die Liebste sehen bald nicht mehr so flott aus, wie das am Anfang noch der Fall ist. Bald ist auch im Blick, was einem am Anderen nicht gefällt. Das Neue ist dahin, es kommt Alltag auf, man kennt bald alles, wie das Leben so geht, und man wird älter. Das alles fühlt sich manchmal an wie Sterben, und tatsächlich kommt es auch irgendwann dazu.

Zuerst hält man das nur für böse Gedanken und sagt sich, ey, das Leben ist doch toll. Es war doch alles so schön bisher, was sollen diese blöden Gedanken? Interessant, was man da alles in den Drachen-Augen sieht! Wenn man an das Schöne denkt, dann sieht man in den Drachen-Augen auch das Schöne. Dennoch kommen immer wieder diese blöden Gedanken. Die Drachen-Energie in einem will mehr, und dann sieht man das ganze Unerfreuliche in den Drachen-Augen. Man versucht sich, auf das Gute im Leben zu konzentrieren. Aber das wird immer anstrengender. Vieles Schöne verblasst. Man merkt, dass viele schöne Spiele in der Kindheit einem jetzt nicht mehr helfen.

Man spürt die Drachen-Energie in sich. Man möchte jetzt etwas Neues in der Welt kennen lernen und erleben. Ja, das mit der Liebe erscheint sehr reizvoll, aber es ist auch irgendwie komisch. Wenn man die Liebste oder den Liebsten sieht und diese oder dieser positiv auf einen reagiert, dann fühlt man sich toll, vielleicht schon irgendwie im Himmel. Wenn das aber nicht der Fall ist oder ein Zusammensein einfach nur blöde oder banal ist, dann ist von dem schönen Gefühl leicht nichts mehr da. Man fühlt sich unsicher, mickrig und denkt: was soll das überhaupt? Kann es das denn sein? Man versteht es nicht. Dann ist ein Treffen wieder wunderbar, und alles scheint gut, und plötzlich ist es wieder nicht der Fall. Man sieht in den Drachen-Augen eine richtige Achterbahn-Fahrt zwischen Himmel und Hölle, mit Schönen und Hässlichen, mit Spannendem und Öde und Banalem, und man wird dabei in plötzlichen Kurven durch und durchgeschüttelt, dass man nicht mehr weiß, wo einem dem Kopf steht.

Der Drachen-Blick ist erstmal schrecklich. Auf einmal weiß man, dass die Kindheit endgültig vorbei ist und der Schutz der Eierschale, der einem in der Kindheit half, verloren ist. Man begreift, dass es jetzt ernst ist. Man sitzt nun selbst am Steuer seines Lebens. Man muss Entscheidungen treffen, und die können schlecht sein. Ja, man kann böse Fehler machen, und man wird tatsächlich sterben. Die Geschichten von einem Leben nach dem Tod waren nur Geschichten, wir wissen nichts darüber, und dass dann alles so weitergeht wie vorher, ist doch sehr zweifelhaft.

In den Augen des Drachens sieht man die Gefahren und auch die Probleme und Schattenseiten des Lebens. Man ist ganz unten in der Höhle und im Leben angekommen und weiß nicht, ob man hier wieder herauskommt und was für einen kommen wird. Der Blick in die Augen des Drachens haut einem die Beine unter sich weg. Die Aufbruchsstimmung ist vorbei, von seinem Heldenge-

fühl nichts mehr übrig. Man fühlt eine Ohnmacht und eine Art von Sterben, bis man tatsächlich das Bewusstsein verliert.

Die Figur in Lascaux (S. 283)

Nachdem einem erstmal die ganze Luft ausgegangen war, wo sich auch alles bislang Vertraute verlor, da spürt man bei dem Aufwachen aus einem langen tiefen Schlaf so langsam neue Energie und eine völlig neue Energie, die Drachen-Energie. Ja, es gibt das Schlechte, das Schwierige und den Tod – doch all das gehört zu dem Leben dazu. Das Glück der Kindheit war wunderbar. Jetzt aber möchte man Neues. Man versteht, dass es ohne das Unschöne auch kein Schönes gibt und den Regen wie die Sonne. Das Schwierige gehört dazu, dass das Leben wertvoll wird. Mit der Drachen-Energie spürt man das, und mit dem Drachen-Geist lernt man das verstehen, auch wenn das mitunter dauert.

Wo man so weit gekommen ist, hat einen der Drachen-Geist erreicht. Wenn man so weit ist, hat man den Drachenkampf bestanden. Dann ist die Lektion, die der Drachen-Blick vermittelt, erfolgreich beendet. Jetzt darf man seine Augen schließen und all das erstmal in aller Ruhe auf sich wirken lassen. Der Kinder-Geist ist ausgeatmet, man füllt sich mit dem Drachen-Geist.

So erhält man die Vision seiner Identität. Man weiß zwar noch nicht, was nun im Leben kommen wird. Aber mit dem Drachen-Geist weiß man, dass das Leben – Prinz/essin hin oder her - ein großes Wunder und Abenteuer ist, was man nun in Angriff nehmen will. Wenn man das Leben mit dem Drachen-Geist anpackt, wird es ein Wunder und ein Abenteuer, selbst wenn es überwiegend schlimm werden sollte. Wie immer das Leben für einen wird, mit dem Drachen-Geist kann man das Beste und das Meiste an Leben verwirklichen, wie es für einen jeweils real möglich ist. Der freie Flug durchs Leben ist auf jeden Fall besser, als in dem noch so gut ausgestatteten Ei als Küken zu enden, auch wenn sich dort lange als angenehm empfinden ließ.

Skandinavische Felsritzung, Späte Bronzezeit [21]
Es könnte sich sehr gut um eine Initiations-Symbolik handeln, evtl. jedoch um eine schamanische Initiation, nicht um die ursprüngliche Jugend-Initiation.

---

[21] Nachzeichnung nach: E. Anati: Höhlenmalerei, S. 277

In die Unterwelt des Höhlen-Drachen

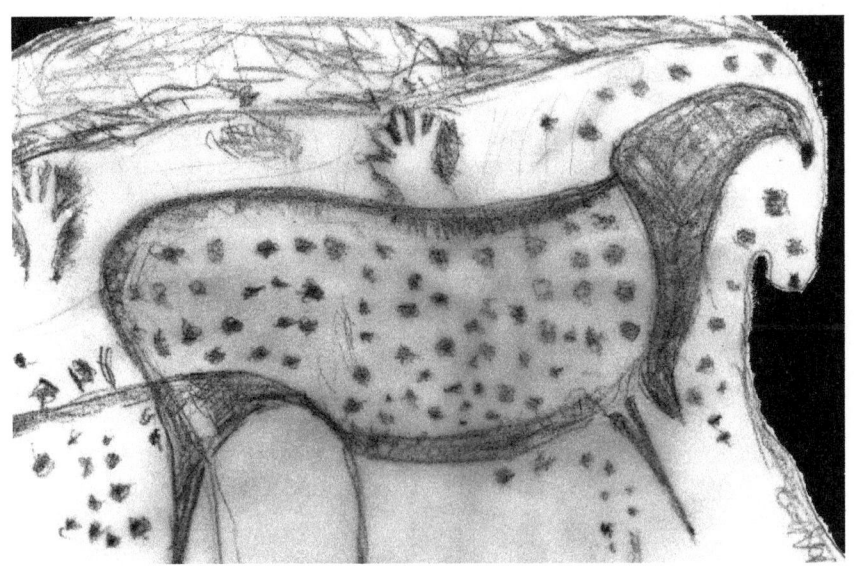

*In der Höhle Peche-**Mer**le (F), Umriss ca. 15.000 Jahre alt, Punkte und Hände* verschiedentlich *hinzugefügt. - Auf dieser Abbildung ist am Kopfbereich die Technik gut zu erkennen, dass natürliche Formen aufgenommen wurden.* [22]

---

[22] Nachzeichnung nach: Göran Burenhult: Illustrierte Geschichte der Menschheit I, S. 112 f.

Wenn Euch *Ma Tara,* die Drachen-Mutter, und *Pa Tara,* der Drachen-Vater alles erklärt haben, wie das mit den Drachen ist, dann müsst Ihr in die Drachen-Höhle, denn nur dort kann man den Drachen-Geist erhalten.

Natürlich werdet Ihr merken, dass das mit der Drachen-Höhle etwas ganz Unheimliches ist. Es wäre tatsächlich zu gefährlich, in die Drachen-Höhle zu klettern, wenn Ihr nicht bei *Ma Tara* und *Pa Tara* wart, die Euch alles ganz genau erklären. Dann werdet Ihr Euch nicht in dieser Drachen-Höhle verirrt und Ihr wisst, was man dort tun muss und was man besser sein lässt.

Erst unten in der Weltberg-Drachen-Höhle kann man dem Höhlen-Drachen in die Augen zu sehen und dadurch den Drachen-Geist empfangen.

Doch wenn Ihr in die Drachen-Höhle steigt, dann kommen zuerst die bösen Geister. Denn es ist ihre wichtigste Chance, Euch zur Beute zu machen. Die bösen Geister werden Euch schreckliche Angst machen, denn sie wollen, dass man gleich wieder umkehrt.

Dann kommt all das, was Euch schon erklärt wurde. Wenn man nicht umkehrt, dann versuchen die bösen Geister Euch zu verwirren. Den richtigen Weg stellen sie als Weg in die Hölle dar. Dort sieht man Skelette von den Opfern der bösen Geister. Man hört das schreckliche Geschrei, mit denen die bösen Geister ihre Opfer niederzuschreien versuchen, und das Gejammer und das schreckliche Geschrei ihrer Opfer, die von den bösen Geistern gepeinigt werden.

Doch verwandeln sich die bösen Geister auch in tolle Frauen oder tolle Typen, um Euch zu verlocken, ihnen in die falschen Gänge zu folgen. Wenn man das nicht erkennt und ihnen länger folgt, dann kann es sein, dass man aus ihrer Höllen-Höhle nicht wieder herausfindet.

Je tiefer man in die Drachen-Höhle hinabsteigt, desto ärger werden die Bemühungen der bösen Geister, Euch als holde Elfen zu den falschen Gängen zu verführen und Euch mit Alpträumen zur Umkehr zu bewegen. Doch all das sind nur Geister. Wirklich tun können sie nichts. Man darf sich nur nicht bei seinem Weg verwirren und abschrecken lassen.

Ihr werdet von den Übungen bei *Pa* und *Ma Tara* schon etwas Drachen-Geist haben, der Euch auf diesem Weg hilft. Wenn Ihr Euch nicht verängstigen lasst und Euch an die Zeichen in der Höhle haltet, wie es Euch *Pa Tara* und *Ma Tara* erklärt haben, dann findet Ihr ganz unten in der Weltberg-Höhle den >Ort des Ursprungs<.

Ma und *Pa Tara* geben Euch die geeigneten Lampen, mit denen Ihr in der Höhle sehen könnt und die Zeichen findet. Die Doppelpunkte bedeuten, dass dieser Gang nicht weiterführt. Den Gang kann man sich sparen. Was die Zeichen noch bedeuten, das werden Euch *Ma Tar* und *Pa Tar* genau erklären. So werdet Ihr zuletzt ganz unten in dieser Weltberg-Drachen-Höhle den Orcus, den >Ort des Ursprungs< erreichen, genau wie wir damals.

Dieser >Ort des Ursprungs< ist ein ganz großes Wunder. Dort kann man sehen, wie alles auf dieser Erde begann und beginnt. Das ist nicht immer schön und kann auch erschrecken. Doch wenn man das richtig versteht, wie *Ma* und *Pa Tara* es Euch erklärt haben, dann wird das ein richtiges Abenteuer und Wunder. Dort werdet Ihr sehen können, wie manche Geister und Tiere aus den Felsen und aus dem Lehm herauswachsen. Vielleicht könnt Ihr manchen Geistern bei ihrer Geburt zu einem richtigen Körper helfen.

Dort unten in diesem >Ort des Ursprungs< lebte zuerst der große Schnecken-Wurm *Anga As Langa,* der mit seinem Schneckenhaus den Weltberg baute, und dort finden sich noch viele Geheimnisse aus der damaligen Zeit, die bis heute zu dem Höhlen-Drachen und der Drachen-Schlange in uns reichen.

Wenn man dort genug gesehen hat, setzt man sich so lange dort hin, bis der Höhlen-Drache kommt, und wenn man ihm dann tief in die Augen sieht, dann erhält man seinen Drachen-Geist.

Dann fällt man tief in eine Art Schlaf, und es ist einem, als würde man von dem Drachen zerpflückt und gefressen und als würde einen sein Seelenvogel verlassen, dass man denkt, man würde sterben. Es ist wie eine schlimme Krankheit, und es ist so wie ein langer tiefer Schlaf, aus dem man langsam wieder aufwacht. Es ist wie eine Heilung und ein neues Leben. Man fühlt sich neu geboren, wie ein anderer Mensch mit neuen Augen. Man kommt tatsächlich als ein neuer Mensch aus dieser Bauch-Höhle wieder auf die Welt: stark, erwachsen, mit Drachen-Energie und einer neuen Art von Liebe. Die Eier-Schale ist durchbrochen, jetzt kann man auch fliegen. So schön es vorher auch war, Kind zu sein, so weiß man jetzt, dass neue Wunder und Abenteuer auf einen warten.

Es kann als Erinnerung eine gute Hilfe für die Zukunft sein, in dieser Drachen-Höhle einen Abdruck von seiner Hand zu hinterlassen und dabei *Ama Ti An* zu versprechen:

> Ich verspreche
> zu sein und zu bleiben,
> was ich wirklich bin
> und Deinen Geist
> und das von Dir
> geschaffene Leben
> zu verwirklichen.

Der Drache von Lascaux und ein Initiand

Die zentrale Darstellung in der Höhle von Lascaux (F) [23]

---

[23] Nachzeichnung. S. dazu Fotos z.B. in: Mario Ruspoli: Die Höhlenmalerei von Lascaux, insbesondere S. 149

Zu den eiszeitlichen Höhlen:

„Beim Betreten einer Höhle, deren Wände mit Jahrtausende alten Malereien bedeckt sind, gewinnt man den Eindruck, in eine großartige imaginäre Welt einzutreten. […] Noch heute vermittelt uns die Bilderwelt der prähistorischen Felskunst eine unbeschreiblich sakrale Bedeutung, und für die Mentalität der westlichen Welt sind die Orte der Höhlenmalerei am ehesten den Kathedralen vergleichbar, die in den letzten tausend Jahren auf den Plätzen großer Städte errichtet wurden. Diese Bilderhöhlen sind früheste Orte geistiger Sammlung, an denen Erinnerung und Identität zelebriert wurde. Es […] gibt es viele solcher unbekannter Kathedralen." [24]

„Die Höhle Pergouset [F] ist ein verborgenes Universum. Nachdem man sich durch endlos scheinende schmale Zugänge gewunden hat, die die Vorstellung von einer Art rituellem Durchgang auslösen, gelangt man in sehr kleine Säle oder Kammern, in denen man sich gerade noch hinsetzen kann oder auf den Rücken legen muss. Dies zwingt den Körper zur Unbeweglichkeit und den Geist zur Sammlung. In der völligen Isolierung, in der undurchdringlichen Stille, in der nicht einmal das Tropfen von Wasser zu hören ist, hat man das Gefühl, in einer anderen Welt wiedergeboren worden zu sein. Die empfindlichen, mit Lehm bedeckten Wände, die den Prähistoriker umgeben, sind mit feinen und verschlungenen Gravierungen bedeckt. [...] Diese vor Leben sprühenden Reliefs kann man nicht während eines einzigen Besuchs oder bei einem schnellen Durchschreiten der Höhle wahrnehmen; man muss in diesem ganz besonderen Universum >wohnen<, die Atmosphäre auf sich wirken lassen." [25]

---

[24] Emmanuel Anati: Höhlenmalerei, S. 9
[25] Michel Lorblanchet: Höhlenmalerei - Ein Handbuch, S. 138 ff.

Anhang

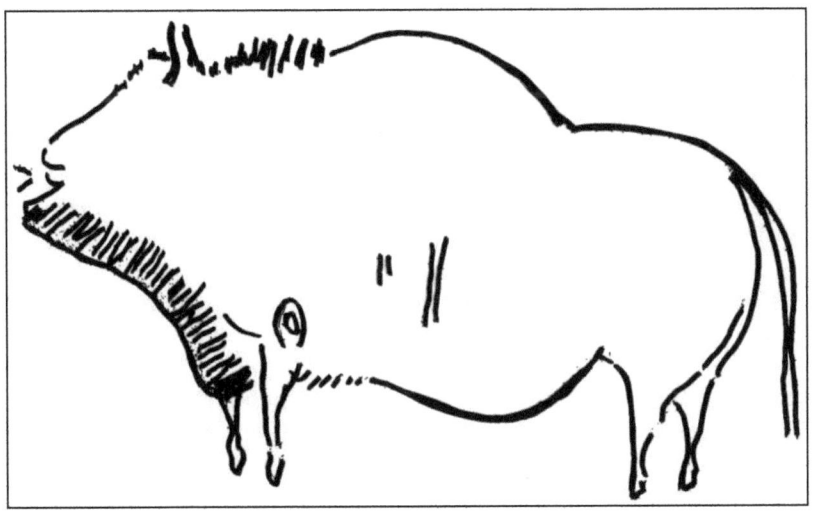

Ritzzeichnung Bernifal (Süd-F), um 13.000 – 11.000 v. Chr. [1]
Bison-Kuh mit 2= Paar/ungs-Zeichen und schwangerem Bauch

---

[1] Nachzeichnung nach: Marija Gimbutas: Die Sprache der Göttin, S. 168

Eine Rekapitulation bzgl. der Geschichten

Zuletzt empfand ich doch das Bedürfnis, noch einmal über den Befund der sich mir darstellenden Geschichten und ihrer Anlage nachzudenken. Dies soll erst an dieser Stelle aufgenommen werden, wo nun auch der/die Leser/in die Geschichten zur Kenntnis nehmen konnte/n.

Vermutlich wird es dem/der Leser/in nicht anders gehen als mir selbst, dass ich zunächst nach den ganzen Informationen und Geschichten nicht mehr das entscheidende Ganze im Blick hatte. Das war sicher schon eiszeitlich HS nicht per se der Fall. Deswegen wurde der ganze Komplex der Geschichten offenbar in der Jugend-Initiation in Hinsicht auf das erst wirkliche Verstehen und Kennen durchgearbeitet, und das Weitere ergibt sich erst im Verlauf der Zeit in Verbindung mit all diesem.

Im Rückblick empfand ich es am Ende der Arbeit an diesem Buch zunächst als recht frappierend, diesen Bestand an Geschichten als ein echtes Fundament einer realitätsfähigen Kultur und Sprache sehen zu sollen.

Deswegen begann ich noch einmal auf Neue, mich mit dieser Fragestellung auseinanderzusetzen. Dies wiederholt wohl in Momenten einiges, was an sich schon in der Einleitung gesagt wurde. Doch ging es mir selbst so, dass ich trotzdem noch einmal den Bedarf zu einer Rekapitulation empfand. Wem es nicht so geht, kann diesen Abschnitt überspringen.

Zu dem Befund

In der nochmaligen Rekapitulation im August 2024 kam ich dann doch zu dem Ergebnis, dass die in diesem Buch erzählte mythologische Konzeption nicht nur dazu geeignet ist, eine realitätsfähige Kultur und Sprache zu begründen, sofern sie nach Abschluss der Kindheit wie in der ursprünglichen Jugend-Initiation zureichend durchgearbeitet wird – diese Konzeption erscheint alles andere als Zufall. Sie erklärt sich auf jeden Fall nicht als Primitivität erster Anfänge nach dem Tier-Stadium.

Es scheint mir umgekehrt sogar, dass allein eine Konzeption dieser Art wirklich dazu geeignet ist, eine realitätsfähige Kultur, einen guten Bewusstseins-Aufbau in der Gehirn-Anlage und eine hinreichende Sprach-Anlage zu begründen. Denn als und wo sich diese Konzeption am Ende der Eiszeit in den übermächtigen Problemen der gewaltigen Naturkatastrophen in dieser Form verlor, folgten daraus vielfältige sprachliche und kulturelle Problematiken bis hin zu einer wahrhaft >babylonischen Sprachverwirrung<, aus der nicht nur Tausende von Sprachen entstanden. Es ergaben sich auch innersoziale Kommunikationsprobleme, so dass autoritäre Strukturen zur Organisation der Sozialverhältnisse notwendig wurden.

Nicht zuletzt entstand hier das Problem der >Weltanschauung<, wo Sprachliches mit Realität kurzgeschlossen ist. Dieses Problem betrifft nicht bloß die Geister-Kulte am Ende der Eiszeit, sondern auch die Weltanschauung der Moderne und das, was hier insgesamt für >Realität< gehalten wird (stellen Sie mal das sprachliche Denken ab und ergründen Sie ohne sprachliches Denken die Realität). Welche Probleme >Weltanschauungen< aufwerfen, dürfte angesichts der unterschiedlichen Weltanschauungen und des Fehlens einiger kommunikativer Grundlagen in baldiger Zeit noch deutlicher werden. Weitere daraus folgende Probleme werden ersichtlich, wenn man in den Blick bekommt, was die ursprüngliche Konzeption HS leistete.

Es ergibt sich aus den ganzen historisch ersichtlichen Problemen, dass es für die Organisation seines Denkens und der sozialen Kommunikation nicht hinreicht, nur über eine Sammlung von Vokabular zu verfügen. In rein funktionalen Kontexten wie einem Verhalten auf der Grundlage einer vollen genetischen Verhaltenssteuerung oder als Roboter reichte dies hin. Doch in Bezug auf die menschliche Selbststeuerung seines Sozial- und Beziehungs-Lebens (jenseits des Funktionellen) ist dies unmöglich der Fall.

Ohne eine geklärte Kultur-Anlage und ohne eine darauf abgestimmte Sprache mündet die menschliche Selbststeuerung selbst bei einem sozialen Wollen unabdingbar in Formen von Selbstbehauptung. Es zeigt sich heute in den Liebesbeziehungen, dass die bloßen Liebesgefühle nicht für größere Kommunikation, Abstimmung und eine längere Beziehung hinreichen. Denn die Wörter jenseits der rein funktionalen Kontexte sind nicht objektiv definierbar und auch nicht gleich assoziiert. Dies gilt vor allem für Wörter, die die gesellschaftliche Verfassung bestimmen sollen, wie vielleicht insbesondere >Gerechtigkeit<, ohne die Demokratie keine längerfristige Möglichkeit ist.

Eine Gesellschaft ohne einen entwickelten kulturellen Entwurf ist wie eine Großbaustelle ohne einen architektonischen Plan. Ein solches Vorgehen wird heute schon bei einem gängigen Einfamilienhaus ein teures Unterfangen, falls es überhaupt gelingt. Doch deutet es sich schon in der humanevolutionären Entwicklung an, dass sie erst ab dem Punkt dem Aussterben entkam, wo es zu einer gemeinschaftlichen >Vision< eines wünschenswerten Zusammenlebens kam, die auch in Kommunikation und also Sprache umgesetzt werden konnte. Dies war die (ursprüngliche) Mythologie.

Für diese Mythologie war das Mond–Mutter-Motiv absolut adäquat. Die Mond–Mutter-Symbolik umfasst die gesamte menschliche Existenz von der Entstehung des Lebens und >der Herkunft der Kinder< bis zu dem >Leben nach dem Tod< bei der >Mond-Mutter<, „wo wir uns alle wiedersehen". Mit der Schöpfungs-Symbolik und dem Mond kann – mythologisch - eine insgesamt kosmologische Auffassung entwickelt werden, die sich nicht nur auf die menschliche Existenz (auch global und die Menschheit) bezieht, sondern auch auf die Natur, die Pflanzen und die Tiere. Sehr schön ist diese Sicht in der aufgezeichneten Rede des Häuptlings Seattle des indianischen Stamms der Duwamish 1855 formuliert:

„Wir sind ein Teil der Erde, und sie ist ein Teil von uns. Die duftenden Blumen sind unsere Schwestern, die Rehe, das Pferd, der große Acker sind unsere Brüder. Die felsigen Höhen, die saftigen Wiesen, die Körperwärme des Ponys und des Menschen – sie alle gehören zur gleichen Familie. [...] Was wir unsere Kinder lehren: Die Erde ist Eure Mutter. Wenn Menschen auf die Erde spucken, bespeien sie sich selbst. Denn das wissen wir: Die Erde gehört nicht den Menschen, der Mensch gehört der Erde. Der Mensch schuf nicht das Gewebe des Lebens, er ist darin nur eine Faser. Was immer Ihr dem Gewebe antut, das tut Ihr Euch selber an." [2]

Es ergibt sich von den alten Kulturen eindeutig, dass ihre Mythologie und Symbolik im Kern und im Ergebnis anthropomorph und ihre Sprache subjektivisch-psychologisch-kulturell und nicht etwa objektivisch-physikalistisch angelegt ist, wie wir dies – auch erst seit der >Moderne< - denken. Dass dies in der Moderne aufkam, erklärt sich auch nicht aus wissenschaftlichen Einsichten – diese waren eher erst die Folge -, sondern daraus, dass die kulturelle Dimension in Europa in einen religiösen Terror (Inquisition, Ketzer- und Hexenverfolgungen) und Religionskrieg (in Deutschland als 30jähriger Krieg 1618 – 1648) versackt war. Mathematik, Physik und Rationalismus aller Art ermöglichten es, den zu Ideologie verkommenen Bereich der „Religion" zu vermeiden. Doch damit geriet auch die kulturelle Dimension des Menschen in Europa aus dem Blick. Der Mensch wurde als >Maschine< gedacht (>man a machine<). Dies hielt

---

[2] Mir ist dieser Text nur als allgemeiner Spruch ohne exakte Quelle bekannt. Es ist auch umstritten, ob dieser Text authentisch ist. Sicher darf man sich die Realität des Stammeslebens nicht zu romantisch vorstellen, doch dürfte der Text die dortige Kulturauffassung zutreffend wiedergeben.

man nun für >Wissenschaft< und gar für „aufgeklärt", und auf dieser Grundlage kam es auch zur Industriellen Revolution.

Mit dem heutigen Überblick über die historische Entwicklung, die Kulturen der Welt und über die Humanevolution bis weit über die Evolution der Primate zurück können wir ein neues Verstehen entwickeln.

Es wird ersichtlich, dass eine anthropomorphe *Symbolik* und eine subjektiv angelegte Sprachform nichts mit Primitivität zu tun hat, sondern die absolut adäquate Entsprechung der kulturalen Anlage unserer Art Homo sapiens ist. Was Sprache von unserer Anlage im Zentrum leisten muss, ist ein Verstehen und Beherrschung unserer Selbststeuerung in gemeinschaftlicher Kommunikation.

Es ist heute zu verstehen, dass die auf die kindliche Sprach- und Bewusstseins-Entwicklung abgestellten neuropsychogrammatischen Geschichten die ideale Form sind, in der ein Kind seine Gehirnstruktur aufbauen kann. Dass hier manche Kleinkind-Geschichten von der Sache her als >Eselsbrücken< fungieren, ist hier gar kein Nachteil, sondern ganz im Gegenteil die Grundlage des humanevolutionären und kulturellen Erfolgs unserer Art. Denn zu viel funktionelles Verstehen ist von 4jährigen ohnehin nicht zu erwarten.

Die entscheidende Anforderung, die aufgrund der humanevolutionären Entwicklung in Hinsicht auf die Persönlichkeit wie auf das Sozialleben besteht, ist der Erwerb der Befähigung zur Selbststeuerung und zu Kommunikation. Eine wirkliche soziale Funktionalität hat dies effektiv zur Voraussetzung. Sie wird neurologisch erst nach der Phase möglich, in der ursprünglich die Jugend-Initiation für diesen Zweck eingerichtet war und nach der wir heute die >Volljährigkeit< ansetzen. Die raffiniertesten Technologien helfen uns gar nichts, wenn es historisch wieder und wieder zum gesellschaftlichen Zusammenbruch und hierbei zu ruinösen Kriegen kommt.

Bei uns geriet es nach einer langen Zeit von Barbarei und Notstandsproblemen etwa nach dem Zusammenbruch des Römischen Reichs erst in der Neuzeit wieder in den Blick, dass Kinder keine Erwachsene in klein sind, sondern eine eigene Kategorie. Inzwischen können wir genauer begreifen, dass Kinder in ihrem Denken und Verhalten von einer anderen neurologischen und also anderen Bewusstseins-Struktur bestimmt sind. Dies erklärt sich dadurch, dass der Bereich des Großhirns auf den Erfahrungs-Erwerb in der Kindheit angelegt ist (s. S. 25/26). Je mehr hier tatsächlich *eigene* >Erfahrungen< gemacht werden können und je mehr sich ein Kind für sein Verstehen eigene Vorstellungen aufbauen kann, desto besser wird der Großhirn-Bereich in seinem Aufbau organisiert. Entsprechend formuliert der Gehirnforscher Gerald Hüther:

„Deshalb können wir Menschen vor allem während der Kindheit auch so viel lernen. Aber eben nicht, indem uns schon früh Druck gemacht und Leistung abverlangt wird. Und erst recht nicht, wenn wir zum Lernen gezwungen werden und uns vorgeschrieben wird, was wir zu lernen haben.

Damit dieses riesige Potenzial an Vernetzungsmöglichkeiten im Gehirn möglichst gut stabilisiert werden kann und die in unseren Kindern angelegten Talente und Begabungen zur Entfaltung kommen, müssen wir ihnen möglichst lange und in einer möglichst vielfältigen Lebenswelt Gelegenheit bieten, ihrer Entdeckerfreude und ihrer Gestaltungslust in allen nur denkbaren Bereichen nachzugehen. Mit anderen Worten: Sie müssen so viel und so oft wie möglich und auf so vielfältige Weise wie möglich – spielen dürfen." [3]

Auch die Geschichten spielen hierbei sowohl als Anregung als auch als Neuropsychogramme zur Organisation seines Gehirns wie auch als Sprache eine Rolle. Wenn die Kleinkind-Geschichten sehr fantastischer Art sind und in der Fantasie bis zu den Enden der Welt und über das Himmelszelt hinausfliegen kann, dann ist das gar kein Nachteil, sondern ganz im Gegenteil eine

---

[3] Gerald Hüther & Christoph Quarch, Rettet das Spiel! S. 39

bedeutsame Psycho-Logik, die eine kreative Fantasie und das Gegenteil von Kleingeistigkeit entwickelt.

Geschichten wie die vom >Osterhasen< und vom >Weihnachtsmann< begründen keine Realitätsunfähigkeit, sofern die Bewusstseins-Entwicklung nicht im Eigentlichen auf dieser Stufe steckenbleibt. Wohl kamen in der Tat Probleme dieser Art in der Geschichte auf. Doch liegt die eigentliche Ursache dafür nicht in den Geschichten – im Gegenteil, sie selbst sind für die kindliche Bewusstseins-Entwicklung als sehr förderlich zu sehen. Die Probleme kamen da auf, wo auf der Erwachsenen-Ebene der Unterschied zwischen diesen mythologischen = neuropsychologischen Geschichten und den Informationen über eine äußere Realität nicht mehr hinreichend verstanden wurde: wo man Sprache nicht mehr als *Sprache* begreift und sie mit Realität gleichsetzt. Daraus entstanden die Probleme von Ideologie und Weltanschauungen. Sie sind ein Mangel an Sprach-Beherrschung und bei uns in der Folge dessen auch längst ein Mangel an Sprache selbst – denn wie gesagt (S. 46): die Geschichten der (ursprünglichen) Mythologie sind die neurologische Form dessen, was bei uns Homo sapiens im Eigentlichen erst als >Sprache< zu verstehen ist.

Die ursprüngliche Mythologie ist als ein bestimmter Aufbau von neuropsychogrammatischen Geschichten in der Entsprechung der kindlichen Bewusstseins-Entwicklung zu sehen. Es versteht sich von daher, dass uns als Erwachsene die Geschichten für die Kleinkinder nicht mehr sonderlich oder auch persönlich gar nicht nahe gehen.

Ich habe hier versucht, in der Verbindung von etymologischen Anhalten im Vokabular, Mythologien der Welt und Symboliken in Vor- und Frühgeschichte die erkennbaren Motive nicht einfach nur in Geschichten nebeneinander zu stellen, sondern auch in ihrem neuropsychogrammatischen Aufbau zu erfassen und wiederzugeben. Dafür bieten sich gewisse Anhalte in der scheinbaren >Widersprüchlichkeit< der Geschichten, wie wir anderes von den heutigen neurologischen und psychologischen Einsichten einordnen können.

292

Es besteht hier natürlich ein Unterschied zwischen dem mündlichen Erzählen und einer schriftlichen Abfassung. Ursprünglich dürften diese Geschichten in einer reichhaltigen Erzählkultur eingebunden gewesen sein, dürfte dies ein Hauptmoment der eiszeitlichen Kultur im Umgang mit den Kindern gestellt haben (gab es weder Fernsehen noch Computer). Dazu gehört – was hier allenfalls in einzelnen Andeutungen enthalten ist -, dass diese Geschichten je nach Erzähler, Zuhörer, Stimmung und Gegebenheiten in vielfältigster Weise variiert worden sein dürften. Das Mündliche und unmittelbar Soziale ist als substanzieller Bestandteil dieser Geschichten zu sehen.

Was diese Geschichten in dieser Hinsicht leisten und wie viel sie neuropsychogrammatisch austragen, könnte nur in entsprechenden praktischen Experimenten festgestellt werden. Ich glaube, dass dies von einiger Bedeutung für eine Rekonstruktion von Kultur und von Sprache wäre, wie dies für einen gesellschaftlichen Bestand über ein paar Jahre hinaus notwendig ist. In den Grundlagen dürften die Geschichte bei einem guten Vortrag auch heute noch wirksam sein, teilen wir immer noch die gleiche neurologische Anlage. Freilich haben sich unsere Verhältnisse im Praktischen wie im Mentalen verändert. Welche Konsequenzen dies hat, wäre noch zu sehen. Eine bloße Reproduktion der aufgeführten Geschichten dürfte ohne Zweifel nicht zu viel austragen.

Hinweis auf Bilder und Geschichten in der Psychologie

Die Bedeutung dieser Bilder, Geschichten und Symbole sind bei uns in der Psychologie, zuerst von Carl Gustav Jung, neu entdeckt worden und können heute mit dem psychologischen Verstehen auf in neuer Form aufgenommen werden. Ich will hier nur auf zwei Werke verweisen, die mir besonders instruktiv erschienen:

- Verena Kast: Märchen als Therapie

- Clarissa Pinkola Estés: Die Wolfsfrau. Die Kraft der weiblichen Urinstinkte („Die Auferstehung der Wilden Frau")

> Estés nimmt hier verschiedene ethnologische Motive für eine psychologische Arbeit mit Frauen auf. Dabei ist zu beachten, dass es im amerikanischen Original um *Coyoten* geht, womit sich andere Eigenschaften als beim Wolf verknüpfen, dass die Übersetzung >Wolf< bei unserer Tradition doch etwas unglücklich erscheint. - Ich finde dieses Buch aber auch für Männer lesenswert.

Richtig verstanden bleibt nur festzustellen, dass gerade diese Form an Sprache mit ihren Geschichten, Motiven und Bildern für eine wirkliche Selbststeuerung und Kommunikation geeignet ist und – schon humanevolutionär – Kultur als ein fähiges Beziehungs- und Sozialleben über Jahrzehntausende erbrachte. In diesem Sinn können sie für uns heute immer noch als Vorbild und für höchst bedeutsame Anregungen für den Aufbau einer Kultur- und Bewusstseins-Anlage dienen.

Dass wir heute sprachlich und technisch einen anderen Oberbau als damals brauchen, ist dafür kein Hindernis. Entscheidend ist zunächst ein dem Menschen entsprechender kultureller Unterbau und hierbei um ein neues Verhältnis zu den Kindern.

Zum Thema Religion

Für manche dürfte sich in diesem Kontext die Frage nach dem Thema Religion stellen, und so soll dies hier noch aufgenommen werden.

Als Ausgangspunkt soll hier die These wiederholt werden, dass es sich bei der ursprünglichen Mythologie HS im Eigentlichen um die Sammlung der Bilder und Geschichten für die kindlichen Sprach- und Bewusstseins-Entwicklung als der eigentlichen Form von Sprache bei uns Homo sapiens handelt. Es geht hierbei um das neuropsychogrammatische Fundament der menschlichen Existenz in Person und Gesellschaft und ebenso wenig wie bei der Geschichte vom Osterhasen um eine Weltanschauung noch um Religion.

Religion kann als ein Aufbau auf den mythologischen Motiven auf der Erwachsenen-Ebene gesehen werden. Insofern enthalten manche religiösen Überlieferungen auch Mythologie, doch sollte hier unbedingt zwischen Mythologie und dem eigentlich Religiösen unterschieden werden, um nicht gefährlichen Wirrwarr zu geraten. Wo man Sprache mit Realität gleichsetzt und Sprache nicht (als Sprache) versteht, sehe ich die Vorstellung nicht begründet, Religion zu verstehen. Mythologie und Religion mögen zwar in einem Verhältnis stehen, doch ist für mich Mythologie zunächst schlichtweg Mythologie.

Auch dass die ursprüngliche Mythologie ein >spirituelles Bewusstsein< schafft, erklärt sich schlichtweg als Neurologie, Psyche und Kultur. Dass Spiritualität über das Kleingeistige und/oder das rein analytische = >linkshemisphärische< Denken und Wahrnehmen hinausgeht, bedeutet lediglich, über eine entwickeltere Wahrnehmung zu verfügen, die beide Gehirnhälften nutzen und miteinander verbinden kann. Mit „Hokuspokus" hat dies nichts zu tun.

Man kann Begriff >Religion< heute sehr sinnvoll aufnehmen, wenn man ihn mit den Weiterentwicklungen im Umgang mit der Mythologie auf der Erwachsenen-Ebene in Verbindung bringt. Dies betrifft die Ebene von Ritualen wie von >Glauben<.

Der entscheidende Unterschied besteht darin, dass die mythologischen Geschichten den Kindern erzählen, „wie es ist". Auf der Kinder-Ebene werden diese Geschichten und Bilder wie der >Osterhase< zunächst als Tatsachen begriffen. Auf der Erwachsenen-Ebene dienen diese Bilder und Geschichten in ihrem kulturellen Gesamtgefüge jedoch dazu, die richtigen *Fragen* in Bezug auf seine existenziellen Gegebenheiten stellen und kommunizieren zu lernen. Das Gebaren mancher, sich als „Stellvertreter" Gottes zu sehen und aufzuführen (das keine Spezialität einer bestimmten Religion ist), ist definitiv abzulehnen und als infantil und wahnhaft zu bezeichnen.

>Glaube< in dem eigentlichen Sinn meint keine spekulativen Vermutungen und auch keine bestimmte Weltanschauung, sondern die Befähigung, sich vor allem angesichts *existenzialer* Problematiken mit selbst und ggf. mit anderen darüber auseinandersetzen zu können.

Historisch wurde dies im Besonderen im Alten Israel von Bedeutung. Es ging hier um die überaus zugespitzte Auseinandersetzung, wie man angesichts der Bedrohungen durch die umliegenden Großmächte seine Identität bewahren könnte, und zwar in dem Problem, dass man bei zu viel Eigensinn in Gefahr lief, vernichtet zu werden, und umgekehrt bei zu viel Anpassung seine Identität oder >Seele< verlor, sprich das, was man jenseits von Panik für das hielt, wofür es sich zu leben lohnte. In der Zeit von Jesus von Nazareth lag diese Problematik unter der römischen Besatzung endgültig zugespitzt.

Doch müssen die Probleme nicht so heftig sein. Bei >Glauben< geht es um die Auseinandersetzung mit seiner eigentlichen Identität oder Authentizität: um das, woran man in seinem Leben eigentlich „sein Herz hängt" (Luther).

Nach den historischen Verwirrungen, die heute eine tödliche Gefahr sind, müssen wir heute wieder handfest zwischen Mythologie und Religion unterscheiden. Die Mythologie ist auf die kindliche Sprach- und Bewusstseins-Entwicklung ausgerichtet und von hierher in prinzipieller Form mit der menschlichen Anlage verbunden. Hier ist zu sehen, was an Mythologie heute dafür qualifiziert ist.

Religion ist von Mythologie wie auch von Weltanschauung darin fundamental zu unterscheiden, dass es hierbei um die Erwachsenen-Ebene im *konkreten* Umgang mit den existenzialen Grundlagen geht. Religion ist demnach das >ganz Persönliche< (Subjektivität und Personalität), etwa auch als >Kultur der Seele<.

Anmerkungen und Hinweise zu den Geschichten

Ein in Teilen ursprünglich erscheinender indianischer Mythos der Kalina-Stämme in Südamerika:

„Die Urmutter *Amana* wurde nie geboren, sie war schon immer da. Deswegen hatte sie keinen Nabel. Sie war die Schutzgöttin der Wasser. Ihr Körper war zur Hälfte eine Menschenfrau, zur anderen Hälfte eine Wasserschlange. Sie lebte in den Wassern des Himmels und konnte jede Gestalt annehmen. Doch zeitweilig lebte sie auch auf den Gestirnen, deswegen hieß sie die Sonnenschlange. Sie wechselt ständig ihre Haut, sie erneuert sich und wird nicht älter. So herrschte sie über alle Geistwesen in den Wassern.

Die Urmutter gebar zwei Zwillingsbrüder, den einen am Morgen, den anderen am Abend. Der ältere hieß *Tamusi*, er war der Urahn der Menschen und der Erschaffer aller guten Dinge. Er lebte am Mond und im Götterhimmel, dort gab es keinen Abend und keine Nacht. Zu ihm kamen die Seelen der Toten, sie lebten dort sehr glücklich. Er muss ständig gegen die bösen Dämonen kämpfen, die die Welt verschlingen. Immer, wenn sie diese verschlingen, erschafft er die Welt neu." [4]

Es ist hier nicht das Anliegen, die Mythologien oder die Symbole an sich ausführlicher zu behandeln. Doch sollen in diesem Anhang einige Hinweise geboten werden.

---

[4] Helma Marx: Das Buch der Mythen, S. 527

Weitere Erklärungen zu etlichen dt. Wörtern finden sich in meinem >**Herkunftswörterbuch des Deutschen**< oder in ausgewählter Form in >Wörter: Evolution und Geschichte<.

Zur Stufe 0:

T.3.1.2.1 Tik >Finger, einer<

ein >**Urwort**< nach Richard Rudgley nach Ruhlen & Bengtson, „taucht in allen Sprachen [*Sprach-Familien*] der Welt auf", u.a. mit den Beispielen [5]

Niger-Kordofanisch	*dike*	>eins< in *Gur*
Nilosaharanisch	*tok*	>einer< in *Dinka*
Afroasiatisch	*(daya)tak*	>nur einer< in *Hausa*
Altaisch	*teki*	>eins< im *Koreanischen*
	tek	>zehn< im *Altkoreanischen*
	te	>Hand< im *Japanischen* [in **Karate**]
	tek	>nur< im *Türkischen*
Eskimo-Aleutisch	*tik(-iq)*	>Zeigefinger< im *Grönländisch-Eskimoischen*
Nadene	*tek*	>eins< im *Tlingit*
Amerind	*tik*	>Finger; Hand< in *Karok*
[indianisch]	*tike*	>eins< in *Mangue*
	tika	>Zeh< in *Katembri*
Indopazifisch	*tek*	>Fingernagel< in der *Boven-Mbian*-Sprache Südwestneuguineas
Indogermanisch	*dig(itus)* lat.	>Finger<, *decem* >zehn<

M.E. ist dies jedoch eine **historische** Ableitung (evtl. Mebuntu) von der eiszeitlichen Lautwurzel *ħ, deutsch in *da, du, sieh!, sie, zeigen*, **Zehe** (>Finger<), **zehn** usw. S. mehr in *Cûl Tura* Band 2b.

---

[5] Richard Rudgley: Abenteuer Steinzeit, S. 76

Auf Anhieb besteht die Schwierigkeit zu erkennen, dass z.B. *Mama Nana* als *Name* in sich >Mutter Mond< bedeutet.

Der Sprachspiel-Charakter beginnt darin, dass Lautformen für das Kind sowohl als **Bezeichnungen** als auch als **Namen** eingeführt werden. Das Kind kennt bereits die Lautformen wie z.B. *MaMa, NaNa, BaBa* im Kontext für >Mutter< und auch das >Kind<, dann auch >Vater<. Insofern kann die Bezeichnung *Mond-Mutter* mit Verweis auf den ersichtlichen Vollmond als (Name) *Mama Nana* eingeführt werden. Dies gilt auch für die anderen Wörter für >Mutter< wie *Ama – MaMa, Anna – NaNa, Aba – BaBa, Ada – DaDa, Ulu – LuLu* zu z.B. (Mutter) *Ti Ana (Diana), Mama Mana* usw. *Mana* wäre hier >Mond<, wozu dann *Manu* im Sprachspiel für den >Mond-Vater< käme.

Es ist an manchen Stellen die Schwierigkeit, dass diese eiszeitlichen Sprachspiele in ihrem vollen Umfang in den historischen Sprachen nicht nachahmbar sind. Insofern gebrauche ich den Ausdruck >Mutter Mond< oder >Mond= Groß- oder Ur-Mutter< und halte mich hier mit den weiteren Sprachspielen zurück. Zu den benutzten Sprachspielen werde ich im Folgenden einige Anmerkungen bieten. Doch setzt das richtige Verstehen der Wörter und Namen die vollen assoziativen Verknüpfungen der eiszeitlichen Sprache HS voraus.

MaMa – MaNa

*mana	>Mond<
Manu	Urmensch + Gesetzgeber der indischen Mythologie
Mannus	lat. für *man*, „der Urmensch nach germ. Sage"
Moma	der „göttliche Urvater" der südamerikanischen Uitoto-, Jivaro- und Shipaya-Stämme [6]
Mama	**männlicher** Priester-Titel bei den Kogi (Nordanden) [7]
mama	georgisch (Kaukasus-Sprache) >Vater<

---

[6] Helma Marx: Das Buch der Mythen, S. 533
[7] die südamerikanischen Kogi: Gerardo Reichel-Dolmatoff: Das schamanische Universum, S. 37. Diese Bezeichnung erscheint von der/einer Bezeichnung für die >**Sonne**< und mythologische Figuren **abgeleitet**, s.d.

Zur Stufe 1a

Die Mond-Mutter *Mama Mana*

Mana wird hier für >Mond< gebraucht. Es können für >Mutter< auch die anderen Formen als *Mama* genommen werden (s. S. 75 ff.), wie es mitunter bei anderen Erzählungen erfolgt. Auch *CoCo* ist eine solche, die hier jedoch für das >Kind< verwendet ist. Zu *Coco*:

coco	frz. „Kosewort für Kinder und Pferd: Liebling", vgl. dazu:
****koke*	**gesamt-altaische Wurzel** für >Brust, Herz, saugen<, so
køky-	altmongolisch >säugen< (EWD, **Köcher**)
	vgl. auch S. 200 und unredupliziert *Kuh*

Ulu Vulu

Mit dieser Geschichte wird von irgendeinem besonderen Anlass her die Vogel-Symbolik aufgenommen. *Vulu* und *Ulu* sind Anspielungen auf >Vogel, fliegen<, *Ulu* speziell auch auf >Eule<. Dieses Wort für >Eule< erklärt sich aus dem Verbund mit der ursprachlichen *Mond-Mutter*-Symbolik HS (Nachtvogel; s. auch das *Jul*-Fest = Weihnachten; >> **alle, Olle** (die/der *Alte, Eltern*), altisländisch *ala* >ernähren, hervorbringen<, auch in Flussnamen verbreitet (*Olle, Alle, Aller, Iller* usw.).

volō	lat. >fliegen; eilen< $^{\lambda}$	
fowl	engl. = **Vogel**	
peléda	litauisch >Eule< $^{\lambda\iota}$	(CT: B.3.2)
***pleu-**	idg. >rinnen, fließen, schwimmen, fliegen< (Duden 7, **fliegen; fließen**)	

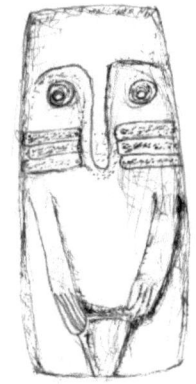

Links, Mitte: Die neolithische Augen-Symbolik (auch „Eule“) auf Plastiken, Menhiren und Amuletten sowie auf Gefäßen und Urnen usw. Hier Schiefer-plättchen aus einem megalithischen Ganggrab, Portugal, etwa Mitte des 4. Jahrtausends v. Chr. [8] Rechts nach einer antiken Münze aus Athen

Die >Eule< dürfte von der Wortbildung her auch schon eiszeit-lich eine Entsprechung der Mond-Mutter-Symbolik gewesen sein, die nachts >aufpasst, dass alles in Ordnung ist< und die die Toten in den Himmel holt. Sie war z.B. als *Chalchiuhtecólotl* >kostbare Eule< die aztekische Göttin der Nacht, [9] und „[...] überall im Nordamerika der Ureinwohner gilt die Eule als To-tenvogel [...].“ [10]

Damit machte sie im Neolithikum als matriarchale Symbolik für >die Göttin< und ihre Priester/innen Karriere. Daraus ergab sich: „Hexen und Teufel treten als Eulen auf; oft werden mit der Eule Zauber und Gegenzauber verbunden. Liebes- und Glücks-zauber sowie Verwandlungen sind vielfältig belegt. Mehrfach tritt die Eule als → Seelentier auf. [...] In späteren Sagen und

---

[8] Nachzeichnung nach: Marija Gimbutas: Die Sprache der Göttin, S. 193
[9] D. M. Jones & B. L. Molynaux: Die Mythologie der Neuen Welt, S. 97
[10] Åke Hultzkrantz: Schamanische Heilkunst, S. 191

Erzählungen ist die Eule oft Künderin von Unheil und Tod."[11] Mit den immer größeren Problemen der neolithischen Priester/innen-Herrschaft seit dem späten Neolithikum heftete diese Symbolik der Eule einen dämonischen Ruf an (in dieser Verbindung auch der slawischen *Baba Yaga*, der nahöstlichen *Lili.t* s.u.). Nur bei der griechische Göttin *Athene* hat sich der ursprünglich positive Charakter der Eule erhalten (s. die Münze auf der vorausgehenden Seite oben rechts).

Die Abb. soll Lilitu/Lilith-Inanna zeigen (Mesopotamien, um 2000 v. Chr., Nachzeichnung),[12] was andeutet, dass Lilit *als Femininum von* *LiLi *als semitische Parallele zu sumerisch* InIn *(InAna, En**Lil**)* >Herrin< *als Parallele zu* **BaBa/PaPa** *zu verstehen ist, die auch als Göttin IschTar auch in absolut paralleler Darstellung erscheint.*[13]

Sie hält die (Ankh-Isis-) Knoten, die als Leben-Tod- bzw. Binde-Bann-Herrschaftszeichen entsprechend der „kretischen Doppelaxt" und den römischen fasces *usw. zu deuten sein dürften. Die Transzendenz-Symbolik ist durch die Vogel-Symbolik formuliert (Flügel, man beachte auch die* Greif-*Krallen bei Lilit wie bei den Eulen). S. mehr in meinem Herkunftswörterbuch unter* → *Eule.*

---

[11] Enzyklopädie Märchen, Band 4, Artikel *Eule*, Spalte 532 - 535

[12] Sharukh Husain: Die Göttin, S. 100

[13] Nachzeichnung, s. dazu die Abbildungen z.B. in: Annie Caubet & Patrick Pouyssegur: Der Alte Orient, S. 186 f.

Die Wortformen für >Mutter< (und >Säugling<) wurden ursprachlich HS auch für >Brust, säugen, trinken, essen< gebraucht. S. dazu in einzelnen Beispielen (s. mehr in CT):

Ama - MaMa

mamma	lat. >Brust, Euter< (nhd. *memme* > *Memme*)	
mamma	Ainu (Ureinwohner Japans) >Milch<	
mëmë	albanisch >Mutter<; >Gebärmutter; Quelle<	
Amme	(Frau, die das Kind stillt)	
ama	Cherokee (indian.) >Wasser<	(CT: M.0.2)

BaBa

papas	litauisch für >(Brust-)warze<	
papilla	lat. >Brustwarze; Brust< $^\lambda$	
pap(p)a	indogermanisches Kinderlallwort für >Speise<, [14]	
	davon **Pappe, päppeln; Pampe**	
bibo lat. >trinken<, ***po*** $^\lambda$		(CT: B.3.1.1)

TiTi

Titte, Zitze

didâ	assyrisch >Zitze, die weibliche Brust<
Tethis	lat. >Meergöttin, Gemahlin des Oceanus<
Thetis	lat. >Meernymphe (Meer)<

KaKa, CoCo

køky-	altmongolisch >säugen< (EWD, **Köcher**)
kucaḥ	altindisch >weibliche Brust< (EWD, *hoch*)
chi, chichi	japanisch >Muttermilch, Brust< (Hadamitzy S. 201)
chich	irisch *Dà Chich Annan* >die zwei Brüste der [*Göttin*] Anu<: Hügel-Paar [15]

Davon wohl auch: **hegen; hecken, Kegel** (Kind), **Küken; keck – quick**lebendig, ***kaka*** germ „ursprünglich wohl für Speise, Brei" (Duden 7 > **Kuchen**), vgl. engl. *cake,* **Küche, kochen** usw. (CT: K.0.2). S. auch >**Milchstraße**< S. 312

---

[14] Julius Pokorny: Indogermanisches Etymologisches Wörterbuch, S. 789
[15] S. & P. Botheroyd: Lexikon der keltischen Mythologie, *Danu,* S. 105

Das Welt-Zelt

Das Motiv des Welt-Hütten-Zeltes ist bei uns eher als Himmelszelt bekannt, wo der Nachthimmel als >Decke, Dach< betrachtet wird. Dies ist in sich mit der *Symbolik* von der Welt als Zelthütte (und >Heimat<) verbunden. Dazu:

> „Die **Architektur** der indianischen Heimstätten spiegelt häufig das Bild von der Erde und dem sie behütenden Himmel wider. In einer PAWNEE-Sage über die Entstehung des Erdhauses war es TIRAWAHAT, der Schöpfer, der dieses erfand, um Erdenkindern, deren Eltern Sterne waren, Unterschlupf zu gewähren." [16]

Ein chinesischer Mythos:

> „Über der Erde wölbt sich der Himmel wie eine übergestülpte Tonschale. Diese Schale ist am Polarstern aufgehängt, sie dreht sich um diesen Stern herum. Auf der Innenseite der Himmelsschale sind die vielen Sterne als Leuchten aufgehängt. Andere sagen, der Himmel sei ein riesiges Hühnerei, auf der Innenseite seien die Sterne befestigt. Die Erde sei der Eidotter, der unter dem großen Himmel schwimme. Und am Grund der Erde sei der gewaltige Urozean." [17]

Warum die Mond-Mutter Aa und Pipi machte

Ich habe diese Geschichte erfunden, weil es didaktisch als wichtig erscheint, den Kindern eine positive Sicht ihres >Hervorbringens< zu vermitteln.

Aa, Pipi sind Lallwörter der Kindersprache, lassen sich aber durchaus an die pleistozäne Sprach-Technik HS anschließen (Wörter im Kontext von >Mutter – Baby<) und könnten auf ei-

---

[16] D. M. Jones & B. L. Molynaux: Die Mythologie der Neuen Welt, S. 17
[17] Helma Marx: Das Buch der Mythen, S. 326

ner alten Tradierung beruhen und hierbei auch mit >Wasser< sowie >Brei< in Verbindung stehen. *Aa = KaKa* >Kacke< evtl. = *koka, kaka* germ „ursprünglich wohl für Speise, Brei" (Duden Herkunftswörterbuch > **Kuchen**)

S. dazu auch S. 303

Uri, die Riesen-Drachen-Schlange

Mit der auch Kindern auffälligen und ggf. auch Angst machenden Situation von Blitzen, Donner und Gewitter wird die Drachen-Thematik eingeführt. Der >Name< *Uri* spielt auf >Ur< für nhd. >Ursprung< an, was auch in (*Lind-*) *Wurm, Wurzel* und übrigens auch in *Ohr – Wort* usw. enthalten sein dürfte. Dieses *Ur-* stellt sich mir aufgrund des in dem Vokabular erst neolithisch auffällig werdenden -R als Erweiterung der >Sprache der Neolithischen Revolution< zu eiszeitlich HS *א wie *A, Au/e, Ei* für >Ursprung< dar, wozu auch *aus* eine *historische* und *ab (aba)* eine ursprüngliche Parallele sind. In der ursprünglichen Symbolik HS ist dies wesentlich mit >Wasser< (auch >Ur=Meer<) verbunden. Diese Formen sind bei uns auch in Flussnamen verbreitet. S. auch → S. 320 (Ur-Wurm).

Entsprechend verknüpft sich die Drachen-Schlangen-Mythologie verknüpft auch mit dem Hervorbringen von Wasser/Regen, von Feuer (Blitz, Vulkan) und Stürmen. Interessant ist hier eiszeitlich **la* als Ausgangsform für >Schlange< in *lodern – Lohe (leuchten) - - Luhe* (Fluss Winsen – HH) – *Lache* (engl. *lake<*) – *Lauge, Lake* usw. Dazu:

„Nach der [*tibetischen*] Überlieferung verbringt der Drache den Sommer am Himmel und hält während des Winters in der Erde seinen Winterschlag. Im Frühjahr erhebt er sich mit den Nebeln vom Boden. Ist ein Gewitter notwendig, so schnaubt er Blitze und brüllt den Donner hervor."[18]

---

[18] Chögyam Trungpa: Das Buch vom meditativen Leben, S. 192

„Der Drache ist in China das Symbol des Meeres, woher die Regenwolken kommen. In den Mythen ist seine Haupttätigkeit, fruchtbringenden Regen zu veranlassen; man kann ihn geradezu als eine Art Regengott bezeichnen." [19]

„Fast alle gotischen Dome tragen Wasserspeier, wobei die Figur des hinausstürzenden Drachen dominiert." [20]

„[...] Wie bereits erwähnt, hauste der Urdrache, die Urschlange im Wasser. Daher wird in Sage und Märchen der Drache häufig dem Wasser zugeordnet. Drachen galten auch als Hüter von Quellen und Brunnen. Aus diesem Grund sind zahlreiche Brunnen mit Drachengestalten geschmückt. In Italien und Griechenland werden Quellen >dragonessa< bzw. >dragonara< genannt. Als Herrin von Quellen und Brunnen tritt die Wasserfrau Melusine in der französischen Märchenwelt auf. Sie kann ihre Gestalt verändern und zeigt sich den Menschen zuweilen auch als Drache (siehe auch Barbara Stamer >Märchen von Nixen und Wasserfrauen [...]).“ [21]

Die Entsprechungen von >Ur-Meer< = Ur-Mutter = *Schlange*, *Drache* zeigen sich in der mesopotamischen *Tiamat*-Mythologie. Hier wird freilich die neolithisch matriarchal verstandene Symbolik aufgrund der entstandenen sozialen und politischen Probleme in der patriarchalen Deutung zum Inbegriff von >Chaos, Tod, Vernichtung<. Während in China, wo dem >Drachen< (*lóng*) von der verkürzten matriarchalen Deutung her „nur positive Eigenschaften zugeschrieben" werden, [22] wird von der *Tiamat*-Mythologie her >Drache< im Nahen Osten zum Inbegriff des >Bösen< und (trotz des dortigen weiblichen Anklangs) für ein Synonym des >Teufels<, was sich dann auch mit dem „Christlichen" verbreitet. (M.E. *TiAma.t* = *DeMeter* = *DiAna* >Ur-Mutter<)

---

[19] Rolf Wilhelm Bredrich, Enzyklopädie des Märchens, Sp. 798
[20] Rolf Wilhelm Bredrich, Enzyklopädie des Märchens, Sp. 811
[21] Sigrid Früh: Märchen von Drachen, S. 22
[22] Edoardo Fazzioli: Gemalte Wörter, S. 151

Auf jeden Fall ist >Drache< mit der Schlangen-Symbolik verbunden und in Teilen mit ihr austauschbar. Dazu aus einer Mythologie aus den nördlichen Anden:

> „Der Punturco ist überhaupt ein Wetterberg, denn in ihm leben auch die Donner, die von dort in die Wolken aufsteigen, um ihre Blitze zu schleudern. Die Blitze, so erzählten die *Rioblanqueños*, sind Schlangen, wie auch der Wind eine Schlange ist. *Guaira* [*Wind, das Strömende, Lebenskraft, s. dort S. 157*] ist auch eine Schlange." [23]

Uri - Au >Wasser, Quelle, Ur<

ur	altnordisch >feiner Regen< [24]
oúron	griech. >Harn< (EWD > **Urologie; Urin**]

âru	assyrisch >gehen, fließen< (s.u.:)
jəor יאר, יאור	hebräisch >Fluss<, im Singular >**Nil**<, von א
joor	ägyptisch >Nil<

Ohre	Fluss in die Elbe, nördl. von Magdeburg
Ohre = Eger	Fluss in Tschechien
Wurm	Flüsschen in die Rur, bei Geilenkirchen, NRW
Würm	Fluss bei München (Starnberger See auch Würm-See)
Aar	Flüsschen im Kreis Lichtenfels, Nord-Hessen
Aare	Fluss (Schweiz)
Ahr	Fluss zum Rhein, südlich von Bonn

(Auszug aus CT: A.2.1)

Viele Flussnamen sind von der Schlangen-Symbolik abgeleitet, so im Deutschen *Ur – Aar – Wurm*, **alla – LaLa* wie in den Flussnamen *Alle, Olle, Aller, Iller* usw. – *Lulua* (Kongo), *Lule* (Schweden mit Stadt *Luleå*), klassisch tibetisch *lu* >Fluss<, *Río Loa* (Chile), *Luhe* (Winsen – HH), *Luò He* (min. 2 Flüsse in

---

[23] Franz Xaver Faust, Totgeschwiegene indianische Welten, S. 89 f.
[24] Julius Pokorny: Indogermanisches Etymologisches Wörterbuch, S. 80

China, *He* >Fluss<), mit historischen Erweiterungen mit S- *Esla* (Spanien), *Issel* = ndl. *Ijssel* (-*Meer*), *Schlei* (> *Schles*wig), *LaNa* wie (in $^S lan^{ge}$) etwa *Lenne, Leine, Lahn, Schlinge, Selenga* (Mongolei), *Sulina* usw. Weitere Bildungen wie *Oder – Otter - - Natter – Notter* (Thüringen) – *Nitter – Nette - - *NaGa* (*snake* S. 326) – *Nahe – Noce* (Südtirol) – *Nogat* (Polen) usw. *könnten* sich auch so erklären.

Dass hier wie bei (der – die) *Otter – Oder* wie bei der *Drachen-Schlangen*-Symbolik u.a. bei >Wasser, Fluss< (*A-Tar, Aqua – Oka*) eine Verbindung zu *DraCo – STier-Kuh* erscheint, ist kein Widerspruch, sondern ein effektiver Hinweis auf die **eiszeitlichen** Symbol-Zusammenhänge.

Es schneit

Ulu Holo spielt auf *Jul* (> Weihnachten) sowie auf >Frau Holle<, in deren Verbindung das erzählte Märchen bei uns bekannt ist. Zu *Ulu Holo* und >Sonnen-Mutter< s. >Weihnacht< → S. 329. Zu Schnee → S. 331.

Das Foto bei der Geschichte zeigt einen Schuhabdruck im Schnee.

Ma-Kui, die Schildkröte

Zu der Mythologie s. S. 136. Das Motiv ist nicht zentral, aber höheren Alters. Genaueres vermag ich jedoch bislang nicht einzuschätzen. Von der Erde-Symbolik kann *gui* mit *Kuh* und/oder mit *Gaia* in Verbindung stehen.

gui	chinesisch >Schildkröte< (s. S. 136)
maukui	bei den südamerikanischen Kogi >Kröte<, insb. die „Große Meereskröte" [25]

---

[25] Gerardo Reichel-Dolmatoff: Das schamanische Universum, S. 75

Stufe 1b

Die Mond-Mutter *Mama Ti Ana*

„Jedes Mal, wenn Vollmond ist, feiern die Buschmänner ein großes Fest, denn für sie ist er wie ein Gott. Es sieht auch wirklich wunderbar aus, wenn er so ganz rund, ganz dick mitten in der Wüste aufgeht." [26]

Hier soll anhand einer zweiten Geschichte über die >Mond-Mutter< angedeutet werden, wie das ursprünglich auf der Säuglings-Stufe eingeführte Motiv weiterentwickelt wird.

Ama findet sich im Sumerischen für >Mutter< und lat. als Wurzel für >lieben<. Dt. *Minne* veraltet für >Liebe< dürfte eine Ableitung von eiszeitlich **MaNa – Mond – Mensch – mein - Minne – mind* >Geist, Bewusstsein< sein.

Entsprechend der ursprünglichen Symbolik HS steht >Mutter< auch für >Ur/sprung<, auch in mythologischer Hinsicht als >Ursprung der Welt/des Lebens<, als >Ur-Mutter< (als der >Mutter aller/alles Lebenden<) sowie als >Schöpferin<. M.E. sind die Formbildungen wie bei den >Göttinnen< *DiAna, DeMeter, Ti-Ama.t* als >Ur-Mutter< bzw. auch >die mythologische Mutter< zu deuten. Bei *Diana* ist die Mond-Symbolik noch erhalten.

Bei *de, te, ti* usw. handelt es sich *soweit* um die unreduplizierten Formbildungen von *Ada – DaDa* bzw. *TiTi* >Mutter< (auch *Titte* usw. s. S. 303). Unredupliziert finden sich dies grammatisch in dem charakteristischen Sinn >von, ab, aus, her - - an = nah, bei

---

[26] Tippi Degré: Tippi aus Afrika, S. 108

- - hin, zu< sowie >und, hinzu< in lat. *de,* ndl. *te* – nhd. **zu** = engl. *until, till* – **Ziel**.

Von dorther dürften auch (mit grammatischer Endung) lat. *de/a, deus* >Gott, Göttin<, keltisch *De* >Gott<, germanisch *Ti, Tiu, Tio* >Gott< (enthalten in engl. *Tuesday* = **Dienstag**) und (vor)griechisch *Zeus* stammen. Das Durcheinander in der griech. Mythologie dürfte aus zwei verschiedenen Traditionen resultieren, wo *Zeus* zum einen schlichtweg das *Wort* für >Gott< war und zum anderen als >Name< für einen bestimmten Gott unter anderen Göttern verstanden wurde.

Mama Ti Ana spielt auf *Diana* an, hat aber noch einen weitergehenden Hintergrund, s. dazu 4.1 *Mana Ti An* (S. 344).

Die Blitz-Riesen

Zu der Abbildung: Nordamerika. „Über dem Geist sind zwei Zeichen, die Blitze bedeuten oder die Macht des Geistes symbolisieren, der Blitze hervorbringt. Die frühe indianische Mythologie zeigt einige Ähnlichkeiten mit der Mythologie der Alten Welt." (E. Anati: Höhlenmalerei, S. 314)

Das Motiv der Blitz-Brüder findet sich in der Mythologie der Ngarinyin-Aborigines. [27] In der historischen Mythologie sind hieraus vielfach >Wetter-< oder >Donner<-Götter geworden, so im Germanischen *Donar* (in *Donnerstag*), der oft mit *Thor* gleichgesetzt wird (engl. *Thursday*). Ich sehe hier historisch ältere Verbindungen zu nahöstlich **Baal**:

Baal -
Blitz, blitzen
bolt	englisch u.a. >Blitz<
bål (= **baal**)	dänisch >Feuer< Δ
fulmen, fulgur	lat. >Blitz< [EWD > **fulminant**]

---

[27] s. Jeff Doring: Gwion Gwion, S. 284, Abb. S. 285, 290. „Blitzbild – *wanjina*-Bild – Schlangenbild" S. 291

bolen	schweizerisch >poltern, rumpeln< >>.
Böller	>kleines Geschütz< (EWD, *Böller*)
bollern, ballern	
poltern	[Donner] >Poltergeist<
Ko*bold*	

Baal

rechts: Stele aus Ugarit (Nachzeichnung)

Die **Baal-Blitz**-Symbolik: *Baal mit dem Feuer-Blitz-Speer* mit dem „Wettergottcharakter Ba'als" [28] bzw. in der Ikonographie des Wettergottes *Ba'al Hadad* als Stier [29] (Nachzeichnung nach ebd. S. 131)

Die Ausprägung zum >Wettergott< (und Donnergott) dürfte im Kontext der patriarchalen metallenen Revolution erfolgt sein.

S. zur *Baal-Blitz*-Symbolik auch → CT 2: T.5.2.1.2 >**Strahl**< ahd. *strāla* >Pfeil, Blitz<

Die Milchstraße → nächste Seite

Die Feuer-Geister; Die Wolken-Geister

Beide Geschichten zeigen, wie anhand verschiedener Gegebenheiten in das ursprüngliche „animistische" Denken eingeführt wird. S. mehr dazu unten (→ 4.1).

Zu *Dusa – Medusa – dösen* und *Tau – taub – Taube - Dampf – Duft* usw. s. S. 349 f..

---

[28]ʻHartmut Gese: Die Religionen Altsyriens, RelMen 10,2, S. 122
[29] Hartmut Gese: Die Religionen Altsyriens, RelMen 10,2, S. 129

Die Milchstraße

>Milchstraße< ist eine gewisse Übernahme aus der griech. My-
thologie, wovon auch **Galaxie** abgeleitet ist (*gála, gálaktos*
>Milch<). Dazu ein Mythos der Ngarinyin-Aborigines:

„*Wallagunda,* da liegt der ausgestreckt
bei den Weißen heißt es *Milchstraße*
wir nennen es *Wallagunda* [30]

Den Kopf hat er im Süden, der *wanjina* [31]
und die Beine im Norden
er liegt über dem ganzen Land
er hält es zusammen wie ein Gürtel
ganz Australien

Die *Milchstraße,* das ist das Wasser
das heißt *Wallagunda*, das Wasser da oben
und *golani,* [32] weil das Wasser dunkel ist
und von da kommt unser Süßwasser
Jahr für Jahr aus dieser Quelle … von da
Regenwasser … von da kommt der Regen
die *Milchstraße* schenkt uns Wasser
das ganze Jahr." [33]

---

[30] **Wallagunda**: „die gesamte Milchstraße, ein Lichtgebilde, das der eigentliche Schöpfer der Erde ist", nach: Jeff Doring, Gwion Gwion, S. 329
[31] **Wanjina**: „abstrakte schöpferische Kraft; in ihr manifest sich das **wungud**
(die Essenz allen Lebens, von der die Erde, das Wasser und der Himmel
durchdrungen sind) als Wirken des höchsten Wesens, das **Wanjina Gulingi**.
Eine Vielzahl von anderen, lokalen **wanjina** sind mit Tieren und Pflanzen
assoziiert und verkörpern sakrale Ahnenwesen, die die Landschaft geformt
haben." Jeff Doring, Gwion Gwion, S. 329
[32] **golani**: „kleine, dunkle Furcht […]; wegen Übereinstimmung in Größe und
Farbe zwischen der Frucht und der menschlichen Pupille eine visuelle Meta-
pher für das allumfassende **Wunan**-Gesetz." Ebd. S. 327
[33] Banggal, in: Jeff Doring, Gwion Gwion, S. 159

Der Begriff des >Milch-Ozeans< stammt aus der hinduistischen Mythologie. Dass dies eigentlich mit der >Milchstraße< und dem Ur-Meer verbunden war, ist eine reine Vermutung von mir. Der Begriff des Ur-Meeres deutet auf einen mythologischen Hintergrund, der entsprechend vieldeutig gebraucht werden kann. Es ist aber insgesamt zu vermuten, dass >Ur-Meer< das „die Welt umgebende Meer" meint, nicht nur in der Fläche, sondern auch in räumlicher Hinsicht, wie es mit der >Milchstraße< zum Ausdruck kommt. Es ist hierbei zu beachten, dass das Wort >Meer< wie etwa frz. *mère* mit >Mutter (Ursprung, Quelle)< identisch sein dürfte. .

Die Ur-Kuh *Ar Go*

„So wird [*in indischen Mythen*] in der Kuh und im Stier das androgyne Urwesen gesehen."[34]

„**Gayomart** war in der alten iranischen Mythologie das Urwesen. Aus seinem Leichnam und dem des Ur-Stieres Geush Urvan soll alles Leben entstanden sein. Nach einer Überlieferung existierte Gayomart 3000 Jahre lang als Geist, bis Ahuramazda, das Prinzip des Gutes, ihn in der zweiten großen Epoche in ein körperliches Wesen verwandelte. Angra Mainyu, das Prinzip des Dunklen, tötete ihn. Alle Teile des Universums sollen aus seinem Körper entstanden sein."[35]

[*Gayomart > **Gaia-Ma?*]

In der chinesischen Mythologie gibt es hier in Parallele das anthropomorphe Ur-Wesen *P'an **Ku***:

„Als er starb, wurde P'an Kus Kopf >eine geheiligte Bergspitze, seine Augen wurden die Sonne und der Mond, sein Fett die Flüsse und die Meere, seine Haupt- und Körperhaare Bäume und andere Gewächse<."[36]

---

[34] Eckard Schleberger: Die indische Götterwelt, S. 177
[35] Rachel Storm: Die Enzyklopädie der östlichen Mythologie, S. 34
[36] Mircea Eliade: Geschichte der religiösen Ideen II, S. 19 f.

# Ur-Kuh = *ori-go* = *aSTier* = *Ur* >Ursprung<:
Io = Aya – *Ei* - *Ur*

Ur	„Auer*ochse*" >STier< [= *STern, UTerus* = >Ursprung],
wr (~ *ur, or*)	altägyptisch (*K**ℵ**-wr) >Rind<
wrt	altägyptisch (mit Feminin-Endung –t) die >göttliche Kuh<
origo	lat. >Ursprung<
archä αρχη	griech. >Anfang; erste Ursache, Urgrund, Prinzip<
arcus	lat. >Bogen, Regenbogen<$^\lambda$ [*wohl auch Mondsichel*]
arca - Argo	mythologisches Schiff, Sternbild $^\lambda$
Argus	der hundertäugige Wächter der *Io* $^\lambda$ [>Argus-Auge<]
arguo	von *argus* >*hell*<$^\lambda$ [>**argumentieren**<]

Io wird von Zeus' Gattin Hera aus Eifersucht in eine Kuh verwandelt und lässt sie von dem („Himmels-) „Riesen" *Argos* bewachen. „Doch Hermes [!] tötet Argos im Auftrag von Zeus und befreit Io." [37]

Zur altägyptischen „Göttin" *Nut* oder *Neith*

„Als Himmelskuh Meheturet gebar sie den Himmel, bevor alles Leben begann." [38]

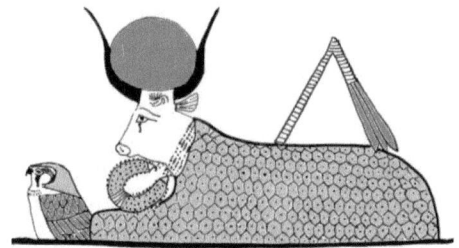

Ägyptisch: auch die >Göttin< *Hathor* wird als Kuh verkörpert. Sie trägt mit ihren **Hörnern** die Sonne. [39] Dabei liegt sie auf dem >Ur-Meer<, was in dieser Nachzeichnung nicht aufgenommen ist.

---

[37] Der Neue Pauly, Band 5, *Io,* Spalte 1053
[38] Rachel Storm: Die Enzyklopädie der östlichen Mythologie, S. 54
[39] Nachzeichnung nach: Rose-Marie & Rainer Hagen, Ägypten, S. 181

Die Bär-Mutter *Mata Bera*

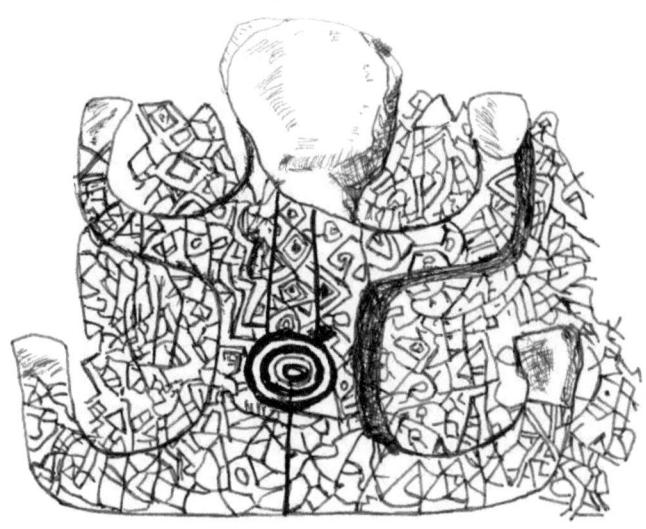

Relief-Plastik aus Çatal Höyük [40]

Die Bären-Symbolik scheint historisch sehr stark überlagert zu sein, so schon in der Betonung der männlichen Form. Ein interessanter Hinweis auf die frühere Bären-Symbolik ergab sich mir in Verbindung mit dem obigen Relief aus Çatal Höyük. Es wurde zusammen mit weiteren Motiven im Gefolge des Archäologen James Mellaart als >gebärende Göttin< gedeutet. Diese Sicht wird aber in Frage gestellt. [41] Brüste und Geschlechtsmerkmale sind hier nicht erfindlich.

Die verschiedenen Hinweise brachten mich auf die Idee, dass es sich hier um eine „Bärin" als eine Mischung der theriomorphen Symbolik in Parallele zu der >Ur-Kuh< und der anthropomorphen Symbolik (wie *Hekate*) um eine Parallele zu der Weltenbaum-Symbolik (mit der Welten-Achse) handeln könnte.

---

[40] Nachzeichnung nach Marija Gimbutas: Die Sprache der Göttin, S. 253
[41] S. dazu in: Klaus Schmidt: Sie bauten die ersten Tempel, S. 54 f.

Anhalte dafür bieten sich mit dem >Devil's Tower< in Wyoming (USA), einer heiligen Felsformation u.a. bei den Lakota-Indianern. [42] Es handelt sich dabei um einen riesigen „Vulkanfelsen, dessen Lava in Längsfurchen abgekühlt ist, weshalb der Felsen aus massiven Säulen zu bestehen scheint. Er erhebt sich mehr als 366 m über dem Tal des Belle Fourche River im Nordosten Wyomings. Alle Stämme dieser Gegend verehren diesen außerordentlichen Felsen: die Kiowa, die Arapaho, die Schoschonen, die Crow, die Cheyenne und die Lakota Sioux." [43]

Die Kiowa-Bezeichnung für dieses Gebilde ist >Baumfels<, die Cheyenne und die Lakota nennen es *Mathó Thípila* >Haus/Heimat/Tipi des Bären<. [44]

>Baumfels< verweist (wie japanisch *yama*) [45] auf die parallele Symbolik von >Weltberg< und >Weltenbaum<. Als Verkörperung des >Weltberges< ist dies das >Haus< des >Bären< - wohl ursprünglich als Parallele der Symbolik von >Mutter Erde<. Als >Baumfels< ist dies mit der Symbolik der >Welten-Achse< verbunden, nämlich mit unserem Sternbild des (Großen und Kleinen) Bären, was mit dem Polar-Stern verbunden ist, vgl. auch frz. *ours* >Regel, Zyklus<.

Dieser >Große Bär< ist im Lateinischen (und wohl insgesamt Älteren) weiblich!

ursa	lat. ♀ >Bär**in**, [*Sternbild*] der Große Bär<
	[beachte die Endung: ♂ *urs**us*** >Bär<]
ours	franz. >Bär<; als Plural: >**Regel, Zyklus**< [φ]
árktos	griech. >Bär< - wie griech. *archē* >Ursprung<!

---

[42] D. M. Jones & B. L. Molynaux: Mythologie der Neuen Welt, S. 10

[43] David M. Jones & Brian L. Molynaux: Die Mythologie der Neuen Welt, *Devil's Tower,* S. 33

[44] Wikipedia Englisch: Devils Tower, 5.6.23, 19:19

[45] Yama (wie in *Fudschijama*): heilige Berge, „die den Himmelspfosten bzw. die Weltachse als >Mitte der Welt< und Zentrum der vier Himmelsrichtungen symbolisieren ([*personifiziert in*] Izanagi und Izanami)."
Harenberg Lexikon der Religionen, *Bergkulte,* S. 834

Dies spricht dafür, dass es sich hier um eine ursprüngliche Form von >Ur(sprung)< handelt und damit (neolithisch) *Bär* - engl. *to bear* – *gebären* entspricht. >Bärmutter< ist die alte Form für >Gebärmutter<. Auf dieses >Mutter< spielt hier *Mata* an, als eine mögliche ältere mesolithische Parallele zu *MaTar* = *MaGa* neolithisch >Mutter Erde<. Interessant ist, dass sich hier bei den Cheyenne und den Lakota *Mathó* >Bär< findet. Dem entspricht „urkeltisch" *matu-*, altirisch *math* >Bär<, wozu es einen keltischen >Bären<-Gott *Matunus* gibt.

Das Relief von Çatal Höyük betont sehr wohl den Bauch, woraus auch die Deutung >schwanger< und der >Göttin< als >Lebens-Geberin< entstand. Dieser Aspekt ist auch in der eiszeitlichen Symbolik der >Mond-Mutter< (mit dem Monats-Zyklus und der 9 = *NoNa* für >neun - Monde< für >schwanger, Mutter< enthalten. Doch im Kern geht es dabei um die Initiations-Symbolik, was wahrscheinlich auch noch in der Symbolik von Çatal Höyük enthalten ist. Die Weltberg-Uterus-Höhle als Ort der Initiation ist in der eiszeitlichen Symbolik der untere Pol der Welten-Achse (gegenüber dem oberen Pol in der >Bärin< bzw. dabei dem Polar-Stern).

Die eiszeitliche Symbolik spricht wohl in der Ursprungs= Schöpfungs-Symbolik viel vom >Anfang<, doch wenn dies tatsächlich zeitlich gedacht wäre, würde dies in ihrer Konsequenz auf das entsprechende >Ende< hinauslaufen. Es ist jedoch ganz entsprechend *aus* für >aus, heraus – aus, Ende< analog zu der Mond-Symbolik typisch für die eiszeitliche Symbolik, dass dies insgesamt **nicht** der Fall ist. Wohl kennt man die Reihung entsprechend 0 Uhr bis 24 Uhr, aber in ihr ist auch 24 Uhr = 0 Uhr: das >Ende als Neubeginn<. Das ist dort möglich, weil dieser Komplex über die Mond-*Symbolik* entwickelt ist. Das **Ne* ist >nein, nicht, Nacht, *nekro* – Tod<, aber auch **ne* = *neu,* exakt wie in dem Mond-Monats-Zyklus. Insofern werden auch Wörter und Symbole für >Ursprung, Geburt< wie für >Ende, Tod< wie als >Schlange< auch für den („Uroborus") >Zyklus< (> *Schleife, Schlaufe*) geschaffen. Doch im Eigentlichen läuft die eiszeitliche (Mond) Symbolik auf die Jugend-Initiation hinaus. Hier ist das >Ende< (nämlich der Kindheit) der eigentliche >Anfang< -

nämlich des nun zu Kultur und Selbst-Steuerung befähigten menschlich erwachsenen Menschen.

Die >Bären<-Symbolik, die die Bezeichnung >Devil's Tower< inspiriert hat, scheint hier das Moment der Drachen-Symbolik (der Initiation) zu verkörpern. Die Tiamat-Mythologie zeigt, dass dieses Moment auch direkt mit dem Motiv von >(Mond=) Mutter Erde< verbunden ist: die >Ur-Mutter< bzw. der >Ur-Vater< ist (in dem Aspekt der *Ganzheits*-Symbolik) auch selbst *die* >(Drachen-) Schlange< bzw. >*der* Drache<, wie das Leben auch Gefahren und Tod beinhaltet. Historisch ist aus dem falschen Verständnis dieser *Symbolik* eine >Herrin **über** Leben und Tod< bzw. eine Göttin für Liebe & Krieg (*Inanna – Ischtar - Astarte – Lilit* [→ S. 308] usw.) mit einem faschistoiden Charakter erwachsen, der auch hinter dem Tiamat-Problem steht. Nur wurde es durch die patriarchale Revolution, wie wir heute sehen, nicht besser, sondern noch ärger. Um nicht zu entsprechenden Missverständnissen zu kommen, ist es von effektiver Bedeutung, die ursprüngliche Symbolik HS sehr exakt zu verstehen.

Das Drachenboot

„[...] zum Beispiel ist Nirach, Enkis Boot, in der glyptischen Kunst und in der Keilschrift ein Drachen in Form eines Schiffes, das >sich aus eigener Kraft, ohne gezogen zu werden, bewegte<." [46]

Für die Aborigines im Arnhem-Land „ist das Reich der Toten eine Insel jenseits des Wassers." [47]

„[...] die Fahrt der Argo ins ferne Kolchis geht auf Schamanendichtung zurück [...]. Die Argo, das älteste aller Schiffe, galt selbst als göttliches Wesen." [48]

---

[46] J. van Dijk, in: Asmussen: Handbuch der Religionsgeschichte I, S. 445
[47] Victoria Ginn: Geister der Erde, S. 144
[48] K. Schefold: Götter- und Heldensagen der Griechen, S. 261 f.

Zu dem dargestellten Felsbild: „Das Bild erzählt von einer Reise der Urgeister in der Epoche der Träume." (Nach: Emmanuel Anati: Höhlenmalerei, S. 394)

Das Motiv des >himmlischen Fährmanns<, der die Toten in den Himmel bringt, ist in etlichen Mythologien bekannt. In der alt-ägyptischen Mythologie heißt er *Mahaf* (Wikipedia ebd.) oder *Jw (Ju)*, [49] vgl. dazu griech. *Io* samt *Argo* **und** *Argus* sowie *Hermes* – hebräisch *chermes* >Sichel<.

Das Sternzeichen-Motiv des >himmlischen *Kanus*< der Alabama (Indianer) entspricht unserem >Großen *Wagen*<, [50] was übrigens auch (nur mit etwas mehr Sternen) mit dem Großen **Bären** verbunden ist.

Ausschnitt vgl. S. 121

arcus >**Bogen**< - *archē* - *Arche* – *Argo* - *Argus* – Vermischung mit der *Sintflut-Mythologie* (vgl. S. 128)   :

naga	indisch >Schlange< (Mond-Schlangen-Symbolik *lu-na*)
Nahe entsprechender Flussname	
Nachen	vgl. dazu *nach – Nacht*
nocher	frz. >Fährmann<
Noach (Noah)	der Name soll hebräisch >Ruhe< bedeuten, [51] was samt Arche gut in diesen Kontext passte
mokol	Delawaren >mit dem Boot< (s. S. 128 mit Mond-Vater0)

[49] Rainer Hannig: Großes Handwörterbuch Ägyptisch-Deutsch, S. 1185
[50] David M. Jones & Brian L. Molyneaux: Die Mythologie der Neuen Welt: *Celestial Canoe*, S. 25
[51] so Wikipedia, *Noach (Noah)*, 9.3.21, 15:55

Die Ur-Schnecke *As Naga*

As Naga spielt hier auf *Schnecke* – engl. *snake* = indisch *naga* >Schlange< an (*Lindwurm* = [*Drachen-*] *Schlangen-Wurm*).

Zu As und *S-:

Ich sehe auch in vielen anderen indogermanischen Wortbildungen mit einem anlautenden S- eine Zusammensetzung mit *As* wie dt. *aus* analog zu *Ur,* vgl. etwa *spring* - (ent)*springen* = *hervor-bringen* – *Brunnen.* Sie findet sich auch in *Schlange* (*La) wie in chin. *long* >Drache< - *Lint (Lindwurm).* Allerdings erklärt sich dt. *aus* selbst nicht auf diese Weise (vgl. engl. *out* – ndl. *uit* – mit T). Es dürfte sich jedoch um eine alte Sprach-Parallele halten, doch scheinen die S-Formen ein Import zu sein (z.B. aus dem Alt-Iranischen; ganz ursprünglich wohl aus dem Nahen Osten).

Interessant in diesem Zusammenhang sind die **Asen** (in den Namen *Oskar, Oswald* usw.), die nach manchen Informationen das einwandernde germanische Göttergeschlecht waren, die gegen die älter ansässigen *Wanen* kämpften. All diese Formen dürften wie *Frö – früh – Fürst – one = eins* ursprünglich wie *de/Deus* >von, Ur(sprung); die Ersten< bedeutet haben, eiszeitlich im Sinne der >Mond/Ur-Mutter/Vater<, mesolithisch im Sinne der halb real verstandenen >Ur- = Stamm-Ahnen< entsprechend >Adam & Eva<.

Das Ur-Ei und der Ur-Wurm *U-Uru*

M. E. ist *ur-* (von dem R her) in Parallele zu *As/aus* eine neolithische Erweiterungsbildung von eiszeitlich *א wie *Au, Ei, Io* für >Ur(sprung)<, d.h. *Ur* ist (in gewisser Weise) gleich *Ei* (ein eiszeitliches Wort- und Sprachspiel), dennoch mit verschiedenen Symbolen verbunden (*Wurm, Wurzel, our – Bär* usw., s. *Uri* S. 305 ff., der >Große Bär< S. 316). *Wurm* könnte sich in dem W wie engl. *double-u* (wie in *one*) durchaus aus einem ursprüng-

lichen *U-Uru* erklären, doch könnte es auch eine einfache Laut-
parallele zur Unterscheidung von *Ur* sein.

Zu Wurm:

Wurm	*Lindwurm,* d.h. Schlangen-Symbolik [= *Lint*]
Wurm, Würm	dt. Flussnamen s. z.B. S. 313 (mehr in CT1, Flussnamen)
wrw (~ *uru*)	altägyptisch (Pluralform) für >große Schlangen<,
wrt (~ *ur.t*)	altägyptisch (Feminin –t) >Königskobra, Uräus<

Der Welt-Berg *Tara Ku*

Zu der Nachzeichnung:

„Hier im Kailas ist das mythische Bild **Merus**, des großen
Berges des Weltalls, verkörpert. Meru steht, in der siebenten
Hölle [*Unterwelt*] wurzelnd und mit dem Gipfel in den höchs-
ten Himmel vorstoßend, im Zentrum der religiösen Kosmo-
graphie Asiens. Er ist die Achse, um die die Gesamtheit der
Schöpfung kreist, der >Weltenpfeiler< und der >Erste aller
Berge<." [52]

In der ursprünglichen Sprach-Symbolik HS ist der >Weltberg<
die >Welt< = z.b. >Mutter Erde< oder aber theriomorph insbesondere die >Ur-Kuh< (= *STier*). Insofern entsprechen sich vielfach die Wörter für >Mutter<, für >Berg< und für >Stier/Kuh<.

Dieser Zusammenhang wird weltweit in Mythologien beschrieben, wobei die ursprüngliche Symbolik HS bei >Mutter Erde<
mit >Berg< und der Jugend-Initiation verbunden ist, die neolithische mit >Acker-Erde< und >Wiedergeburt<, s. z.B.:

---

[52] Russel Johnson & Kerry Moran: Kailash – Der heilige Berg Tibets, S. 9

- bei den sibirischen Tungusen:

„Wenn die Toten in die Erde begraben werden, dann ist die Erde >schwanger<, und sie bereitet sich auf eine neue Geburt vor." [53]

- in Tibet:

„Wie bereits erwähnt, kann die Landschaft als weiblicher Körper betrachtet werden. [...] Felsformationen werden oft als weibliche Fortpflanzungsorgane gesehen. Im Höhlensystem von *Drak Yangdzong* z.B. kann man ohne weiteres das gesamte weibliche Fortpflanzungssystem wahrnehmen. Ja, jede Höhle kann als Schoß betrachtet werden." [54]

- bei den südamerikanischen Kogi:

„Das Land stellt man sich als einen riesigen weiblichen Körper vor, der nährt und schützt, wobei jedes seiner topographischen Merkmale einer in sich geschlossenen Kategorie eines anatomischen Details dieser umfassenden Mutter-Gestalt entspricht." [55]

„Ferner stellt man sich das kosmische Ei als einen göttlichen Uterus, als die Gebärmutter der >Muttergöttin<, vor, und so wird in abnehmendem Grad unsere Erde, die Sierra Nevada und so auch jeder Berg, jedes Haus, jede Höhle, jede Tragtasche und sogar jedes Grab als ein Uterus gedacht." (ebd.)

Die *Taurus*-Gebirge in Anatolien verweisen auf die theriomorphe Welt-Symbolik (griech. *tauros* >Stier<), die entsprechend als >Stier< bzw. >Kuh< (oder *Rind*) auch als Götter-Symbole in Erscheinung treten. Diese Körper-Symbolik (→ S. 91) belegt sich auch in >Rücken< (> *Hundsrück*), >Joch< oder >Hals, Pass< (frz. *col*) sowie *Gipfel = Koppe* (> *Schneekoppe*) = *Kopf.*

---

[53] Helma Marx: Das Buch der Mythen, S. 393
[54] Keith Dowman: Geheimes, heiliges Tibet, S. 66
[55] Gerardo Reichel-Dolmatoff: Das schamanische Universum, S. 133

Ochsenkopf	Gipfel (1023 m) im Fichtelgebirge
Hoher **Ochsenkopf**	Gipfel (1054) im Schwarzwald östlich von Bühl
Farrenkopf	(798 m) bei Haslach im Kinzigtal [Farre >junger Stier<]
Kühkopf	Berg (Naturschutzgebiet) bei Darmstadt
Pferdskopf	663 m Hochtaunus (nördlich vom Großen Feldberg)
Gaulkopf	auch: **Gaulspitze**, Berg 2411m im Zillertal (A)
	usw.

Hierbei dürften *Kopf – Koppe – Haupt – Gipfel* unmittelbare Ableitungen der neolithischen >Mutter Erde<-*Göttin* sein, vgl. griech. *kephalē* >Kopf< - die anatolische Göttin **Kibele** (dt. **Hübel** >Berg< = arabisch *ğebel)* = *Kopf – Haupt* - - die griech. Göttin *Hebe* – anatolisch **Hepat** - ♂ der ägyptische >Erdgott< *Geb* - hebräisch *Chawwah* >Eva< usw.

Muttekopf	Gipfel in den Lechtaler Alpen (2774 m) (A)
Matterhorn	(Horn – Kuh - >Berg<)
Mitterhorn	Gipfel 2506 m der „Loferer Steinberge" nö. Kitzbühel (A)
Frauenkopf	Berg im Osten Stuttgarts

Ama – **Mutter** erscheinen in:

Ama Dablam	>Mutter's Amulettbüchse<, Berg 6856 m südl. von vom Mount Everest [56] [*Ama* für >Mutter<]
Ammer-	gebirge; bei Oberammergau (Bayern) mit Fluss Ammer
Ohm	-Gebirge bei Duderstadt – Worbis mit Gipfel 533 m
*Sagar*matha	für den Mount Everest in Nepal, [57]
	Sagarmathaji „die >Muttergöttin der Erde< [58]

MaMa

Moma- Gebirge, jakutisch *Muoma sihe,* sibir. Hochgebirge bis 2533 m
(auch *Mammut* dort von >*Mutter Erde*<)

---

[56] David Breashears: Bis zum Äußersten, S. 142
[57] David Breashears: Bis zum Äußersten. S. 138
[58] Heidi Howkins: Herausforderung K 2, S. 211

MaGa	>Mutter Erde<
Makay	Gebirgsregion im Inneren Madagaskars (usw.)

MaTar	**Ma Tara/terra >Mutter (Erde)<**
Matter_horn_	Alpen; vgl. dänisch _horn_ auch >Bergspitze<
Matra	Berg/Gebirge 1015 m nordöstlich bei Budapest (Ungarn)
Madara	Berg in der Gegend von Israel
Mandara	indischer Weltenberg [59]
Mindra	Gipfel in den Süd-Karpaten (2529 m) sw. Sibiu (Rum.)

Mer	**>Mutter<** wie frz. _mère_, dän. _mor_ (- **Moor)**
(Su-) Meru	der >Weltberg< in der indischen Mythologie
mr mer	altägyptische für die Pyramiden [60]
_p'mr_	ägyptisch >Grab, Pyramide<
Pamir	- Gebirge

Mera	Berg im Everest-Gebiet, Indien, s. des Everest, 6437 m
Meru	Berg 4565 m in der Nähe des Kilimandscharo (Afrika)
Ğebel **Marru**	höchster Gipfel 3024 m in Darfur, Sudan (_Ğhebel Berg_)

usw. S. mehr in **CT1: Bergnamen**

Bei _Tauros/STier – Kuh_ (vgl. S. 91 f.) dürfte es sich um die gleiche Parallele handeln wie _MaTa/r (terra) – MaGa – Gaia,_ sumerisch _ki_ >Erde<.

Kuh für >Berg< (vgl. S. 200) findet sich im iranischen Kontext:

Kuh-i-**Baba**	Gebirgszug in Afghanistan mit Gipfel 5143 m
Sefid **Kuh**	Gebirgszug im Afghanistan (w _Kuh-i-Baba_)
Kuh-i-Dinar	ein Gipfel im Zagros-Gebirge, Iran (4276 m)
Sardeli-**Kuh**	ein Gipfel im Zagros-Gebirge, Iran (4547m)
Kuhrud-	Gebirge im Iran s. Teheran mit Gipfel 4075 m

usw., bei uns redupliziert (*KuKu) in **Höhe, Hügel**

---

[59] Eckard Schleberger: Die indische Götterwelt, S. 173 f.
[60] _Mer_ nach: Harald Braem: Die Geheimnisse der Pyramiden, S. 106; _mr_ nach: EWD: Pyramide

324

Bei *Tara/tor* dürfte es sich von dem R her um eine neolithische Erweiterung von *ta >(Mutter) Erde< handeln.

Mandara	ein indisches Wort für >den Weltberg< (s.o.)
Tartaros	griech: die mythologische >Unterwelt<
	(vgl. griech. *entara* >Eingeweide< [- **Darm**]

Dara	Berg 2256 m in Tanganjika (Afrika)
Tarat	3000 m-Gipfel des Ahaggar-Gebirges im Süden Algeriens
Taurus	Namen von Gebirgen in der Türkei
Tauern	hohe Gebirgszüge in Österreich
Tauerberg	1864 m (bei Reutte, Österreich, nicht Teil der Tauern)
Mt. **Terri**	Gipfel (1000m) im Schweizer Jura
Guma **Terara**	4.231 m in Äthiopien [s. Wikipedia: *Äthiopien*]
Mt. **Dore**	höchster Gipfel (1886 m) der französischen Mittelgebirge
Monte **Toro**	höchster Berg auf Menorca (Balearen) 357 m

Osch**toran** Kuh   höchster Gipfel in Luristan (Iran) 4050 m   [> STier-Kuh]

umgekehrte Zusammensetzung:
Gorski **Kotar**   Gebiet in Kroatien, östlich von Triest

usw. S. mehr in CT I: Bergnamen

Ich sehe *DraCa – Drache* als eine solche Zusammensetzung aus *Tara/terra + Ko/Kuh*.

Der Weltenbaum *Tara Tri*

Das *Tara* in >Tara Tri< erklärt sich nicht nur als >Welt< in >Weltenbaum<. Von der therio- und anthropomorphen Symbolik des >Weltenbaum< (S. 91) versteht sich, dass *tara* ein Name für *Göttinnen* ist, als *Ma Tara* (= *terra* als Parallele zu *Ma Ga* >Mutter Erde<) in *MaTar* >Mutter< sowie in (*S)Tier* steckt. Es steht auch für >Baum< - vgl. älter dt. *Teer* = engl. *tree* –, sodass *Tara* und *tree* von der gleichen Wortwurzel ausgehen (s. auch die Stamm-Symbolik).

Doch erhalten wir hier weitere Hinweise. Entsprechend der Weltenbaum= Welt-Achsen-Symbolik ergibt sich die Reihung *tri –* engl. *tree* >Baum< - - **drei – drehen**. Die *Drei* ergibt sich aus den drei Ebenen der Welt mit >Unter-Welt – Mittel-Welt – Ober-Welt< s. S. 95)

turu	>Schamanenbaum< bei sibirischen Ewenken [61]
toro	der „dreifache Opferbaum" der sibirischen Nanai
tàru	hethitisch >Baum<
tree	engl. >Baum< =
Teer	dt. (veraltet) >Baum<, davon *Teer* als >Baumpech<
*dén**dron***	griech. >Baum< $^\Gamma$ [vgl. ***Tannen**baum – Stamm*]
dóry	griech. >Baumstamm, Balken; Stange, Speer< $^\Gamma$
drys	griech. >Waldbaum, insb. Eiche; Holz< $^\Gamma$
Dryás	griech. >Dryade, Baumnymphe< $^\Gamma$
Asch*toret*	hebräische Stamm-Baum- oder >Pfahl-Gottheit< (m.E. = *Astar/te* = *Ischtar* = *Ostern*; *Asch*= *Ur*, Ase)

Dies steckt auch als Element in den Baumnamen ***Flieder, Rüster, Holunder*** und ***Wachholder*** (Duden 7: Teer).

<u>Zu ***Pow – power*** vergleiche z.B.:</u>

bo	tibetisch >Schamane< in *Tujen-bo, Bon-po* oder *Bön-po* [62]
bö	bei den sibirischen Tungusen für >Schamane<
böö	die (mongolischen) Burjaten für >Schamane< [63]
payé	am Amazonas für (>Macht, Power< und) >Schamane< [64]
powwow	bei den nordamerikanischen *Narragansett* als >Macht< für >Medizinmann< oder >Schamane< [65]

---

[61] s. Mihály Hoppál: Schamanen, S. 160; vgl. Findeisen/Gehrts: Die Schamanen, S. 113
[62] Christian Rätsch: Die Steine der Schamanen, S. 113, S. 68
[63] Mihály Hoppál: Schamanen und Schamanismus, S. 13, S. 78, mit einer Abbildung S. 80 f.
[64] Piers Vitebsky: Schamanismus, S. 23
[65] in: Göran Burenholt: Illustrierte Geschichte der Menschheit V, S. 190

Gegen die konventionelle etymologische Deutung von **Auer-hahn,** die trotz ihrer Verweise auf *urhuon >Auerhuhn<* und vor allem altnordisch *orri,* schwed. *orre* >Birk**huhn**< das weibliche Moment völlig außer Acht lässt, dürfte sich dieses *Auer-* (ebenso wie in *Auerochse*) vielmehr als >Ur< erklären: als das >Urhuhn<, das das >Ur-Ei< legte, aus dem die >Welt< entstand. *Ur* und *Ei* dürften ursprünglich auch dasselbe Wort gewesen sein (S. 326). Das bedeutet: das **Uru (orri) - Urhuhn,* das das **Uru* (**א*) >Ur-Ei< legte, entschlüpfte seinerseits dem **Uru* >Ur-Ei<. Dieser Sachverhalt ist absolut charakteristisch für die ursprachliche Symbolik HS. Die *logischen* Widersprüche machen das Kind mit der Zeit darauf aufmerksam, dass es hier um nichts als *Bilder* und *Geschichten*: um *Sprache* geht: am >Anfang< war der >Ursprung<. *Ei* **ist** *orri - *uru -* >Ur<. *-Huhn* und *–Ei* sind erläuternde *Zusätze* und spätere Unterscheidungen.

In der älteren Symbolik deutet *orri – Auer* auf den etymologisch unter >Auerhahn< nicht bedachten Zusammenhang zu *Aurora* als der >Morgen-Dämmerung< - allesamt Ursprungs-Symbole. Hier ergibt sich auch ein Bezug zu dem Auer*hahn,* nämlich über dessen Färbung und seine *Balz* in der Morgendämmerung. Ein Hinweis auf den mythologischen Hintergrund findet sich darin, dass man den Auer*hahn* auch mit dem >Teufel< in Verbindung brachte. [66] Ursprünglich ist dieser Komplex jedoch mit der Initiations-Symbolik verbunden, was bei der *Balz* durchaus nahe läge (vgl. auch *Ball = Ei* s.u.).

Ori – Ur - air – Vogel – Himmel - Ursprung

ornis griech. >Vogel, speziell: Huhn, Henne< [> **Ornithologie**]
                 vermutlich ursprünglich gleiche Bildung wie griech.
           uranos >Himmel< vgl. griech. *aér* = engl. *air*
                 >Luft, Luftreich, Himmel<, **dazu**:
orre   schwed. >Birk**huhn**< (s.o.)

---

[66] s. z.B. Wikipedia: *Auerhuhn.* Sonstiges. 7.3.21, 7:43

Aar	ursprünglich (über Edel-Aar zu) >**Adler**<
orfraie	frz. >Seeadler< ^φ
wr (~ *ur*)	altägyptisch >Schwalbe<

- ℵ - *Ei* – *Uhu* – altägyptisch ℵ (~ A) >**Geier**<

- *Ku* - *KuKu* – **Kugel** = Ei – Küken – kucken/Auge; engl. *cock*,
   Gockel – **Häher** - **Höhe**< für >fliegen, Himmel<, vgl.

kojka	sibirisch Nganassanen >Mutter<, *djalü*~ die >Sonnen-Mutter<
	s. mehr → S. 200

kojka	Wald-Nenzisch (sibirisch) >Vogel<
kuku	Suaheli (afrik.) >Huhn<
kākas	altindisch >Krähe<
kaku	Orotschen (sibirisches Mandschu-Volk) =
Kuckuck	
Kaka	ein Nestorpapagei - *Kakadu, Kakapo*
kiki (-dīvi-ḥ)	altindisch >blauer Holzhäher< (Duden 7: >>
Häher	

Zu der >**Vogel-Mensch**<-Symbolik: Ich hatte schon zitiert: „In manchen Zusammenhängen wird die >Mutter< als ein riesiger schwarzer Vogel betrachtet, der das kosmische Ei legte." (→ S. 105). Es spricht einiges dafür, dass hier ursprünglich die *Eule* eine große Rolle (als Parallele zur Mond-Symbolik) eine größere Rolle spielte. *Makemake* klingt nach einer reduplizierten Bildung von (griech.) *Ma Ga* >Mutter Erde< an. Wie dt. *Aar = Adler* andeutet, belegt sich verbreitet eine Adler-Symbolik (die mir jedoch in Teilen erst patriarchal [*Raubvogel*] erscheint):

„Was für Ägypten der Falke, ist für zahllose andere Kulturen (die von den Naturvölkern bis zu den Hochkulturen reichen), der *Adler*. Als König der Lüfte, der den obersten Luftraum beherrscht, ist er nicht nur der Königsvogel par excellence, sondern der Repräsentant des höchsten Göttes oder sogar dieser selbst." [67]

---

[67] Gerhold Becker: Die Ursymbole in den Religionen, S. 195

Stufe 2

Die Geschichte von der großen Kosmischen Spinne

(Teil 1 zu Die Spinnenmutter *Nana Ba*)

Als Ausgang für >Spinne< sehe ich *BaNa als eine Zusammensetzung von eiszeitlich *Ba – aba - BaBa* + *Na* wie *anna – NaNa.*

Von Letzterem abgeleitet sind *anna* = *an (eng)* = *nah*, vgl. polnisch *na* >an<, Suaheli *na* >und, mit< (- *Mutter – mehren* entsprechend dt. *auch*). Mit *nah* stehen viele Bildungen zu *nähen* (>nah machen; verknüpfen<) in Verbindung (u.a. *Naht*, ^{K}*noten, knüpfen, nesteln – Nessel – Netz; Nut, nieten;* beachte auch lat. *neō* >spinnen; sticken< und *Nerv* mit R wie in engl. *near* >nah< und weiter *nähren,* usw. S. mehr → S. 335

Das Weihnachtsfest

Das Weihnachtsfest, das skandinavische *Jul*-Fest, geht auf eine alte vorchristliche Tradition zurück. Es war „das einzige Fest, das gemeingermanisch zu sein scheint [...]".[68]

„Diese uns jetzt sehr heilige Nacht nannten sie in der Volkssprache *modra nect,* d.h. die Nacht der Mütter.<" [69]

Ich sehe hier Zusammenhänge von *Jul – Eule – Holle – holy – heilig.* Zum einen wird *Jul* aus altnordisch *hiol, jol* >Rad< =

---

[68] Lennart Ejerfeldt: Germanische Religion, in: Asmussen & Læssøe: Handbuch der Religionsgeschichte I, S. 327
[69] Åke V. Ström: Germanische Religion, RelMen 19/1, S. 107

Sonnensymbol erklärt. [70] Ich vermute hier auch einen Zusammenhang von *Holle* zu griech. *holos* >ganz< und gleichbedeutend der germ. Göttin *Hēl* (= *heil* >ganz<). Das ursprünglich nächtliche *Jul*-Fest markiert den tiefsten Stand der Sonne im Jahreszyklus und somit das Ende und den Anfang des Jahres (lat. *annus* [**ana*], **Jahr** = dänisch *aar* [heute *år* geschrieben] - *aar* = Adler = Sonnen-Symbol).

Zum anderen findet sich *ʲuli* in einiger Ausdehnung im Zusammenhang mit der >Ur-Mutter<-Symbolik, so in Sibirien:

> „Bei jenen Stämmen, in denen die *dzuli* weiblich sind, stellen diese >Idole< die mystische Ahnmutter dar, aus der der ganze Stamm hervorgegangen ist [...].“ [71]

Beachte hier auch die Kult-Baum-Symbolik der (>immergrünen<) *Tanne*. Alte Kultstätten wie u.a. Stonehenge (GB) sind auf die **Winter**-Sonnenwende hin ausgerichtet. Dies entspricht der Mond-Symbolik, nur auf das Jahr bezogen.

Mit *As Tara* verknüpft sich ebenfalls eine umfassende Symbolik (zu *As* → 320, *Tara* → 325). In direkter Form handelt es sich hier um *as-tar* = engl. *star* = dt. *Stern*. Vom Ursprünglichen her ist dieses *As* wieder entsprechend dt. *aus* für >aus, Ende - - aus, heraus = Ur< zu verstehen – entsprechend findet sich eine Symbolik als >Abend<- und als >Morgenstern< (*Venus*).

AsTar sehe ich etymologisch als Parallele zu *MaTar* als eine Zusammensetzung mit *As*- wie in *STier* in Parallele zu *Ur-Kuh* für >Ur(sprung<. Beachte hier auch in Bezug auf die erste Silbe *Io, Eos = Usas = Aurora*. Im Alten Indien: „In poetischen Hymnen wird die Morgenröte (Usas = Eos, Aurora) gepriesen.“ [72] Damit zusammengesetzt findet sich *Ostara, Eastre* oder *Eostra* als an-

---

[70] Alfred Bertholet & Kurt Goldammer: Wörterbuch der Religionen
[71] Mircea Eliade: Geschichte der religiösen Ideen I, S. 30
[72] Friedrich Heiler: Erscheinungsform und Wesen der Religion, RelMen Band I, S. 53

gelsächsische Göttin, [73] woher unser Wort >**Ostern**< stammt. Dies entspricht von der Form her dem Namen der mesopotamischen Göttin *Ischtar* (und *Astar/te,* hebräisch auch *Aschtoret*) [vgl. → S. 326], was auch mit (der Symbolik) *Stern* verbunden ist (> *Astro/nomie*). *Stern* ist in der sumerischen Schrift das Zeichen für eine >Gottheit<. Wir kennen auch heute noch *Stern* als Zeichen für den Tag der Geburt.

Der Schnee

Ich habe hier für >Mutter< und in den Namen Formen der eiszeitlichen Lautwurzel *Λ bzw. frühgeschichtlichen Wurzel *L ausgewählt. Diese Wurzel ist im Kontext von *Eule – Lilit* (auch *SchLange*) in unserem Wortbestand aufgrund deren Verpönung stark verfallen, hat aber ursprünglich eine nicht minder wichtige Rolle gespielt. Die Wortbildungen >alle< und >alt< (ursprünglich ein Positivum), >Eltern< usw. belegen das noch, und auch in den Flussnamen sind diese Formen auch bei uns noch gut vertreten (*Olle, Aller, Iller, Lech* usw.). Aufgrund des älteren Schriftbestandes sind diese Formen auch im Kontext von >Gottheit< noch gut vertreten, so neben *LiLi* auch hebräisch *el* >Gott<, arabisch *Allah* usw.

il	sumerisch >hoch sein<
elu(m)	akkadisch (semitisch) >hoch<
El אֵל	hebräisch für >Gott<; >Mächtiger<; >Baum, Pfeiler<
Il-Il	wird als *Il-Lil* im Sumerischen zu (Gott) *Enlil*

s. mehr → CT 2a: L.1.3

Dt. *Schnee* ist eine mit S- erweitere Formbildung, vgl. lat. *nivere* = griech. *nipho, neípho* >schneien<, kymrisch *nyf* >Schnee<. Diese Formen sind verbreitet mit >**Wasser**< (vgl. z.B. in den indianischen Algonkin-Sprachen Ojibwa *nibi*, Abenaki *nebi* usw.; lat. *Nava* für die *Nahe, nāvis* >Schiff< [> **navigieren**], Suaheli (afrik.) -*nawa* >waschen (Hände)<) sowie mit **Nebel** ver-

---

[73] Hans-Peter Hasenfratz: Die religiöse Welt der Germanen, S. 109. Diese *Annahme* wird heute wegen Quellenproblemen angezweifelt.

bunden. S. zu dem Bedeutungskomplex das entsprechende griech. *néphélē* >Wolke, Nebel; Dunkel, Finsternis; Todesdunkel, Umnachtung<. Dies alles sind samt **Nabe** (Weltenbaum) – **Nabel** usw. Ableitungen von der *Mond-Mutter*-Symbolik. S. dazu mehr in *Cûl Tura* 2a: N.2.1 ff.

Von hierher ergibt sich der Bezug zu *Eule – Jul - Frau Holle* (vgl. die Geschichte von Stufe 1a → S. 134) und *Weihnachten* → S. 329 f., zu *Eule – Jul* S. 301 ff..

Der Oster-Hase

Ich sehe den ursprünglichen Hintergrund des Motivs des >Osterhasen< hier im Zusammenhang mit der Mond-Symbolik. Statt dem Mond-Gesicht lässt sich auf dem Mond auch ein Hase sehen, wie es in der indianischen Mythologie eine Rolle spielt. Ostern ist auch immer noch bei uns der erste Vollmond im Frühjahr (nur bei uns an dem folgenden Sonntag), daher zeitlich wechselnd. *Kaninchen* könnte sich etymologisch aus *Ka Nini* (*nine – nona* 9 – *Nana/Mond*) erklären, was aber bislang nicht zu sichern ist.

Nanna Bo spielt auf *NaNa* für >Mond; Mutter/Vater< und *Nanabuc* (*Nanabusch*) >das große Kaninchen< an (s. S. 128), bei dem es sich in der Parallele zur >Mondfrau< *Manitodasin* um den mythologischen Mond= Ur-Vater handeln dürfte.

Mama – Nana – Mana/Manu
*MaNa – *Mond* – *mein* – *Minne* (älter für >Liebe<) – *meinen* – engl. *mind* (Geist – Bewusstsein – Kultur) sowie *man* – *Mensch* – engl. *many* = *Menge* – (lat. *Manen*) - *Mani* = Ur*A*hni (UrMuttervater – Himmel; Ur-Ahnen – die Verstorbenen).

Leider lassen sich diese Sprachspiele im Deutschen nicht direkt nachahmen, aber sie sind noch gut erkennbar.

Die Geschichte des Ur-Wurms *U-Uru*

Weiterentwicklung der >Geschichte der Ur-Schnecke *As Naga*<
der Stufe 1b s. S. xx. Zu den **Flussnamen** s. die Beispiele S. 307
(zu Uri – Drache)

Die Geschichte vom Ur-Knall

Die >Geschichte vom Ur-Knall< ist eine Ausdeutung des Motivs des >Ur-Eies<, aus dem die Welt entstanden ist.

> „Schöpfungsmythen, in denen ein kosmisches Ei der Ur-
> sprung der Welt ist, findet man auf allen fünf Kontinenten
> [....]."[74]

S. zu *Ei* mehr → S. 86. S. hier zu dem **Ent-Springen** und der
Ei-Schale:

Tibet: „Am Anfang war ein großes Vogelei, in ihm waren die
Kräfte des Lebens. Diese Kräfte sprengen die Schale, sie bra-
chen aus dem Ei hervor, und es entstand der erste Mensch
Yesmon. Er hatte die Gestalt eines heiligen Vogels und breitete
die Menschen über das ganze Land aus. Wie Samen trug er sie
in die verschiedenen Richtungen des Himmels."[75]

Polynesien: Tiki, die „sagenhafte Gestalt halb menschlicher,
halb göttlicher Herkunft, um die sich viele *Mythen* in *Polynesien*
ranken. Einer Überlieferung zufolge entschlüpfte Tiki dem Ei
des Urvogels, der über das Urmeer flog. Aus Tiki wiederum entstand das erste Kanu, in dem Menschen beiderlei Geschlechts
saßen. Tiki gilt auch als Synonym für die ersten Menschen."[76]

---

[74] Shahrukh Husain: Die Göttin, S. 52
[75] Helma Marx: Das Buch der Mythen, S. 409
[76] Harenberg Lexikon der Religionen, S. 951

„**Weltei**, nach der Überlieferung der Ursprung, aus dem *Tangaroa*, einer der mächtigsten *Götter* Polynesiens, schlüpfte. Der Himmel gilt als oberer Rand des Eis, die Erde mit den Menschen und Tieren als unterer Rand." (>ebd.)

Indien: „Nach einem anderen Mythos entstand aus der ewigen Ursache ein goldener Embryo (hiranyagarbha) bzw. ein kosmisches Ei (anda), das auf der Oberfläche der Urwasser schwamm. [...]. Das Ei zersprang in zwei Hälften. Die goldene obere Hälfte wurde der Himmel, die silberne untere Hälfte die Erde. Aus der äußeren Haut entstanden die Gebirge, aus der inneren Wolken und Nebel. Die Adern wurden zu Flüssen; aus der inneren Flüssigkeit des Eis entwickelten sich die Ozeane." [77]

China: „Der Mythos von Pangus Geburt berichtet, dass zu Anbeginn der Zeit nur das Chaos existierte. Das Urchaos nahm die Form eines Eies an, in dessen Innerem Pangu heranwuchs. Das Wesen schlief und wuchs in seinem Ei 18000 Jahre lang, bis es endlich erwachte und sich zu strecken begann. Der leichte Teil des Eis, der ganz vom Yang durchdrungen war, erhob sich und wurde zum Himmel. Der schwere Teil, der vom Yin geprägt war, sank hinab und wurde zur Erde." [78]

S. die Geschichte zum >Ur-Knall< (S. 176; 182). Als Parallele zu dem Motiv der >Ur-Kuh< s. auch S. 143.

Sibirien: „Am Anfang war ein riesiges Vogelei, es war in zwei Teile geteilt. Der obere Teil bildete den Himmel, der untere Teil war die Erde. Beide Teile sind in Bewegung und stoßen aufeinander. Dadurch entstehen die kalten Winde und die Stürme, die durch die Steppe ziehen." [79]

---

[77] Harenberg Lexikon der Religionen, S. 560
[78] Rachel Storm: Die Enzyklopädie der östlichen Mythologie, S. 220 f.
[79] Helma Marx: Das Buch der Mythen, S. 384

Die Spinnen-Frau *Nana Ba*

Der Ursprung des Motivs der >Spinnen-Frau< oder >Großmutter Spinne< bleibt etwas unklar. Die Spinnen-Symbolik hat im Kontext der mesolithischen Stämme= *Bund*-Bildungen Karriere gemacht (*BaNa - *binden – Verbindung, Bund – Bündnis, Ehe-Bund* usw.) und ist auch schon in Göbekli Tepe dokumentiert (s. z.b. die Abbildung bei der Erzählung). Es könnte in dieser Form erst eine historische Symbolik sein.

Doch von der inneren Logik her dürfte dieses Motiv schon einen eiszeitlichen Ursprung haben. Dazu:

Gilbert-Inseln, Mikronesien:
„[...] Dabei half ihm der große Geist *Naro*, der in der Gestalt einer Spinne auftrat. Er schwebte in einer Wolke und brachte den Menschen viele nützliche Dinge für das Überleben. Vom großen Himmelsfeuer fing er einige Sonnenstrahlen ein und brachte sie den Menschen."[80]

Die afrikanischen Aschanti kennen eine „göttliche Spinne" *Anansi* oder *Ananse* [**AnAnTi* = **DiAna*]:

„So wob sie mit einem langen Faden den Körper der ersten Menschen."[81]

Die nordamerikanische Mythologie kennt die „Spinnenfrau". Sie „ist ein Geistwesen, das in vielen oralen Traditionen auftaucht."[82] Dabei ist auch die Rede von „Großmutter Spinne" (ebd.), vgl. dazu auch nganasanisch (Sibirien) *imi* >Großmutter< - *imi*- >Spinne<.

---

[80] Helma Marx: Das Buch der Mythen, S. 548
[81] Helma Marx: Das Buch der Mythen, S. 438
[82] D M. Jones & B. L. Molynaux: Die Mythologie der Neuen Welt, S. 70

Die Große Spinne von Nazca, Peru, Scharrzeichnung im Wüstenboden, ca. 40 m lang. [83]

S. Fotos und mehr bei: Wikipedia: Nazca-Linien (23.03.21, 12:55)

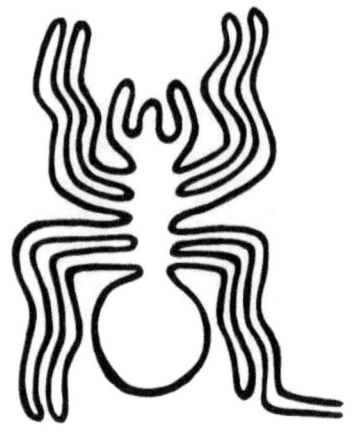

Als Ausgang für >Spinne< sehe ich aufgrund der parallelen Bildungen *TaNa und *LaNa mit den typisch mesolithischen Bedeutungen >Stamm, Verbindung, Lineage, Stammesgebiet< Mebuntu *BaNa als eine Zusammensetzung von eiszeitlich *Ba – aba - BaBa + *N wie anna – NaNa.

Von Letzterem abgeleitet sind anna = an (eng) = nah, davon wiederum nähen (>nah machen; verknüpfen<) in Verbindung (u.a. Naht, [K]noten, knüpfen, nesteln – Nessel – Netz; Nut, nieten; beachte auch lat. neō >spinnen; sticken< und Nerv mit R wie in engl. near >nah< und weiter nähren, usw.

Zu *BaNa – Band – Bund – binden – Spinne:

pień	polnisch >Stamm< [II]
Biene	= **Imme** >Volk< (s. *Ameise* → S. 337)
bindar	nganasanisch (Sibirien) >Linie<
penus, Pl. *penātēs*	lat. die **Penaten** >Schutzgötter der Familie und des Staates<

---

ben	hebräisch = arabisch *bin* (*ibn*) >Sohn<,
bene	Negidal (tungusisch) >Schwiegertochter
bùndzi	Kogi (Kolumbien) >Tochter< [84]
spene	schwed. >**Zitze**< = ndl. *speen,* in **Span**ferkel

pone	Ainu (Ureinwohner Japans) >Knochen<
bone	engl. >Knochen<

Bein – Gebein - - Bann

Spinne, spinnen, Spindel

pìnti	lit. >flechten< (EWD, *spinnen*)
Binse	
pannus	lat. >Tuch, Lappen<

(s. mehr CT 2b: B.4.1.1)

Der Ur-Drachen-Vogel *Ari Vulu*

Ur – *air* - *aar* (>> Edel-Aar >>) Adler

Vgl. dazu das Motiv des >Ur-Vogels *Ulu Vulu*< und die >Geschichte vom Ur-Huhn< auf Stufe 1b sowie ebenfalls auf Stufe 2 die >Geschichte von dem Drachen-Vogel *Tarko Ulu*<. S. dazu dort auch die jeweiligen Erläuterungen.

Die Geschichte der Ameisen

Ich halte die Etymologie von *Ameise* für eine Parallele zu *Imme* >Biene<, älter jedoch >Bienen-Volk<, vermutlich ursprünglich schlichtweg >Art, Volk<, vgl. etwa *umma* hebräisch >Stamm, Geschlecht<, arabisch >Volk, Gemeinde<, Quiche-Maya *amaq'* >Volk<.

Als Ausgangsform erscheint *ama – Mama* in Parallele zu *anna – Nana* in der Ausgangsbedeutung >(Mond-) Mutter<, woraus

---

[84] Gerardo Reichel-Dolmatoff: Das schamanische Universum, S. 85

auch in weltweiter Verbreitung die Personalpronomen sowie Wörter für >Mensch< (*MaNa* > *Mond, man/che, Mensch, Menge, Minne* – *mind*) und Stammesnamen geworden sind, vgl. *Ainu* (Japan) >Mensch<, *Innu* (Nordamerika), *Inuit* = *Eskimo, Nanai, Nenzen* (Sibirien). Interessant ist hier auch nganasanisch (Sibirien) *imi* >Großmutter< - *imi-* >Spinne< (vgl. die >Spinnenfrau< S. xx). Dass *Ameise* sich tatsächlich von *Ama* wohl als >Volk< von >Mutter< ausgeht, bestärkt sich durch die Parallele niederdeutsch *Miere* >Ameise<, vgl. dazu dän. *mor* – frz. *mère* >Mutter<.

Die Geschichte der Welt-Ur-Schlange *Anga As Langa*

As Langa = *Schlange; as* (wie *aus*) für >Ur<, s. → S. 320

Auch **anga* findet sich für >Schlange<. Ich halte dies für eine historische Bildung aus *N + *Γℵ (z.B. *ga*), was damit *NaGa* indisch = engl. *snake* >Schlange< entspräche. Die Unterscheidung erklärte sich etwa von der Aussprache her oder auch einer Bedeutungsunterscheidung, was durchaus auch in kulturellen Disflikten begründet sein kann.

Die Form findet sich u.a. in *NGA* „bei den samojedischen Jurak Sibiriens als Herr der Hölle und des Todes" [85] Dabei dürfte es sich ursprünglich um die *Mond-Mutter*-Symbolik gehandelt haben, s. chinesisch *Heng*-**ngo** >Mutter der Monde (12 Monde), Mondgöttin<. [86] Als Mischform in Parallele zu der neolithischen anatolischen MaGa >Mutter Erde< erscheint chinesisch *Nu Gua* >Göttin, die die Menschen formte, halb Mensch, halb Schlange/Drache<. [87] (*Nu* >Frau< wie bei >Frau Holle<). Vgl. dazu den sumerischen Gott *EnKi* wörtlich >Herr der Erde<, weiblich *NinKi* (*En* >Herr< bei Göttern und den ursprünglichen Priesterherrschern). Dazu:

---

[85] Rachel Storm: Die Enzyklopädie der östlichen Mythologie, S. 216
[86] Helma Marx: Das Buch der Mythen, S. 329
[87] Rachel Storm: Enzyklopädie der östlichen Mythologie, S. 218

338

Nungui	die „Erdgöttin und die Schutzgöttin der Erde" der südamerikanischen Jiraro-Stämmen, die den Menschen die Maniokknollen schenkte [88]
Ngai	„Himmelsgott" der afrikanischen Massai [89]
Nangai	Gott der afrikanischen Mutwa-Stämme [90]

Diese Formbildung ist auch für >**Mensch**< oder als **Stammes-Name** verbreitet:

Ya-eng-nga	die Jarawa auf den Andamanen (Wikipedia: Jarawa)
enchu	Sachalin-Ainu-Wort für >Mensch< [91]
Onge	eine Gruppe der Negrito-Völker auf den Andamanen
Angeln	germ. Stamm: Angelsachsen > England
-inga-, -unga-	germ. Morphem, das die **Zugehörigkeit** ausdrückt (s. dazu EWD, *-lings*)

Für >Schlange<:

angis	litauisch =
anguis	lat. >Schlange; (als Sternbild) Drache, Schlange< $^\lambda$
Illujanka	hethitisch >Drache, Schlange<, in der hethitischen Mythologie die Verkörperung des Negativen [92]
ogonek	polnisch >Schwänzchen; Schlange<
Unke	ursprünglich >Schlange<, dann >Kröte<

Warum Mutter *MaNa* Jungen und Mädchen wollte

Diese Geschichte hat nicht die Funktion, Geschlechtsrollen und Sexismus zu propagieren, sondern entsprechend der humanevolutionären Entwicklung eine Würdigung der Persönlichkeit und Identität jeder Person von klein auf an (ungeachtet einer Leistungsfähigkeit usw.).

---

[88] Helma Marx: Das Buch der Mythen, S. 531
[89] Helma Marx: Das Buch der Mythen, S. 422
[90] Helma Marx: Das Buch der Mythen, S. 468
[91] Josef Kreiner & Hans-Dieter Ölschleger: Ainu, S. 28, S. 11
[92] Mircea Eliade: Geschichte der religiösen Ideen I, S. 139

Der Drachen-Vogel *Tarko Ulu*

Tarko Anspielung auf *DraCo – Drache - - stark, Storch;* engl. *drake* = *En*terich (*En* – lat. *anas* wohl verbunden mit *An*, *Di-Ana* - *UrA^{h}n^{os}* >Himmel, Geist, Bewusstsein<.

Zu *Ulu* und der Eulen-Symbolik s. → S. 301. Ich vermute, dass die >Eule< ursprünglich nicht nur als >Totenvogel< (der die To- ten in den Himmel fliegt) fungiert hat, sondern als Verkörperung der >Mond-Mutter< auch die „Kinder auf die Welt" brachte. Von der späteren Dämonisierung blieb der *Eule* jedoch nur der negative Aspekt.

Eine kunstgewerbliche Drachen-Darstellung (mittelalterliche Form)

Stufe 3

Zu dem Weltenbaum *As Tara Tri*

Diese Erzählung illustriert, wie nun auf Stufe 3 die Symbolik auch für den praktischen Bereich zubereitet wird. Die Symbolik der >Welt-Achse< spielt auch für die Konzeption der >Zeit< eine Rolle. Die 7-Tage-Konzeption (6 Tage + Kultfeiertag) dürfte erst im Neolithikum aufgekommen sein. Der Begriff >**Woche**< verweist auf die ältere Konzeption wie engl. *fortnight* >14 *Tage*<, sicher ursprünglich die Zeit der **Wechsel** zwischen Vollmond und Neumond.

S. ansonsten die Erläuterungen auf S. 325 f. und zur Symbolik des >Weltenbaums< → S. 91

Die Traumzeit-Wesen

Dieser Begriff stammt von den Aborigines. Dass sich die Ur-Wesen verwandeln können, ist jedoch allgemeiner in den Mythologien verbreitet.

Über die Ur-Tiere

Sprachlich dürfte >Ur< eiszeitlich von *א wie *A, Au* >Wasser, Quelle< und *Ei* ausgehen. *Ur* dürfte sich als eine neolithische Erweiterung von *א mit R, d.h. *אr (ohne feste Vokale) darstellen. Einige Tiernamen in dieser Art dürften sich von dem Kontext dieser Symbolik her erklären. *אr in lat. ***ursa***, griech. *arktos* (= *archä-* >Ursprung<) = Bär/in dürfte gleichermaßen das Motiv der >Ur-Mutter(Vater)< als >Ur, *Beginn*< (> *gynē* >Frau<), **UrA^{h}n^{os}** und >Schöpfer/in< (→ S. 315 ff.) sowie eine

341

Parallele zu der **Stammbaum**-Symbolik für die >Welt< darstellen. Entsprechend dazu:

Orri – Ara – Aar >Adler< - **Ober-Welt**   (Ur-Huhn, Auerhahn)
Ur = Ur-Kuh = STier   - **Mittel-Welt**   (- Mensch, Stamm)
[*Lind-*] **Wurm**   - **Unter-Welt**   **Wur**zel

S. hierzu auch die Graphik → S. 95

Die Ur-Welt und die Ur-Wesen

Diese Erzählung versucht eine erste Idee zu bieten, mit welch komplexen Sinn die ursprüngliche Geister-Symbolik verbunden war. Weiteres in der nachfolgenden Geschichte und unter 4.1.

Dazu:

> „Nach schamanischem Denken ist >Geist< besser das >Wesenhafte< der Erscheinungen, das, was ein Tier zum Tier, ein Werkzeug zum Werkzeug macht. Geist kann aber ebenso Bewusstsein bedeuten." [93]

Bei den Aborigines:

> „Die Urzeitwesen konnten nach Belieben ihre Gestalt verändern und traten zuweilen als Menschen, Tiere und Pflanzen, aber auch als personifizierte Gegenstände oder Naturerscheinungen wie Wolken, Regen oder Feuer auf." [94]

Zu dem **Mond-Geist** bei den Inuit s. samt Abbildung S. 55

---

[93] Piers Vitebsky: Schamanismus, S. 12
[94] Karl Gröning: Geschmückte Haut. Eine Kulturgeschichte der Körperkunst, S. 101

Von *Ata Mana Ti An*, dem Welten-Geist

Die Namensform *Ata Mana Ti An* ist etwas umständlich, um die verschiedenen alten Anspielungen nachzuahmen. Eiszeitlich dürfte auf dieser Stufe 3 den Kindern der Zusammenhang mit der *Mond-Mutter-Symbolik* schon einigermaßen ersichtlich gewesen sein.

Im Unterschied zu der gängigeren Etymologie erklärt sich mir *atmen* nicht aus indogermanisch **an(ə)* >atmen, hauchen< (EWD, *ahnden*). Ich sehe hier vielmehr den Ausgang in *atta* – wie *Odem*. Diese Form leite ich von der eiszeitlichen Lautwurzel **ħ* wie *ata/ada – TaTa/DaDa - Ti* in der üblichen Erstbedeutung >Mutter< ab (s. z.B. *Titte* → S. 303).
Dies ist auch mit dem höchst bedeutsamen Komplex von *da – du – Zeh/zehn* >Finger< - *zeigen - sieh!* und griech. *oīda* >wissen, verstehen, kennen< [- **Idee**] verbunden. S. dazu auch hebräisch *jad* >Hand (auch für *Schwur*), Denkmal; Kraft, Macht<, *jada'* עדי >kennen lernen, bemerken, kennen; sich kümmern; geschlechtlich verkehren< (die >Hand< als Zeichen in den Höhlen u.a. als Initiations-Symbolik). Wie *Odem* zum Ausdruck bringt, geht es insgesamt um eine Lebens-Symbolik, sowohl – wie das Atmen zeigt – in uns als auch als das >Innere< der „materiellen Welt" (vgl. die berühmte hinduistische Formen *Atman = Brahman*).

Sowohl **an(ə)* als auch *men* (u.a. in *atmen*) sind Parallelen hierzu, von *anna* >Mutter< und **MaNa – Mond – Mensch – mein - Minne –meinen - engl. *mind* für insgesamt >Geist, Bewusstsein<.

Ganz in diesem Sinn beginnt diese Symbolik mit der mythologischen >Ur-Mutter<, wie sich u.a. die Namen *DiAna DeMeter, TiAmat* erklären dürften.

Dieses *DiAna* finden wir in der gleichen semantischen Entwicklung wie *MaNa – Mond – Minne – mind* im Chinesischen mit:

„**Tian** oder T'ien meint sowohl den Himmel als auch die Personifikation desselben in der chinesischen Mythologie." [95]

Entsprechendes findet sich in Indien, auch personifiziert:

> „**Dhyâna** (Sanskrit >Meditation, Versenken<), Medita-
> tion, höherer Bewusstseinszustand." [96]

Manitu im Indianischen könnte sehr gut eine entsprechende Bildung aus *Mana – Mond* und *Ti/Ta* darstellen.

Manitu   „Wie alle anderen Algonkin [-*Indianer*] verehren sie
                  ein Höchstes Wesen, Manitu oder Kitsche Manitu
                  (Großer Geist) genannt." [97]

> S. dazu die >Mondfrau< *Manitodasin* der Delewaren
> (samt Zeichnung) S. 128

Von dem Drachen-Vater *Pa Tara*

Pa Tara = Pater – Vater ist eine parallele Bildung zu *MaTar –
Mutter,* wobei in älteren Zeiten bei diesen Formen nicht von einer festen Zuordnung zu dem Geschlecht ausgegangen werden
darf. Als ältere Form erscheint eine Bildung mit -Ta (*MaTa* s. →
S. 317), mit Pa im Namen des altägyptischen Schöpfer-Gottes
Ptah. Tara/terra ist von dem R her eher als eine gleichbedeu-
tende neolithische oder ggf. auch schon spätmesolithische Version anzunehmen.
Bildungen mit R (*Tara - *ƕR) finden sich hier auch im Kontext
der >**Riesen**<, ein Motiv, das als >Traumzeit-Wesen< (wie in
der Erzählung) schon eiszeitlich gewesen sein könnte, dann aber
auch über das Motiv des >Weltbaums< von dem historischen
Verständnis der >**Stamm**-Ahnen< verstärkt worden sein dürften.

---

[95] Rachel Storm: Die Enzyklopädie der östlichen Mythologie, S. 233
[96] Harenberg Lexikon der Religionen, S. 593
[97] Åke Hultzkrantz: Schamanische Heilkunst, S. 54

*ꝊR im Kontext von >Riesen< findet sich im Skandinavischen als **Troll**. Bei den Innuit gab es die *tornrin*, ein „Riesenge-schlecht", das unter der Erde lebte. Singular *tornraq*.[98]

Auf den Salomon-Inseln:

> „Die *Dodores* von Nord-Malaita sind bösartige, oft einäugi-ge, einbeinige, den *Rhakshasa* des indischen *Ramayana*-Epos ähnelnde Riesen. Sie sind weder Mensch noch Geist und be-sonders ungestüm." [99]

Das Motiv der >Riesen< bei den afrikanischen Pygmäen:

> „Doch sie [*die Riesenmenschen* Amarire] begannen einen Krieg gegen die Vögel mit zwei Köpfen, die hießen *Kaa-Ula*. Der Krieg dauerte hundert Tage, dann kam es zur Katastro-phe. Die Erde wurde von einem wilden Feuersturm verbrannt, dann gab es viele Erdbeben, und das Land versank im Meer. Es blieben nur einige Inseln übrig. Nur ein Riesenpaar, *Ama-rava* und *Odu,* konnte auf dem Rücken eines Fisches fliehen. Sie heißen fortan die Fischmenschen. Doch aus ihnen wurden die Froschmenschen geboren. Auch die Froschmenschen hat-ten Kinder, das waren die Buschmänner und die Pygmäen." [100]

Der erbeutete Hirsch

Ich hatte mal ein Märchen in dieser Art gelesen, kenne aber die Quelle/n nicht mehr. Diese Geschichte repräsentiert den Aspekt von *Geist – Moral* als Bestandteil der alten Sprach-Symbolik.

Gerechtigkeit hier als: dass jeder zu seinem >Recht< kommt.

---

[98] David Morrison & Georges-Hébert German: Eskimo, S. 104 f.
[99] Victoria Ginn: Geister der Erde, S. 147
[100] Helma Marx: Das Buch der Mythen, S. 447

Stufe 4.1: Vom Geist und den Geistern

4.1 Ein Einführungskurs in die Spirituologie

„Als im Zeitalter der Schöpfung Geistwesen die Erde form-
ten, war alle Materie noch beseelt und lebte ebenso wie
Mensch oder Tier. Aus diesem Grund sehen die indigenen
Völker die Erde als lebendiges spirituelles Reich, dem auch
heute noch eine Seele innewohnt. Jedes Gebiet hat seine speziellen Erdgeister." [101]

Zu Mutter-Vater *Mani Ti An* = *Ur Ani* s. die Ausführungen auf
S. 343 f. *Ani Ma* könnte dazu eine Parallele sein, doch muss sich
lat. *anima* nicht auf diese Weise erklären, wenn auch von **an*
als Wurzel dieser Bildung auszugehen ist. Die Bedeutungen zeigen das Spektrum der ursprünglichen Mythologie und Symbolik:

anima lat. >Lufthauch, Wind, Luft (als Element), Atem, Seele, Leben,
Herz, Geist ...<, als Plural auch: >Seelen der Verstorbenen,
Schatten, Manen< (Stowasser)

animus lat. >Seele, Geist, Denkkraft, Gedächtnis, Bewusstsein, Gefühl,
Stimmung, Gesinnung, Charakter, Mut, Selbstvertrauen, Absicht,
Verlangen, Leidenschaft, Trotz, Unmut ...< ^

Die Landschafts-, Baum-, Pflanzen- und Tier-Geister

Dazu ein paar ethnologische Belege.

„Bärengeister sind groß und wild, Mäusegeister dagegen
ängstlich, können aber in schmale Spalten klettern. Der Geist
des Messers schneidet, der des Topfes bewahrt auf.

---

[101] D. M. Jones & B. L. Molynaux: Die Mythologie der Neuen Welt, S. 40

So wie jede Person einmalig ist, hat jeder Fluss, jeder Berg seinen eigenen Geist, mit eigenem Namen, Fähigkeiten und Wirkungen auf die Menschen." [102]

„Die Schutzgeister der Tiere leben in den Sternen. Deswegen sehen die Jäger auf der Erde die Sternbilder der Tapire, der Jaguar, der Wildschweine, der Fische. Sie rufen die Geisterwesen in den Sternbildern an, sie bitten um Schutz des Lebens und um Jagdglück." [103]

Bei den Aborigines (Traumzeit-Wesen):

„Die Urzeitwesen konnten nach Belieben ihre Gestalt verändern und traten zuweilen als Menschen, Tiere und Pflanzen, aber auch als personifizierte Gegenstände oder Naturerscheinungen wie Wolken, Regen oder Feuer auf." [104]

Bei den südamerikanischen Guayana-Stämmen:

„Die Jäger bitten die Schutzgeister der Tiere um die Erlaubnis, die Tiere zu jagen und zu töten. Aus Lust am Töten durften die Menschen nicht jagen, doch sie durften ihren Hunger stillen. Dann gaben die Schutzgeister ihre Zustimmung. Doch sie straften die Jäger, wenn sie mehr Tiere töteten, als sie zum Leben brauchten." [105]

Die Rede von einem >Baum-Geist< oder >Wald-Geist< mag uns komisch erscheinen. Doch wenn man sich damit beschäftigt und die ursprüngliche Komplexität des Begriffs >Geist< erfasst, ergibt die animistische Konzeption einen großen Sinn. Man darf nur **Animismus** nicht wie in der früheren Forschung mit **Magizismus** verwechseln, was aber kulturell auch schon frühgeschichtlich aufkommt.

---

[102] Piers Vitebsky: Schamanismus, S. 13
[103] Helma Marx: Das Buch der Mythen, S. 531
[104] Karl Gröning: Geschmückte Haut, S. 101
[105] Helma Marx: Das Buch der Mythen, S. 504

Die Rede von dem >Birken-Geist< oder >Bison-Geist< kann schlichtweg die jeweilige spezielle >Art< bezeichnen. Dabei geht es auch um die Auseinandersetzung, inwieweit man als Mensch die Natur für seine Interessen nutzen darf. Als Grundsatz dabei galt, dass man Birken usw. etwa als Stäbe oder Brennholz brauchen und Bisons jagen darf, sofern weder die Art noch der ökologische Zusammenhang gefährdet ist.

Die Rede von >Geist< in diesem Zusammenhang bedeutet, Bäume, Blumen, Tiere, ja selbst Steine nicht einfach nur als Objekte zu begreifen, die man demnach ganz nach seinen Ego-Interesse verbrauchen kann, sondern ihnen ein eigenes Recht zuzusprechen und mit ihnen wie mit der Natur insgesamt sozusagen in ein **dialogisches** Verhältnis einzutreten. In der Verbundenheit mit dem Lebendigen erweist sich das Maß an seelischer Gesundheit wie an der Entwicklung von Bewusstsein, wie umgekehrt Ausbeutung, Gleichgültigkeit und Zerstörung eine geistig-seelische Verwahrlosungsproblematik zum Ausdruck bringen (wobei immer zu beachten ist, dass die Täter zuerst selbst Opfer sind).

Insgesamt ist der richtig verstandene Animismus Ausdruck eines wirklichen Sprach-Verstehens und menschlich erwachsenen Bewusstseins. Denn dort ist verstanden, dass seine Sicht der Welt in dieser Form letzlich nichts Objektivisches erfasst, sondern eine Sache seines eigenen Bewusstseins wie seiner Sprache ist. Wir sehen im Eigentlichen keinen >Baum< als Objekt, sondern wir **bezeichnen** etwas, das wir in unserem Bewusstsein z.B. optisch erfassen, als >Baum<, ggf. als >Birke< oder ggf. auch als >Strauch< usw. Der humanevolutionär entwickelte Animismus (der Eiszeit) erfasst **aufgeklärt**, dass das, was wir z.B. >sehen<, eine Sache unseres Bewusstseins und Lernens wie unserer Sprache (und unseres sprachlich geprägten Bewusstseins) ist. Das ist absolut moderne Philosophie und neuester wissenschaftlicher Stand etwa in der Neurolinguistik. Demgegenüber ist die historische Entwicklung (ab dem Ende der Eiszeit) von einem Verlust an Bewusstsein geprägt, wo die eigene Wahrnehmung, Sprache, *Mythologie und Lebensweise* einfach mit der Realität gleichgesetzt wird (was ganz und gar nicht zutreffend ist, aber seit der Moderne auch noch als Inbegriff von >Wissenschaft< und >Aufklärung< verstanden wird). In zugespitzter Form schlägt sich dies im Magizismus nieder, wo aus sprachlichen Gegebenheiten, aus den eigenen Omnipotenz-Fantasien und Bedürfnissen eine entsprechende Realität und/oder Wirkung (>zaubern<) geschlossen wird.

Geist und Form

Der Komplex von *Feuer – Dampf – Tau* usw. hat bei uns interessante Spuren hinterlassen.

der **Tau,** ¹**tauen**	ahd. mhd. *tou* (EWD, *Tau* m.)
(Eis) ² **tauen**	ahd. *thouwen, thewen* >auflösen, verdauen<
*ver***dauen**	ahd. *thouwen, thewen* >auflösen, verdauen<

tābeó	lat. (*tauen, zergehen*) >(zer)schmelzen, verwesen< ^λ
Dampf, Duft (s.u.), **Tabak**	

„**Pfeifen** sind wichtige Ritualgegenstände [*der Indianer*], mit denen man Tabakrauch zum Himmel sendet. So stellen sie die Verbindung zwischen den Menschen und der Geisterwelt dar." [106]

Diti, Aphro*dite, Thetis, Theiß, Dis* usw. (redupliziert *ђ‎א)

dusza	polnisch >Seele< ^Π
Medusa	griech. Mythologie, vermutlich >die Sonne< als ehem. >Weltengeist<
duša	altslawisch >Atem< (Duden 7, *Dunst*), vgl.

---

[106] D. M. Jones & B. L. Molynaux: Die Mythologie der Neuen Welt, S. 63

Dis	nordgermanisch für etwa >Göttin, Schutzgeist< [107]
tūs	lat. >**Weihrauch**< (s. EWD, *Fidibus*)
thysía	griech. >das Opfern, Opferung; Opfer; Opferfest< [Γ]
tosen – toben	(Wind; Trance-Tanz)
in*dustrius*	lat. >eifrig, fleißig, betriebsam< [λ] (- *Enthusiasmus!*)
	[> **Industrie**]

dijzig	ndl. >nebelig< (Duden 7, *diesig*)
diesig, duster, düster	
dust	engl. >Abrieb, Staub<
tusk	russisch >Nebel, Finsternis< (Duden 7, *düster*)

dösen	
duseln	**beduselt, Dusel, Dussel; dösig**
dusselig	**= taumelig,** verwirrt, vergesslich
dysse	dänisch >**Dolmen, Hünengrab**< - *sowie* >>
dysse	dänisch >einschläfern<

thýō	griech. >sich heftig bewegen, stürmen, tosen, toben, brausen, wüten, rasen; räuchern, opfern, schlachten; dampfen, rauchen< [Γ]
týphō	griech. >qualmen; rauchen, glimmen, schwelen< [Γ]
Duft	
Dampf	= engl. *steam*
Týphōs	griech. >Ungeheuer der Urzeit: Verkörperung des vulkanischen Feuers und der Glutwinde (Sohn der **Gaia** und des **TarTar***os*) - **Tuff** (-Stein)
tief	
taub – betäubt - Taube	

s. mehr CT 2b: T.2.2.2

---

[107] s. z.B. Lennart Ejerfeldt, in: Asmussen & Læssøe: Handbuch der Religionsgeschichte I, S. 318 f.

Stufe 4.2

„>V.J. Propp sieht im Drachentötermärchen den Prototyp aller Zaubermärchen überhaupt. Und in der Tat sind die Märchenhelden und -heldinnen alle irgendwie Drachentöter, Retter, Erlöser oder aber Opfer von >Drachen<, Gerettete, Befreite<. [...] M. Lüthi: „>Der Drache ist ein Bild für die ungestaltete und gefährliche Natur wie für das eigene Unbewusste.<" [108]

„Die Vorstellung der Wiedergeburt ist ursprünglich die eines geistig-seelischen Wandlungsvorgangs." [109]

„Drachen sind also oftmals Herren über Geburt und Tod, da sie die Quellen der Flüsse, die das Leben spenden, ebenso hüten wie deren Mündungen, die ins Totenreich führen. Drachen stehen am Anfang aller Dinge in vielen Schöpfungsmythen. Als Verschlinger von Menschen und Vieh, als Vernichter der Ernten bringen sie Tod und Verderben.

Von daher gesehen ist es nur noch ein kleiner Schritt zu den Initiationsritualen vieler Kulturen, die den Übergang vom Jugend- zum Erwachsenenalter als ein Verschlingen und Ausspeien deuten. Auf Borneo verschwindet beispielsweise der junge Mensch symbolisch im weiten, dunklen Rachen eines Krokodilungeheuers, um zu einer höheren Existenz neu geboren zu werden. Dabei werden ihm die Schneidezähne schwarz gefärbt, um den Schlund des Untieres darzustellen. Der Initiant trägt Kleider aus Baumbast als Zeichen der Trauer. Außerdem wird ihm das Bild des Ungeheuers auf die Schenkel tätowiert. Zum Schluss wird er in einem Teich gebadet und feierlich in die Gemeinschaft der Erwachsenen aufgenommen.

---

[108] R.W. Bredrich: Enzyklopädie des Märchens, Drache, Sp. 815
[109] Peter Schellenbaum: Nimm Deine Couch und geh! S.66

Wenn sich ein Märchenheld von einem Drachen verschlingen lässt, um ihn auf diese Weise zu besiegen, klingt noch die alte Vorstellung der Neugeburt aus dem Todesschlund an. Er tritt als weiser, starker, als anderer Mensch im wörtlichen und übertragenen Sinn wieder hervor.
Nach seinem Sieg über den Drachen winkt dem Helden im Märchen sehr oft als Belohnung die Heirat mit der wunderschönen Königstochter, die er vor dem Untier retten konnte. Oftmals erhält er aber auch zusätzlich des Drachen Gold- und Silberschatz." [110]

Diese Geschichten sind in etlichen Mythen und Märchen beschrieben. Eine analoge persönliche Erfahrung wird von Roger Walsh in >Der Geist des Schamanismus< mit Zeichnungen auf S. 85 ff. dokumentiert.

- Zu „Zauberpulver":

Das Wort *Zauber* leitet sich von altenglisch *teafor* ab. Dies bezeichnet „die rote Farbe, den Ocker, Rötel, die Salbe". [111]

„Alt-angelsächsisch teafor = Mennige, davon das Wort >Zauber<" [112] *Mennige* von *minium* ist das „lat. Äquivalent für das rote Mineral Zinnober (kinnábari >**Drachenblut**<) [...]" [113]

Bei den Ngarinyin-Aborigines: „**guli wodoi** >feiner roter Ocker; wertvolle Überreste vom Blut des Ahnen Wodoi<" [114]

Dieses *Ocker*-„Zauber-Pulver" wurde im Paläolithikum verbreitet bei der Höhlenmalerei (hierbei auch bei den Handabdrücken) sowie bei den Bestattungen gebraucht. Man nimmt an, dass es auch als Salbe zum Hautschutz gebraucht wurde.

---

[110] Sigrid Früh: Märchen von Drachen, S. 22 - 24
[111] Hans-Peter Hasenfratz: Die religiöse Welt der Germanen, S. 76
[112] Hans Biedermann: Knaurs Lexikon der Symbole, *Blut,* S. 71
[113] Der Neue Pauly, Band 8, S. 220
[114] Jeff Doring: Gwion Gwion, S. 327

Zu S. 270 (mit größerer Abbildung)

„Ein Tier-Mensch-Wesen mit ganz anderen
Attributen ist der berühmte *Dieu Cornu* im
Sanctuaire von Les Trois Freres [F]. Diese
gemalte und gravierte Gestalt hat ein
Hirschgeweih und Ohren vom Hirsch, während die hervorragend wiedergegebenen
Augen von einem Raubvogel stammen. Die
>Arme< sind dagegen die Pranken eines
Bären, und außerdem besitzt die Gestalt einen Pferdeschweif.
Die Form des männlichen Geschlechtsteils ist menschlich, aber
wie bei einer Katze platziert. Beine und Füße sowie die Körper-
haltung sind ebenfalls die eines Menschen. Es wurde mehr darauf hingewiesen, dass die Attribute des *Dieu Cornu* zugleich
eine Addition hervorragender Eigenschaften – das scharfe Auge
des Raubvogels, die Kraft eines Bären, die Schnelligkeit des
Pferdes – symbolisieren. [...]
Die einzigartige Gestalt des *Dieu Cornu* von Les Trois Freres
hat aufgrund ihrer Komplexität keine Entsprechungen. Das
Hirschgeweih auf dem Kopf erinnert jedoch an sibirische Schamanen. [...] Das Hirschgeweih ist ein wichtiges und weit verbreitetes Attribut eurasischer Schamanen, das sich auch archäologisch weit zurückverfolgen lässt. In diesem Zusammenhang
gehören die Hirschgeweihmasken des Mesolithikums von Star
Carr, Hohen Viecheln und Bedburg-Koenigshoven [...], aber
zum Beispiel eben skythische Darstellungen." [115]

---

[115] Nachzeichnung und Text nach: Gerhard Bosinski: Die Stier-Menschen,
S. 163 ff., in: Vjačeslav E. Ščelinkij & Vladimir N. Širokov: Höhlenmalerei
im Ural, S. 165 f.

Im Ergebnis einer solchen Sozialisation:

„Die Jenissejer lieferten, als Vertreter der sibirischen Völkerschaften, dem Forscher das entschiedene >Beispiel für ein sinnhaftes Dasein, das aus einer uralten, seelisch bis an den Rand mit Erleben angefüllten Inspirationskultur gespeist wird.< […]
Dass diese Nordvölker aber trotz so zahlreicher, ihr Dasein aufs ernsteste bedrohender Naturgegebenheiten ein fast unvorstellbar reichhaltiges Geistesleben geschaffen haben […], zwingt uns nicht nur zur Anerkennung, sondern geradezu zu Hochachtung und Bewunderung einem Menschentum gegenüber, das sein Heil nicht in Technik, sondern in der Vielfalt von naturphilosophischen Mythen, Riten, Dichtungen und Gesängen gefunden hat. […]

In alledem liegt aber nunmehr eine ethische Komponente, ein Bewusstwerden der seltsamen seelischen Kräfte, über die der Mensch verfügt. Die schreckliche Realität, die uns in diesen rituellen Phantasien entgegentritt, ist die Realität der menschlichen Seele selbst. Ihre Kräfte sind Verderben bringend, aber auch heilend, erlösend. Diese Menschen sind gegen die Kleinlichkeiten des Daseins gewappnet, denn sie haben nicht nur das Schicksal in der zermalmenden Kraft des Todes erkannt, sondern auch alle Verlangen der menschlichen Seele erfahren, die sie in personifizierenden Bildern gestaltet und erlebt haben. Das Geheimnis des schöpferisch-drängenden Unbewussten ist in dieser Formensprache greifbar. Für diese Menschen kann es keine Schrecken mehr geben, nachdem sie sich so Furchtbarem unterworfen haben, zunächst widerwillig, dann aber doch überwältigt von der schöpferischen Macht, die der Seele innewohnt. […]

Nordasien bietet dagegen ein Bild des genauen Gegensatzes zu unseren Zuständen: eine Technik, die auf denkbar einfachster Stufe stehen geblieben ist, wogegen die Künste absolut Wert bestimmend sind […]." [116]

---

[116] Hans Findeisen & Heino Gehrts: Die Schamanen, S. 12, 25, 72 f., 150

„In der Tat berichten Wissenschaftler, die Gelegenheit hatten, einige der letzten primitiven Völker auf dieser Erde kennen zu lernen, wie zufrieden diese Menschen mit ihrer Lebensweise waren." [117]

Oben: vermutlich eine Tanzszene: Australien, Felsbild in Rot; Nachzeichnung nach E. Anati: Höhlenmalerei S. 393. Ausschnitt aus einer unvollständigen Vorlage

---

[117] John McCrone: Als der Affe sprechen lernte, S. 214

Literaturverzeichnis

Es gibt wohl etliche wunderbare Literatur. Doch kann ich bzgl.
der hier entwickelten Auffassung keine insgesamt vergleichbare
Literatur vorlegen. Meine Ergebnisse setzen sich aus Erkennt-
nissen aus den verschiedenen Fachwissenschaften zusammen.

Der Ausgang und die innere Linie meiner Forschungen bezieht
sich seit Mitte der 1980er auf die Hintergründe des Aufkommens
der historischen Entwicklung am Ende der Eiszeit. Sie setzt sich
einerseits aus den Bereichen Früh- und Gesamtgeschichte (Archäologie, Historiologie usw.) und andererseits aus Humanevolution und den Humanwissenschaften mit den verschiedensten
Teilbereichen wie etwa Linguistik, Neurologie, Psychologie,
Ethnologie usw. zusammen. In Bezug auf die Frühgeschichte
und die jungpaläolithische Kultur mit etwa ihren Höhlenmalereien wurden für mich die Symboliken, Mythologien wie die
sprachlichen Anhalte von besonderer Bedeutung.

Wenngleich ich einige Erkenntnisse wohl im Einzelnen teile, so
bin ich doch in Bezug auf Humanevolution, Geschichte, Sprach-
geschichte und Etymologie insgesamt zu andersartigen Ergeb-
nissen als bislang gängig gekommen. Von daher kann ich im
Größeren nur auf meine eigene Literatur verweisen (→ S. 367),
wo auch jeweils weitere Literatur genannt ist.

Um eine unsinnige Literatur-Liste zu vermeiden, führe ich hier
nur die in diesem Buch zitierte Literatur auf. Zu weiteren Quellen bzgl. der Wörter und Namen s. mein Sprachwerk *Cûl Tura*
in den Bänden 1 und 2 A und B.

Sprachwörterbücher (mit Hochzeichen bei Wortbelegen)

(א) Wilhelm **Gesenius**: Hebräisches und Aramäisches Handwörterbuch über das Alte Testament, bearb. von Frants Buhl, unveränderter Neudruck der 1915 erschienenen 17. Auflage, Berlin, Göttingen, Heidelberg, 1962

(Γ) Herman **Menge**: Griechisch-Deutsches Schulwörterbuch. Mit besonderer Berücksichtigung der Etymologie, Berlin 1906

(Λ) Langenscheidts Taschenwörterbuch Lateinisch-Deutsch, Deutsch-Lateinisch, Hermann **Menge**, neubearb. von Heinrich Müller, Berlin 1960

(λ) Der kleine **Stowasser**, Lateinisch-deutsches Schulwörterbuch, bearb. von Michael Petschenig, München 1970

Wolfgang **Hadamitzky**: Langenscheidts Handbuch und Lexikon der japanischen Schrift, Berlin – München – Wien – Zürich – New York o.J.

Rainer **Hannig**: Großes Handwörterbuch Ägyptisch-Deutsch: die Sprache der Pharaonen (2800 – 950 v. Chr.) = Kulturgeschichte der antiken Welt, Band 64, Mainz 1995

Rainer **Hannig** & Petra **Vomberg**: Wortschatz der Pharaonen in Sachgruppen, Kulturhandbuch Ägypten (Kulturgeschichte der antiken Welt, Band 72), Mainz 1998

Etymologische Wörterbücher (hier zitiert):

Etymologisches Wörterbuch des Deutschen, 2. Bände, erarbeitet im Zentralinstitut für Sprachwissenschaft Berlin unter der Leitung von Wolfgang Pfeifer (1989, 1993[2]); · **Taschenbuchausgabe** 1995 dtv, München; 8. Auflage 2005

Duden, Band 7: Das **Herkunftswörterbuch**. Etymologie der deutschen Sprache, 6., vollständig überarbeitete und erweiterte Auflage, Berlin 2020

Julius **Pokorny**: Indogermanisches Etymologisches Wörterbuch I, Bern – München 1959

Werke und Lexika:

Propyläen Weltgeschichte. Eine Universalgeschichte, hg. von
Golo **Mann** + Alfred **Hauß,** Band 1, Berlin, Frankfurt, Wien,
1961

Saeculum Weltgeschichte, hg. von Herbert Franke u.a.,
Freiburg, Basel, Wien 1965

Der **Neue Pauly** – Enzyklopädie der Antike, hg. von Hubert
Cancik & Helmuth **Schneider,** Stuttgart – Weimar 1997 ff.

Rolf Wilhelm **Bredrich** (Hg.), Herman **Bausinger**:
Enzyklopädie des Märchens – Handwörterbuch zur
historischen vergleichenden Erzählforschung, Berlin – New
York, Band 4 1984

RelMen= Die **Religion der Menschheit**, Hg. Christel Matthias
Schröder.
- **Band** I: Friedrich **Heiler**: Erscheinungsformen und Wesen
der Religion, Stuttgart 1961, 2. verbesserte Auflage 1979
- **Band** 3: I. **Paulson**: Die Religion der nordasiatischen Völker
- **Band** 10.2: Hartmut **Gese**: Die Religionen Altsyriens, und:
    Maria **Höfner**: Die vorislamischen Religionen Arabiens
Band 19.1: Åke V. Ström: Germanische Religion

Wörterbuch der Religionen, begründet von Alfred **Bertholet**;
in Verbindung mit Hans Freiherrn von **Campenhausen**; 3.
Aufl. neu bearb. und hg. von Kurt **Goldammer**, Stuttgart 1976

Göran **Burenhult** (Hg.): Illustrierte Geschichte der Menschheit, (Hamburg) 5bändige Ausgabe Augsburg 2000

Jes Peter **Asmussen** & Jørgen **Læssøe** (Hg.): Handbuch der Religionsgeschichte, Göttingen 1971 - 1975

Harenberg Lexikon der Religionen – Die Religionen und Glaubensgemeinschaften der Welt, Redaktion Berthold **Budde** und Christine **Laue-Bothen**, Dortmund 2002

Wörterbuch der Religionen, begründet von Alfred **Bertholet**; in Verbindung mit Hans Freiherrn von **Campenhausen**; 3. Aufl. neu bearb. und hg. von Kurt **Goldammer**, Stuttgart 1976

Hans **Biedermann**: Knaurs Lexikon der Symbole, München 1989; Augsburg 2002

Sylvia & Paul F. **Botheroyd**: Lexikon der keltischen Mythologie, München 1999

David M. **Jones** & Brian L. **Molynaux**: Die Mythologie der Neuen Welt, Reichelsheim 2002

Rachel **Storm**: Die Enzyklopädie der Östlichen Mythologie, Reichelsheim 2000

Badisches Landesmuseum Karlsruhe, Vor 12.000 Jahren in Anatolien: Die ältesten Monumente der Menschheit (Große Landesausstellung Baden-Württemberg 2007), Stuttgart 2007

GEO Wissen: Die Evolution des Menschen. Wie wir wurden, was wir sind. Heft September 1998, Hamburg 1998

GEO (Heft) 2/2001, Hamburg 2001

Autoren

Emmanuel **Anati**: Höhlenmalerei, (1997), Düsseldorf 2002

Paul **Arnold**: Das Totenbuch der Maya, (Scherz Verlag) Gondrom Verlag, Bindlach 1991

Gerhold **Becker**: Die Ursymbole in den Religionen, Graz, Wien, Köln 1987

Joachim-Ernst **Berendt**: Nada Brahma. Die Welt ist Klang, (Insel Verlag Frankfurt/M 1983), Rowohlt Taschenbuch-Verlag Reinbek bei Hamburg, 1983, 1997

Bruno **Bettelheim**: Kinder brauchen Märchen (Or. New York 1975), Stuttgart 1977; dtv München 1980, 5. Auflage 1982

Harald **Braem**: Die magische Welt der Schamanen und Höhlenmaler, Köln 1994

Harald **Braem**: Die Geheimnisse der Pyramiden. Stuttgart – Wien – München 1996

Hans-Jürg **Braun**: Das Jenseits. Die Vorstellungen der Menschheit über das Leben nach dem Tod, (1996) Insel Taschenbuch, Frankfurt/M – Leipzig 2000

Manfred **Brauneck**: Theater im 20. Jahrhundert, Programmschriften, Stilperioden, Reformmodelle, Reinbek (1982), aktualisierte Ausgabe 1986, 1988

David **Breashears**: Bis zum Äußersten. Der Mount Everest und andere Herausforderungen, (München – Zürich 1999) München 2001

Emma **Brunner-Traut** (Hg.): Altägyptische Märchen (Diederichs Märchen der Weltliteratur), Reinbek 1991, 1993

Annie **Caubet** & Patrick **Pouyssegur**: Der Alte Orient – Von 12.000 bis 300 v. Chr. (Paris 2001), Frechen o.J.

Gert **Chesi**: *Susanne Wenger* – Ein Leben mit den Göttern, Schwaz (A) 1980

Jean **Clottes** & David **Lewis-Williams**: Schamanen. Trance und Magie in der Höhlenkunst der Steinzeit, Sigmaringen 1997

Henning **Christoph**, Klaus E. **Müller** & Ute **Ritz-Müller**: Soul of Africa. Magie eines Kontinents, Köln 1999

Tippi **Degré**: Tippi aus Afrika. Das Mädchen, das mit den Tieren spricht. Fotographien von Sylvie und Alain Degré, München (7. Auflage) 2001

Ursula **Demeter**: Kailas – Die Reise zum Heiligen Berg, Zürich 1987

Hoimar von **Ditfurth**: Der Geist fiel nicht vom Himmel. Die Evolution unseres Bewusstseins, (Hamburg) (Augsburg 1990)

Gerardo **Reichel-Dolmatoff**: Das schamanische Universum – Schamanismus, Bewusstsein und Ökologie und Südamerika, München 1996

Jeff **Doring** (Hg.): Gwion Gwion. Dulwan Mamaa - Geheime und heilige Pfade der Ngarinyin, Aborigines in Australien, Köln 2000

Keith **Dowman**, Geheimes, heiliges Tibet. Ein Führer zu den Mysterien des verbotenen Landes, Kreuzlingen, München 2000

Mircea **Eliade**: Schamanismus und archaische Ekstasetechnik. Rascher Verlag Zürich, Stuttgart 1957

Mircea **Eliade**: Geschichte der religiösen Ideen. Freiburg, Basel, Wien, Band I: (1978). 1990[6], Band II 1979

Erik H. **Erikson**: Identität und Lebenszyklus, Frankfurt/M 1966; 1973, 9. Aufl. 1985

Clarissa Pinkola **Estés**: Die Wolfsfrau. Die Kraft der weiblichen Urinstinkte. München (1993), TB 1996

Brian **Fagan**: Die Eiszeit – Leben und Überleben im letzten großen Klimawandel, Theiss Verlag Stuttgart, 2009

Franz Xaver **Faust**: Totgeschwiegene indianische Welten. Eine Reise in die Philosophie der Nordanden, Gehren 1998

Edoardo **Fazzioli**: Gemalte Wörter. 214 chinesische Schriftzeichen – vom Bild zum Begriff, Wiesbaden 2003 (nach der 5. Auflage von 1991; Original Milano 1986)

Hans **Findeisen** / Heino **Gehrts**: Die Schamanen. Jagdhelfer und Ratgeber, Seelenfahrer, Künder und Heiler. München 1983, 4. Auflage 1996

Sigrid **Früh**: Märchen von Drachen. Frankfurt/M 1988

Marija **Gimbutas**: Die Sprache der Göttin. Frankfurt/M 1995

Marija **Gimbutas**: Die Zivilisation der Göttin. Frankfurt/M 1996

Victoria **Ginn**: Geister der Erde: Tanz, Mythos und Ritual von Südasien bis zum Südpazifik (The Spirited Earth, New York 1991), Metamorphosis Verlag, München 1991

Marcel **Griaule**: Schwarze Genesis. Ein afrikanischer Schöpfungsbericht, (Freiburg, 1970) suhrkamp taschenbuch 1980

Karl **Gröning**: Geschmückte Haut. Eine Kulturgeschichte der Körperkunst, München 1997

Harald **Haarmann**: Universalgeschichte der Schrift, Frankfurt/M – New York, 2. Aufl. 1991, Sonderausgabe Köln 1998

Harald **Haarmann**: Weltgeschichte der Sprache – Von der Frühzeit des Menschen bis zur Gegenwart. Verlag C.H. Beck, München, 2006

Rose-Marie & Rainer **Hagen**: Ägypten. Menschen, Götter, Pharaonen, Köln 1999

Elisabeth **Hämmerling**: Mondgöttin Inanna. Ein weiblicher Weg zur Ganzheit, Zürich 1990, 3.Aufl. 1994

Hans-Peter **Hasenfratz**: Die religiöse Welt der Germanen. Ritual, Magie, Kult, Mythos, Freiburg, Basel, Wien 1992

Mihály **Hoppál**: Schamanen und Schamanismus. Augsburg 1994

Heidi **Howkins**: Herausforderung K 2. Eine Frau auf dem Weg zum Gipfel. 2001, TB-Ausgabe München 2003

Åke **Hultzkrantz**: Schamanische Heilkunst und rituelles Drama der Indianer Nordamerikas, München 1994, 1996[2]

Sharukh **Husain**: Die Göttin – Das Matriarchat, Mythen und Archetypen, Schöpfung, Fruchtbarkeit und Überfluss. Köln 2001

Gerald **Hüther**: Was wir sind und was wir sein könnten. Ein neurobiologischer Mutmacher, S. Fischer Verlag Frankfurt/M 2011; Fischer Taschenbuch 2013, 2017 [8]

Gerald **Hüther** & Christoph **Quarch**: Rettet das Spiel! Weil Leben mehr als Funktionieren ist. Carl Hanser Verlag München, 2016

Russel **Johnson** & Kerry **Moran**: Kailash. Der heilige Berg Tibets, München 2001

Michael **Jordan**: Die Mythen der Welt (Scherz Verlag, Bern, 1997), Patmos Verlag/Albatros Verlag, Düsseldorf, 2005

Carl Gustav **Jung**: Der Mensch und seine Symbole. Solothurn – Düsseldorf, 1968; 13. Aufl. der Sonderausgabe 1993

Verena **Kast**: Märchen als Therapie, Walter-Verlag Olten (Ch), 1986, 2. Auflage 1986

Wighart von **Koenigswald** & Joachim **Hahn**: Jagdtiere und Jäger der Eiszeit, Fossilien und Bildwerke, Stuttgart 1981

Hartmut **Kraft**: Über innere Grenzen. Initiation, Schamanismus – Kunst, Religion und Psychoanalyse, München 1995

Josef **Kreiner** & Hans-Dieter **Ölschläger**: Ainu - Jäger, Fischer und Sammler in Japans Norden. Ein Bestandskatalog der Sammlung des Rautenstrauch-Joest-Museums (Ethnologie, Neue Folge, Band 12), Köln 1987

Martin **Kuckenburg**: Wer sprach das erste Wort? Die Entstehung von Sprache und Schrift, Konrad Theiss Verlag Stuttgart 2004

Roger **Lewin**: Spuren der Menschwerdung. Die Evolution des Homo sapiens, Heidelberg 1992

Max **Liedtke** (Hg.): Zur Evolution von Kommunikation und Sprache – Ausdruck, Mitteilung, Darstellung. Matreier Gespräche. Verlag austria medien service, Graz (A), 1998

Sig **Lonegren**: Labyrinthe. Zweitausendeins, Frankfurt/M 1993

Michel **Lorblanchet**: Höhlenmalerei. Ein Handbuch, Sigmaringen 1997

Alexander **Lowen**: Liebe und Orgasmus. Persönlichkeitserfahrung durch sexuelle Erfüllung, München (?) 1983, 6. Aufl. 1991

Johannes **Maringer**: Vorgeschichtliche Religion. Religionen im steinzeitlichen Europa, Einsiedeln, Zürich, Köln, 1956

Helma **Marx**: Das Buch der Mythen (aller Zeiten aller Völker), Verlag Styria Graz, Wien, Köln & Eugen Diederichs Verlag München, 1999

John **McCrone**: Als der Affe sprechen lernte. Die Entwicklung des menschlichen Bewusstseins, Frankfurt/M 1992

Michael Lukas **Moeller**: Die Liebe ist das Kind der Freiheit; rororo, Reinbek bei Hamburg, 1990, 16. Aufl. 2008 (Rowohlt 1986)

David **Morrison** & Georges-Hébert **German**: Eskimo. Geschichte, Kultur und Leben in der Arktis, München 1996

Horst M. **Müller**: Sprache und Evolution. Grundlagen der Evolution und Ansätze einer evolutionstheoretischen Sprachwissenschaft. Verlag de Gruyter Berlin – New York, 1990

John S. **Pobee**: Grundlinien einer afrikanischen Theologie. Göttingen 1981

Rudolf **Pörtner**: Bevor die Römer kamen. Städte und Stätten deutscher Urgeschichte, (1961) München, Zürich 1964, 1976

Christian **Rätsch**: Die Steine der Schamanen. Kristalle, Fossilien und die Landschaft des Bewusstseins, München 1997

Gerardo **Reichel-Dolmatoff**: Das schamanische Universum. Schamanismus, Bewusstsein und Ökologie und Südamerika, München 1996

Berthold **Riese** (Hg.): Schrift und Sprache (Verständliche Forschung), Heidelberg, Berlin, Oxford, 1994

Richard **Rudgley**: Abenteuer Steinzeit. Die sensationellen Erfindungen und Leistungen prähistorischer Kulturen, Wien 2001

Mario **Ruspoli**: Die Höhlenmalerei von Lascaux. Auf den Spuren des frühen Menschen, Augsburg, 1998

Oliver **Sacks**: Der Mann, der seine Frau mit einem Hut verwechselte. Rowohlt Taschenbuch Verlag, Reinbek bei Hamburg 1990 (1994) (Original New York 1985)

Vjačeslav E. **Ščelinskij** & Vladimir N. **Širokov**, Höhlenmalerei im Ural. Sigmaringen 1999

Karl **Schefold**: Götter- und Heldensagen der Griechen in der früh- und hocharchaischen Kunst, (Neubearbeitung) München 1993

Peter **Schellenbaum**: Nimm deine Couch und geh! Heilung mit Spontanritualen, (1992), München 1994, 1995^2

Eckard **Schleberger**: Die indische Götterwelt. Gestalt, Ausdruck und Sinnbild. Ein Handbuch der hinduistischen Ikonographie, Köln 1986

Wolfgang **Schmidbauer**: Mythos und Psychologie. München 1970, Neuauflage 1999; Krummwisch 2001

Wolfgang **Schmidbauer**: Wie Gruppen uns verändern. Selbsterfahrung, Therapie und Supervision, Kösel-Verlag München, 1982

Klaus **Schmidt**: Sie bauten die ersten Tempel. Das rätselhafte Heiligtum am Göbekli Tepe. C.H. Beck (München 2006), 3., aktualisierte Auflage 2007 = Paperback 2016

Manfred **Spitzer**: Lernen: Gehirnforschung und die Schule des Lebens. Spektrum Akademischer Verlag Heidelberg – Berlin, (2002), korrigierter Nachdruck 2003

Chögyam **Trungpa**: Das Buch vom meditativen Leben. Die Shambala-Lehre vom Pfad des Kriegers zur Selbstverwirklichung im täglichen Leben [Shambala, The Sacred Path of the Warrior, 1984], Reinbek 1991

Gabriele **Uelsberg** & Stefan **Lötters**: Roots/Wurzeln der Menschheit, Mainz (Verlag Philipp von Zabern), 2006 (Katalog zur Ausstellung Roots/Wurzeln der Menschheit im Rheinischen Landesmuseum Bonn 2006)

Piers **Vitebsky**: Schamanismus. Reisen der Seele, magische Kräfte, Ekstase und Heilung. Köln 2001

Roger N. **Walsh**: Der Geist des Schamanismus – Geschichte, Heilung, Technik, (Düsseldorf – Zürich 1992) Düsseldorf 2003

Literatur von Christoph W. Rosenthal

zu Humanevolution, Geschichte und Sprache

- **Die Humanevolution war ganz anders** – Eine überfällige Revision. 2018, aktuelle Version *1.1* 2019
- **Zur Evolution von Selbststeuerung, Liebe, Kommunikation & Kultur.** 2021
- **Kulturologie** - Die Wissenschaft bzgl. der Software-Struktur des Menschen. 2023

- **Die kopernikanische Wende unseres Weltgeschichts-Bildes.** 2018, aktuelle Version *1.2* 2023
- **Die Mesolithische Revolution** – die Begründung der historischen Entwicklung. 2021
- **Historiologie.** Die Wissenschaft bzgl. der Systematiken der historischen Entwicklung und ihrer Effekte für die menschliche Existenz. 2023

- **Cûl Tura: Die Entzifferung und Rekonstruktion der ursprünglichen Sprache des Menschen**

Band 1: Die ursprüngliche Sprache des Homo sapiens. 2021
Band 2: Der Ursprung unserer Wörter. 2021
Band 3: Ursprachlich und frühgeschichtlich orientiertes Herkunftswörterbuch des Deutschen. 2024
Band 4: Was eigentliche Sprache ist. Zur Evolution von Sprache und zur historischen >babylonischen Sprachverwirrung<. 2023
Band 5: Vom Wunder und Abenteuer des Lebens. 2024
Band 6: >Frau Holle und der Drache von Lascaux<. Zur Entzifferung der eiszeitlichen Symbolik und Sprache des Homo sapiens. 2021
Band 7: Mebuntu: Die erste historische Sprachform. 2021

www.christoph-w-rosenthal.de

Edition Neue Kultur

Materialien zu Geschichte und der Neuen Kultur

Ein Label der **Werkstatt Neue Kultur** (WNK)

www.werkstatt-neue-kultur.net

Werkstatt Neue Kultur

Telotopia

Ein kulturarchitektonischer Entwurf einer
wünschenswerten Kultur der Zukunft

erschienen 2023

WNK-Schriften

Hg. von Andreas Poggel & Christoph W. Rosenthal

- Sprache beherrschen
- Kommunikation
- Zur Neuen Kultur   (in Vorbereitung)

www.edition-neue-kultur.de

368